CÓMO LLEVARSE BIEN CON TODO EL MUNDO

CÓMO LLEVARSE BIEN CON TODO EL MUNDO

Una guía para prever y prevenir conflictos en casa y el trabajo

JOHN ELIOT Y JIM GUINN

TRADUCCIÓN DE Javi G. de Hita

PRIMERO SUEÑO PRESS

ATRIA

Nueva York Ámsterdam/Amberes Londres
Toronto Sídney/Melbourne Nueva Delhi

ATRIA
Un sello de Simon & Schuster, LLC
1230 Avenida de las Américas
Nueva York, NY 10020

Primera edición en rústica de Primero Sueño Press/Atria Paperback, marzo 2026

Publicado originalmente por Simon & Schuster, LLC, en inglés bajo el título *How to Get Along with Anyone*

PRIMERO SUEÑO PRESS / ATRIA PAPERBACK y su colofón es una marca registrada de Simon & Schuster, LLC

Impreso en los Estados Unidos de América

1 3 5 7 9 10 8 6 4 2

Los datos del Catálogo de la Biblioteca del Congreso han sido solicitados.

ISBN 978-1-6682-0673-7 (pbk)
ISBN 978-1-6682-0674-4 (ebook)

Para mamá y papá, las personas más maravillosas del universo.

—Doc E

Para John Duncum, el hombre que me enseñó todo lo que sé sobre la resolución de conflictos y aún más sobre cómo ser un buen líder, padre y marido.

—Doc G

Contenidos

Introducción

Ya conoces esos días: no dejan de atrasarte el vuelo una y otra vez, y el viaje que tienes se acaba convirtiendo en una agotadora prueba de paciencia. Los representantes de la aerolínea aseguran a todo el mundo que el embarque comenzará en diez minutos a pesar de que no hay avión alguno en la puerta. Esos diez minutos pasan a ser treinta. Y sesenta. La pantallita de la puerta indica *ON TIME*. ¿Por qué les cuesta tanto hacer actualizaciones precisas sobre el estado de los vuelos? Solo eso provoca que te salga humo por las orejas, y se suma a la preocupación por no haber podido dormir bien en toda la noche por culpa de la entrevista que tienes esa mañana, la que es posible que dé un vuelco completo a tu carrera. De alguna forma consigues controlar la frustración y, entonces, el servicio de atención al cliente anuncia que el despegue, que en un inicio iba a tener lugar a las 5:05, vuelve a atrasarse y que en esta ocasión será a las 10:59. Le echas un vistazo a tu reloj de pulsera. Son las siete. ¿Qué haces?

O coloquémonos mejor en otro tipo de situación. En una oficina. El CEO de tu empresa ha contratado a su sobrino —un chico que acaba de graduarse y que carece de experiencia— y lo ha colocado en tu equipo de trabajo, cuya misión es lanzar un producto nuevo. Su éxito es esencial para que la empresa recupere ciertas pérdidas que ha tenido últimamente y, con los balances trimestrales a la vuelta de la esquina, tus informes deben estar impecables. Pero el señorito recién llegado se presenta siempre tarde, nunca acaba el trabajo a tiempo, no deja de mirar el teléfono y pone los ojos en blanco cada vez que le das instrucciones. Y, para rematar, el resto de tus compañeros ha empezado a adularle para ganarse el favor del tío. ¿Qué haces?

Existen todo tipo de interacciones interpersonales potencialmente exasperantes, y lo cierto es que algunas de ellas suelen ser consecuencia de nuestras propias acciones. Aunque también puede que solo seamos unos inocentes viandantes que, de pronto, se ven metidos en el embrollo. Aun así, sea cual sea su origen, todos estos conflictos acaban provocando confusión, ira y, a menudo, la sensación de pérdida de control sobre ciertas áreas de nuestra vida.

Justo cuando más saturado estás, tanto en el trabajo como en la casa, un antiguo compañero de la universidad insiste en que saques tiempo para quedar.

De camino al trabajo para asistir a una reunión de suma importancia, te paras a comprar algo de desayuno y café para todos, y lo que en un principio iba a ser un acto de generosidad improvisado se convierte en un verdadero estrés porque la cola para pagar es eterna. Y cuando crees que vas a alcanzar el mostrador con tiempo suficiente, se te cuela otro cliente.

Te piden que firmes una petición en el trabajo, pero, por mucho que sepas que establecer una brecha entre tus compañeros y tú va a suponer un problema a la larga, no te parece que sea una buena causa.

Tu hijo adolescente ha comenzado a juntarse con un grupito que no te da buena espina, pero cada vez que mencionas el tema se va de la habitación.

A tu pareja no le gusta uno de tus *hobbies* por la cantidad de dinero que supone, y han tenido una discusión sobre el dinero que destina cada uno a caprichos.

¿Qué haces?

¿Y si hubiera una forma eficaz de darle la vuelta a la situación a nuestro favor? Los conflictos con los que nos topamos —desde los profesionales a los personales, de los intrascendentes a los de suma importancia— son tan diversos como los individuos que se ven envueltos en ellos. No existe un método único que solucione todos los problemas del mundo; de hecho, una estrategia que funciona en un caso en concreto puede empeorarlo todo en otro. Pero existe un patrón. Y los patrones pueden reajustarse.

Los seres humanos, siempre y cuando el entorno nos lo permita, somos capaces de llevar a cabo cálculos increíblemente complejos y de crear dinámicas. La parte evolucionada de nuestro cerebro, la corteza cerebral, alberga los mecanismos que nos permiten racionalizar, analizar, usar la lógica y reflexionar, así como desarrollar la paciencia, la capacidad de escucha, la previsión y el altruismo. Si nuestro día a día se desarrolla de forma normal y tenemos tiempo y energía, recurrimos a nuestra corteza; sin embargo, cuando estamos estresados es otra historia. El agobio, la sobrecarga de trabajo, el miedo o la sensación de estar acorralado son emociones que nos sacan de nuestra zona de confort y pueden provocar una suspensión involuntaria de las funciones corticales. Nuestro cerebro está diseñado para, en situaciones de presión, desactivar los «lujos» del procesamiento de información, como la memoria y la capacidad de solucionar problemas y pasa a utilizar las estructuras subcorticales (el tálamo, por ejemplo, que se encarga de regular el estado de alerta, o los ganglios basales, que controlan los hábitos), que actúan con mayor rapidez y consumen menos recursos. Este mecanismo de protección y cambio neuronal de respuesta rápida es uno de los que han contribuido a la supervivencia de nuestra especie.

Por hacer una analogía mucho más simple, ¿qué es lo que haces cuando colocas una mano sobre una superficie muy caliente sin darte cuenta? ¿Te pones a evaluar las alternativas a tu alcance, valoras los beneficios de girar el hombro hacia la izquierda en lugar de a la derecha, te tomas un minuto para calcular tu temperatura corporal? ¡Pues claro que no! Lo que haces es apartar los dedos antes de que puedas llegar a formar un pensamiento consciente. Los humanos reaccionamos a los conflictos de una forma muy parecida. Ante una presión externa, nuestros hábitos, deseos y comportamientos más arraigados entran en acción.

La buena noticia en relación con todo esto es que, tras treinta años dedicados a crear y facilitar la química de equipo y la organización grupal tanto para empresas de la Fortune 500 como para federaciones deportivas profesionales, escuelas, organismos gubernamentales, centros médicos, organizaciones sin ánimo de lucro y familias (lo cual incluye asesoría matrimonial y mediación), hemos descubierto que existen cinco formas básicas de responder a los conflictos y que todas las personas reaccionamos mediante una de ellas. Y hemos sido testigos de algunas situaciones realmente descabelladas que nos han dejado con la boca abierta, en lo que se refiere a relaciones interpersonales (algunas de las cuales compartiremos en las siguientes páginas). Pero nos hemos percatado de que, por inesperado o terrible que sea el problema, la manera de afrontarlo puede resumirse en una de estas cinco formas.

Ante un enfrentamiento, los seres humanos, por instinto, (1) evitan, (2) compiten, (3) analizan, (4) colaboran o (5) acomodan. Y, como se trata de reacciones intrínsecas a la subcorteza, pueden predecirse. Por lo tanto, si eres capaz de predecir cómo va a reaccionar alguien, puedes formular un plan de acción. Lo único que tienes que saber es cuál de estos cinco patrones tiende a utilizar alguien cuando se ve afectado por un factor estresante.

Así pues, les presentamos *Cómo llevarse bien con todo el mundo*.

El estudio intensivo del comportamiento humano y de la psicología organizacional, unido a una trayectoria profesional a base de prueba y error, nos ha mostrado que el agravamiento de los conflictos rara vez se debe al contenido. Por lo general, *parece* que es el contenido lo que los motiva, y a menudo se presenta de manera que da esa impresión; pero lo cierto es que lo que de verdad condiciona los conflictos son las propias personas. Y no nos referimos a que las provoque alguien con malas intenciones —aunque, desde luego, es algo que ocurre—, sino al hecho de que cuando las personas no se prestan plena atención unas a otras, pasan por alto pistas, datos y oportunidades para evitar que proliferen las diferencias o, mejor aún, para beneficiarse de ellas. El primer paso para prevenir y resolver conflictos es enfocarse en comprender a las personas que forman parte de ellos, no en el «problema» subyacente.

La Sección I de este libro te brindará herramientas para ayudarte a comprender mejor tu propia forma de reaccionar ante los conflictos y la de las personas que te rodean. Como parte central de este proceso, te proporcionaremos una fórmula que te permitirá identificar el perfil de personalidad ante el conflicto de tus compañeros de trabajo y seres queridos; es decir, saber si son evasores, competidores, analizadores, colaboradores o acomodadores (o si, en su lugar, poseen múltiples perfiles, como es el caso de personas que son colaboradores ante sus jefes, pero evasores en situaciones familiares). Y aprenderás a usar este conocimiento para diseñar tu propio chaleco anticonflictos de modo que puedas promover una mejor comunicación y forjar relaciones interpersonales mucho más sólidas.

Por otro lado, en la Sección II examinaremos en profundidad los cinco perfiles y descubriremos el funcionamiento interno de cada uno de ellos. ¿Y qué es lo siguiente, una vez sepas cómo va a reaccionar un amigo o un conocido ante una situación de estrés —si evitará, competirá, analizará, colaborará o acomodará—? ¿Qué harías para encauzar una interacción que de otro modo sería desagradable por un camino productivo? Pues, apoyándote en ejemplos reales del ámbito laboral y familiar, la segunda mitad de este libro te ayudará a potenciar tus interacciones con cada uno de los perfiles de personalidad ante el conflicto.

Antes, una advertencia: debes saber que, al igual que en todos los taquillazos de Marvel, siempre hay villanos al acecho. Ahí fuera encontramos personas que tratan de hacer daño a los demás y que, para ello, se aprovechan de las sensibilidades y debilidades conflictivas, tocando de forma intencionada fibras sensibles o mediante el uso del miedo y hasta de cosas peores. Hoy en día, existe un porcentaje cada vez mayor de la población que tiene dificultad para mantener un debate civilizado sobre los puntos de desacuerdo. Hay quienes buscan avivar las llamas de los conflictos para su beneficio personal; personas con malas intenciones, «hackers» que buscan aprovecharse de la psicología humana para hacer daño.

Hemos puesto «hackers» entre comillas de forma intencionada. La aparición moderna de este término en la década de los sesenta pretendía describir, según la historia de la jerga informática recogida en el *Jargon File*, el «reto intelectual de superar y eludir creativamente las limitaciones de los sistemas para ampliar sus capacidades». Los defensores de la cultura hacker no ven con buenos ojos que se abuse de su terminología para catalogar actividades maliciosas o ilegales.

El *hacking*, en su concepción más pura, consiste en la exposición de aptitudes de valor añadido muy significativas; los *hacks* respetados expanden un cuerpo de conocimiento, muestran posibilidades para mejorar el diseño y encuentran formas de superar los obstáculos. Los llamados *life hacks* tienen como objetivo aumentar la productividad y la felicidad. Por no hablar de que los *hackers* más venerados son unos apasionados del concepto de comunidad y partidarios del trabajo colaborativo; se oponen por completo a los conflictos.

En nuestra sociedad, que está cada vez más polarizada, las interacciones interpersonales y la empatía han caído en picado hasta mínimos históricos. Y ahora más que nunca, necesitamos aferrarnos a la naturaleza original del *hacking*: hacer emerger las mayores virtudes de la psicología humana para acabar con las divisiones, unificar el trabajo en equipo y construir un mundo mejor, todos unidos. Necesitamos héroes del conflicto. Te necesitamos *a ti*. Y esa es la razón por la que hemos escrito este libro: para poner en tus manos los ingredientes necesarios para alcanzar la inmunidad frente a la criptonita del conflicto. Además de ayudarte a alcanzar esa inmunidad contra los malhechores que intentan explotar tus puntos débiles durante un conflicto, buscamos que su resolución resulte divertida. Retóricamente hablando, ¿a quién le gustan los enfrentamientos? Su propia naturaleza resulta desagradable y extenuante, y es la razón por la que tantas personas tratan de huir de ellos o de esconderlos bajo la cama. Esos sentimientos viscerales que genera el conflicto explican por qué nos cuesta tanto ver más allá de lo inmediato, lo que realmente importa, ya que se convierten en una muralla en torno al problema que genera el desacuerdo. Sin embargo, existe una puerta por la que podemos cruzar con total facilidad, solo que primero debemos darnos cuenta de que los muros también nos permiten guiarnos hacia delante, hacia nuestro bienestar, en lugar de ser únicamente un obstáculo.

Estamos aquí para darte herramientas que te permitan ver los conflictos como lo que son en realidad y enseñarte la manera de usarlos como vehículo para guiar la unidad organizativa, familiar y de equipo.

Esas situaciones en las que las personas no muestran la mejor versión de sí mismas son puntos de inflexión, portales que, como superhéroes, debemos cruzar para conseguir llevar a cabo nuestra misión de acabar con las tensiones interpersonales, de forma que logremos crear espacios libres de estrés e incluso encontremos en ellos un toque humorístico. Nuestro deseo es que acabes siendo capaz de evitar todo tipo de altercados, pero también —cruzamos los dedos— que disfrutes jugando a ser un superhéroe. Por lo tanto, hemos intentado pulir al máximo los consejos que vas a encontrar en *Cómo llevarse bien con todo el mundo* para que sean tan disfrutables como enriquecedores.

Por último, no podemos dejar de mencionar el impacto económico positivo que pueden llegar a suponer tus esfuerzos. Así que dejamos a continuación, con tu permiso, unas cuantas estadísticas que reflejan la cantidad de tiempo y dinero que se invierte en conflictos interpersonales en el ámbito laboral:

156 Es el número de horas anuales que un empleado asalariado en Estados Unidos dedica, de media, a conflictos laborales que repercuten de forma negativa en su rendimiento, ya sean moderados o graves. Esto equivale básicamente a un mes de trabajo al año por persona.

385 Los millones de días de trabajo que se pierden a causa de conflictos y de su mediación. Como referencia, si esta cifra se centrara solo en Amazon (que, hoy en día, da trabajo a uno de cada ciento cincuenta y tres estadounidenses), el resultado equivaldría a un cierre total de la empresa durante 350 días al año.

26% La proporción de tiempo que emplean los supervisores y directores de una empresa en abordar y resolver conflictos que interrumpen el ritmo de trabajo; es decir, más de una jornada laboral completa a la semana.

395 000 000 000 El costo anual estimado que cuestan los conflictos a las empresas estadounidenses.

Por si fuera poco, estos datos no incluyen las implicaciones colaterales que van de la mano de los conflictos, como, por ejemplo, el tiempo necesario para volver a la calma, las quejas entre compañeros, los intentos de reducir el estrés, las bajas médicas ni los costos de los procesos legales derivados de la presentación de quejas formales ni otras cuestiones como el aumento de las primas de seguros, el deterioro de los materiales de trabajo, el entorpecimiento de los proyectos, los daños a la reputación de la empresa y la inestabilidad de las listas de empleo.

Si no se les pone solución, los conflictos en el ámbito laboral dan pie a cambios tanto en la actitud de los trabajadores como en su comportamiento e interacciones, lo cual provoca un efecto dominó que afecta la actividad y la motivación. A medida que disminuye la productividad, también lo hace la satisfacción laboral. El compromiso se deteriora y la moral se resiente. El ausentismo aumenta, lo que acaba provocando una mayor rotación de empleados, un aumento de los gastos de contratación y formación y reestructuraciones más frecuentes y, por lo tanto, perjudiciales.

Decir que los conflictos afectan de forma directa a la economía de una empresa es quedarse corto. Y aun así, por alarmante que pueda resultar, menos del 40 % de los trabajadores a tiempo completo en Estados Unidos han recibido algún tipo de formación sobre resolución de conflictos. Incluso nosotros nos sorprendemos cada vez que damos una charla y escuchamos a la audiencia decir cosas como: «¡Madre mía! ¿Cómo es que no hay una asignatura obligatoria de esto en los colegios?» o «¡Dios! ¡Si hubiera sabido antes algo sobre los perfiles de personalidades ante el conflicto no me habría empeñado tanto en evitar abordar problemas con mis compañeros de trabajo!».

Tanto si estás leyendo *Cómo llevarse bien con todo el mundo* para escalar posiciones en tu trabajo como para superar obstáculos, triunfar como líder o simplemente llevarte un poco mejor con tus compañeros de oficina; si buscas desentrañar un misterio o dos acerca de tus compañeros o amigos más extravagantes, hacer mucho más interesantes las cenas de empresa o reducir en general los roces en tus interacciones diarias; tanto si quieres aumentar el número de victorias durante los desacuerdos con tu pareja o con tu hijo de dieciséis años como afianzar lazos con tus seres queridos, o tan solo ser un verdadero maestro del comportamiento humano, esperamos que este libro te resulte útil a la par que entretenido. Y esperamos que, tras leerlo, las personas «complicadas» dejen de parecértelo.

Así pues, sin más dilación, ¡abróchate el cinturón, que comenzamos nuestro viaje hacia los apasionantes confines de la psicología del conflicto!

Sección I

1
Identificar el detonante

Piensa en un amigo o un familiar tuyo que esté sufriendo una enfermedad o una condición médica.

Por mucho que deseemos que la lista de enfermedades crónicas fuera mucho más corta o que nuestros seres queridos fueran inmunes a ellas, lo cierto es que la enfermedad, como concepto, forma parte de la vida: la enfermedad de Crohn, la epilepsia, la diabetes, la depresión, el lumbago, la ansiedad, la migraña crónica, y así sucesivamente. Ni el sufrimiento mental ni el físico son cosa de broma, ya sea que pongan nuestra vida en peligro o no, y a todos se nos rompe el corazón al ver sufrir a un ser querido.

Ahora, imagínate por unos segundos que alguien ridiculizara a esa persona que quieres por su condición. Ya es bastante malo de por sí darse de bruces con tanta ignorancia… Ese jefe de tu amigo con colitis que no le permite ir al baño durante las reuniones, el miembro de tu familia que sufre depresión y al que le «aconsejan» formas para salir de ella como si nada, o un desconocido en perfecto estado de salud que decide estacionar su auto en una plaza de personas con discapacidad. Es otro nivel de frustración tener que ser testigo de situaciones en las que una persona, intencionalmente, se ríe de tu ser querido debido a algo que ni siquiera es culpa suya. Y, de hecho, describirlo como frustración apenas hace justicia a lo que se siente.

Así le ocurrió a Will Smith.

Es probable que, a estas alturas, hayas oído hablar alguna vez del incidente de la bofetada. En 2022, Will Smith recibió su primer Óscar —mejor actor protagonista por su papel en la película de *El método Williams*— tras treinta y siete años de una carrera legendaria. Decir que fue una noche emotiva para él sería un eufemismo igual de legendario Sin embargo, sentado en primera fila, lleno de nervios, expectativas, esperanza, alegría y orgullo, tuvo que escuchar cómo Chris Rock, aunque de manera bastante inocente, soltaba un par de comentarios jocosos a expensas de su esposa, Jada, que sufre alopecia areata. Todo el cóctel de emociones se desbordó, se encaminó hacia el escenario y pasó lo que pasó. Y, en el idioma de la resolución de conflictos, lo que pasó fue que Chris activó el detonante de Will.

Los sentimientos son capaces de sacar a la luz las partes más ocultas de nuestro interior, por muy reservados que podamos ser. De un momento a otro, podemos pasar de ser racionales, comedidos y educados como Bruce Banner a transformarnos en una mezcla extraña entre Lou Ferrigno y Edward Norton. Y esto no es en absoluto porque seamos malas personas ni porque tengamos problemas a la hora de regular nuestras emociones; es porque han tocado nuestro punto débil. Porque se ha señalado de forma excesiva, ofensiva o inapropiada algo ante lo que somos más sensibles y, entonces, nos volvemos más propensos a decir o hacer algo que, en otras circunstancias, ni siquiera nos plantearíamos. Somos vulnerables a la activación de nuestros detonantes. Al igual que Will.

> «Lo emocional se opone al frío razonamiento que siempre antepongo a lo todo demás».
>
> **—Arthur Conan Doyle (en boca de Sherlock Holmes)**

Aun así, no todos reaccionamos de igual forma ante los mismos estímulos. Es posible que una conversación que a ti te activaría un detonante no lo haga con tu pareja y que una situación que no te inmute en lo más mínimo (e incluso que quizás ni notes) sea lo que más altere a tu vecino. Todos tenemos nuestras debilidades y ser conscientes de cuáles son las de los demás es primordial a la hora de establecer buenas relaciones, trabajar en equipo y conformar un ambiente laboral favorable. No obstante, ¿cómo se supone que vamos a lograr enterarnos de cuáles son los puntos débiles de cada persona en el inmenso abanico que los reúne?

Pues resulta que los desacuerdos, los roces, las peleas, las discusiones, las discordias, los enfrentamientos y otras situaciones similares —es decir, los casos en los que alguien pierde o siente que le falta el control al descubrirse incapaz de manejar la situación como quería— pueden agruparse en tres categorías básicas llamadas *tipos de conflictos*. Lo bueno es que manejar con éxito las tensiones interpersonales —o en otras palabras, «lograr mantener la armonía»— no requiere la profunda amistad o confianza que se necesitaría para comprender todos los matices de la personalidad de otra persona; hasta unos completos desconocidos pueden llegar a superar todos los obstáculos para colaborar. Tener un historial ayuda, claro, pero lo cierto es que gran parte de la lucha para evitar enfrentamientos se gana al saber cuál de los tipos de conflicto tiene más posibilidades de convertirse en un detonante para ti y cuál tiene más posibilidades de serlo para las personas que forman parte de tus círculos personales y profesionales.

Los tres tipos de conflicto son los siguientes:

- **Conflicto de tareas:** Se centra en hacer las cosas en el plazo establecido y en la cantidad requerida sin importar cómo; es posible que en el proceso escuches eso de «el fin justifica los medios». Este tipo de conflicto estalla cuando no se cumplen los plazos ni los objetivos propuestos.

- **Conflicto de proceso:** Se centra en la forma en la que se hacen las cosas. Alguien que se encuentra en medio de un conflicto de proceso no se preocupa por las metas ni las fechas; en cambio, le importan los métodos, sistemas y políticas que se emplean, lo que hace que entre en juego la actitud de «Esta es mi forma de hacerlo y punto; o la tomas o la dejas».

- **Conflicto relacional:** Se centra en las personas involucradas en el problema en sí y en sus hábitos, peculiaridades, preferencias y gustos particulares. En este tipo de conflictos, cada una de las partes discutirá sobre cualquier cosa por el simple hecho de que no se llevan bien. Cuando no parezca haber ninguna razón aparente u objetiva para una disputa, lo más probable es que tengas entre manos un conflicto relacional.

Una advertencia: por lo general, tendemos a no ser capaces de ver nuestros propios detonantes y es, de hecho, una de las razones por la que nos acaban afectando cuando se activan. Es habitual que, al enfrentarnos a una situación de tensión con otra persona, cometamos el error de no autoevaluarnos, de no darnos treinta segundos para cuestionarnos si esa circunstancia en concreto puede llegar a activarlos o no. Así que, antes de entrar al *ring*, pregúntate: ¿qué tipo de conflicto es este? ¿De tarea, de proceso o relacional? No obstante, lo cierto es que para que esta pequeña pausa sea efectiva, también debes saber cuál de los tres tipos de conflictos es tu *hamartía*; es decir, el que tiene más posibilidades de conducirte a la irracionalidad.

Para ayudarte a responder a esto, empecemos con un juego. Te vamos a presentar tres situaciones hipotéticas distintas. Trata de imaginarte, de la forma más vívida posible, en medio de ellas. Tómate el tiempo que necesites y piensa: ¿Qué se siente? ¿Qué emociones podrían encontrarse escondidas bajo la superficie?

Mientras tratas de visualizar (o, en realidad, de *sentir*) cada situación, determina cuál de todas te haría querer darte cabezazos contra la pared más cercana. Léelas y reflexiona tras cada una para lograr ponerte mentalmente en ese momento. Después, tras representarlas bien claras en tu mente, elige la que más frustración, ira, molestia, ansiedad o agotamiento te haya hecho sentir.

¿Listo? ¡Vamos!

SITUACIÓN 1

Hace diez años, en un exorbitante acto de fe, decidiste dejar tu trabajo, pediste un préstamo (que, siendo honestos, no podías permitirte devolver) y abriste tu propio negocio. Tenías miedo, pero al mismo tiempo también te resultaba emocionante y, como no querías ni siquiera pensar en la posibilidad de fracasar, le dedicaste sangre, sudor y lágrimas y cada minuto de cada hora. A lo largo de todos esos años, solo te has permitido tener vacaciones una vez, pero, por suerte, tus esfuerzos están comenzando a dar sus frutos. Lo que en su inicio no era más que una pequeña empresa, acaba de alcanzar el estatus de empresa mediana, y el mes pasado llegó a la cifra de cien empleados a tu cargo.

Para celebrarlo, has organizado un viaje de diez días a Hawái con tu pareja y le has prometido que no mirarás ni una sola vez la bandeja de entrada del correo en todo ese tiempo. Además, el crecimiento reciente te ha permitido contratar a Jasmine, una verdadera prodigio de tu profesión, salida directamente de la Universidad de Texas A&M, para que supervise en tu ausencia. Aunque eres consciente de su capacidad, te ha costado un universo cederle el control del negocio. Aparte, antes de marcharte, le has dado una lista de prioridades con diecisiete tareas pendientes y muy importantes con la intención de que las tenga terminadas para cuando regreses. Ella la ha aceptado, por supuesto, y te ha dicho que «se encargará de todo», pero el tono con que lo dijo no te inspiró demasiada confianza.

El lunes te montas en el avión, configuras tu correo electrónico en «modo vacaciones» y te preparas para tus días de descanso. El martes se cumple de maravilla. El miércoles se van de excursión a ver una cascada y, por la tarde, se toman unas copas a la orilla del mar. El jueves lo comienzas, de forma improvisada, en una hamaca de playa hojeando las páginas de una novela de espías que compraste en el aeropuerto, pero es entonces cuando tu cabecita empieza a dar vueltas y te descubres pensando: *¿Cómo le estará yendo a Jazz con las tareas que le he asignado? ¿Estará teniendo algún problema? ¿Necesitará ayuda con algo?*

Le echas una mirada al móvil mientras tu pareja cabecea a tu lado. Entras en el correo electrónico y descubres un sinnúmero de mensajes por leer en la bandeja de entrada. Después, accedes a la plataforma de gestión de relaciones con los clientes y ves que Jasmine no ha actualizado ningún tipo de avance, aunque dos de las tareas tienen el símbolo parpadeante amarillo de aviso, lo que significa que un cliente ha presentado una queja o ha reportado un error.

SITUACIÓN 2

Regresamos al comienzo de la situación 1, pero le damos un pequeño giro a la historia. Sigues siendo el propietario de la empresa pequeña a la que has dedicado cada segundo de tu tiempo y recursos durante diez años —aunque en este caso a expensas de tu familia—, haciendo crecer con esfuerzo el negocio. Por fin has alcanzado la rentabilidad y ha sido todo gracias al procedimiento sistemático que tú, sin ayuda de nadie, has diseñado y que, además, acaba de ganar un premio J. D. Power por su eficacia.

No puedes estar más orgulloso de este logro. El procedimiento te ha permitido ampliar, con total confianza, la plantilla (aunque hayas tenido que sacar una línea de crédito mucho mayor para financiarla, claro), y confías en él para crear las descripciones de cada puesto de trabajo y para orientar las entrevistas y contrataciones. Además, también te ha permitido por fin darte un respiro de tus obligaciones diarias y hacer ese viaje a Hawái con el que tú y tu pareja siempre han soñado.

Aunque, por supuesto, esto no ha estado exento de contratiempos. Hace unos años, intentaste contratar a un director de operaciones, Steve, que resultó ser un imbécil y, aparte de fastidiarte varios intentos de irte de vacaciones, te encontraste con un embrollo inmenso tras despedirlo por culpa de su ineptitud. Eso te hizo posponer los planes casi dos años. Por lo tanto, antes de ponerte a organizar el viaje a Hawái, comenzaste a considerar con sumo cuidado nuevas opciones. Así que encontraste a Margaret, graduada en Administración y Dirección de Empresas en Stanford, con un currículo, unas referencias y una reputación impresionantes. Aliviado y consciente de que era un giro de ciento ochenta grados respecto a Steve decidiste darle la bienvenida, le tendiste las llaves de la empresa y sonreíste mientras ella, con voz suave y segura, te decía: «No te preocupes por nada. Lo tengo todo controlado». Desde ese momento, tuviste la sensación de que todo iría bien; tanto que ni siquiera te llevaste el teléfono de vacaciones.

Pasas diez días de paz y vuelves con un precioso bronceado. En cuanto aterriza tu avión de regreso, llamas a Margaret para agradecerle por haberte permitido desconectar y para decirle que estás deseando verla al día siguiente. Sin embargo, no responde. Decides entonces llamar a su asistente. Cuando responde, apenas puede hablar con claridad: «¡La situación aquí es un desastre! ¡Margaret ha ignorado el procedimiento por completo! He intentado ponerme en contacto con usted cientos de veces, pero no nos dejó ninguna forma de localizarlo. Incluso empecé a llamar a todos los hoteles que encontré: en Oahu, en Maui, en Kauai. La lista de tareas pendientes ya no es de diecisiete: ahora son como ciento setenta. ¡Estamos al borde de la quiebra!».

La llamada se corta justo cuando el avión se detiene. ¿Qué coj****? La única indicación que le diste a Margaret fue que siguiera el procedimiento.

SITUACIÓN 3

Ahora borra las situaciones anteriores de tu mente e imagínate viviendo con la presión de formar parte de una de las empresas de la lista Fortune 500. Eres un directivo de nivel medio en una empresa gigantesca que cotiza en bolsa y que practica políticas de empleo al estilo de Jack Welch, basadas en la «curva de vitalidad». Estás sobrecargado, completamente agotado, y lo que más deseas en el mundo es que acabe el trimestre para poder irte dos semanas de vacaciones con tu familia en Navidad.

Es 1 de diciembre. Los índices de producción que estás manejando se encuentran próximos al umbral más bajo que tu jefe suele usar para recortar personal y ajustar las deficiencias presupuestarias cada enero. Sin embargo, sientes que tampoco es culpa tuya, teniendo en cuenta la reciente caída de mercado de las empresas de tu sector. Cuando llegas a la oficina el lunes, ves que tienes un correo electrónico que viene acompañado de un signo de exclamación rojo y cuyo asunto reza: *URGENTE*. El texto del mensaje solo dice: «Ver adjunto». Haces clic y se te abre una lista con diecisiete tareas que debes tener completadas antes de que la empresa cierre al mediodía en Nochebuena.

Uf. ¿Cuántas horas serían desde este mismo momento hasta entonces si trabajas jornadas de quince horas diarias y no tomas libres los fines de semana? ¿Es acaso posible? Abres la tapa de tu triple *espresso caramel macchiato*, cierras las persianas, luego la puerta y te preparas para trabajar sin descanso.

Apenas diez minutos después de comenzar con el primer informe que tienes que hacer, escuchas que llaman a la puerta. *Toc, toc*. Lo ignoras. *Toc, toc, toc*. *Toc, toc, toc*. A regañadientes decides abrir: es Bob, uno de tus compañeros, que es posible que también se encuentre en la lista de despidos en enero. Entra, se deja caer en el sofá de tu despacho y comienza a relatarte (sin rodeos) todo su drama: el que tiene en la oficina, el que tiene con su familia, el que tiene con su novia y, además, los encontronazos que ha tenido con Clare, otra compañera con la que, de hecho, cuentas para terminar de cerrar uno de los proyectos más ambiciosos y con más posibilidades de terminar en fracaso.

Para cuando Bob se marcha, casi te alegras de poder sumergirte en la lista de tareas que te ha mandado tu jefe en lugar de tener que seguir escuchándolo.

SITUACIÓN 3-B

Démosle ahora un final alternativo a la situación 3, solo para divertirnos. De nuevo la historia es la misma, pero con un giro: en lugar de encontrarnos en el cuarto trimestre del año y con una fecha de entrega de un mes entero, estamos en la última semana de junio. Tu jefe —que se parece al señor Júpiter Espacial— ha estado echando fuego por la boca por los pasillos de todo el edificio, amenazando con retirar bonos, echar a los más flojos y hacer una reestructuración masiva si tu equipo no alcanza los resultados que espera. Eso haría que perdieras empleados excepcionales; personas que incluso se han vuelto amigos cercanos, cuyas familias aprecias apoyar. Sin embargo, la producción se encuentra en su peor momento y parece que están a punto de caer en números rojos.

Cuando abres el correo marcado como *URGENTE*, pones los ojos en blanco al darte de bruces con otro error de su parte, por pura falta de capacidad de gestión. Lo cierto es que recibes ese tipo de mensajes con bastante frecuencia. «Tu preciosa curva de vitalidad te va a pasar factura algún día», murmuras entre dientes. Sabes que el hecho de que haya mandado una nueva lista de tareas pendientes solo va a poner nerviosos a tus trabajadores y a hacer que dejen de prestar atención a lo verdaderamente importante. Clicas en *Borrar*.

Decides convocar una reunión de equipo, les das un discurso digno de un partido de fútbol americano y una palmadita en el hombro a cada uno y todos regresan a sus puestos. A partir de entonces, te quedas despierto para asegurarte de que todos vuelvan cada noche a casa a cenar con su familia. Trabajas como nunca. Sientes a tu equipo motivado. Se ponen en marcha, encuentras una nueva fuente de energía (y compras acciones en Rauch Fruchtsäfte GmbH & Co) y alcanzan el objetivo. Juntos.

Es viernes, 30 de junio. ¡Vaya semanita...! A mediodía, te diriges al despacho del jefe y le colocas una copia del informe final sobre el escritorio. Un 30 % por encima de los ingresos previstos. Un 10 % por debajo del presupuesto. «Muchas gracias por el empujoncito de motivación», le dices. Las cifras son tan atractivas que ni siquiera crees que haya sido capaz de captar el sarcasmo en tu tono. Te da lo mismo; te sientes genial por haberle dado una lección. Te marchas de allí con una sonrisa de oreja a oreja y comienzas a abrazar a tus compañeros, uno a uno, antes de soltarles que se vayan de una vez por todas y se tomen libre toda la semana del Día de la Independencia.

Sientes pura satisfacción. Te subes al auto y te incorporas a la carretera. Hace un calor sofocante, y te encuentras con el tráfico del fin de semana, pero no te importa: te esperan dos días de margaritas y caprichos solo para ti. Bajas las ventanillas y pones la radio; está sonando tu canción favorita. Y crees que no hay nada en el mundo que pueda estropear este momento hasta que...

Te vibra el teléfono. Respondes sin mirar de quién se trata (porque, por supuesto, eres un conductor muy concienzudo y utilizas el manos libres) y descubres que es ese miembro de tu familia que no soportas: la reina (o rey) del drama en carne y hueso. No obstante, al tratarse de alguien de tu familia, no puedes excusarte fácilmente y colgar. Tu pariente empieza a hablarte de no sé qué desacuerdo familiar que ha ido creciendo. El problema es que, por su culpa, la situación ha empezado a empeorar. Muchísimo, al parecer. Y han decidido juntarse todos para tratar de solucionarlo. Te empieza a hervir la sangre en las venas. Acaban de arrebatarte de las manos el fin de semana de descanso y despreocupación por el que tanto has trabajado. Adiós, descanso. Hola, dos días enteros de peleas estúpidas.

¿Cuál de todas estas situaciones crees que te afectarían más? Es cierto que todas ellas podrían llegar a resultar molestas, pero, para la mayoría de las personas, solo una de ellas tiene más posibilidades de alcanzar tu punto débil que las demás. Si es la situación 1 la que hace que se te acelere el pulso hasta el punto en el que se te marca la venita en la sien, significa que tu detonante son los conflictos de tareas. Si crees que con la situación 2 te comenzaría a temblar un párpado de tal forma que tu familia tendría que buscar refugio, significa que tu detonante son los conflictos de proceso. Si preferirías escuchar cómo alguien hace chirriar una tiza contra la pizarra en lugar de vivir la situación 3 o la 3-B, significa que tu detonante son los conflictos relacionales. Y si las tres te hacen colapsar por igual… ¡Deja de leer! ¡Cierra el libro y corre a tu centro de urgencias más cercano!

Bromas aparte, a veces más de un tipo de conflicto puede ser el detonante de una persona. Sin embargo, no es lo habitual. Por lo general, solo uno predomina. De hecho, es posible que, al reflexionar sobre ellos, llegues a preguntarte: ¿Me molestaría si alguien no cumpliera con una fecha de entrega que he fijado yo?». Y responderías: «Sí, claro». No obstante, si esa persona explicara la razón por la que no ha llegado a tiempo y añadiera que quería asegurarse de que todo estuviera bien hecho, acabarías admitiendo que sí, que en realidad eso es mucho más importante. Por lo tanto, y pese a que puedas preferir que la gente cumpla con los tiempos establecidos, tu detonante son los conflictos de proceso y no los de tareas.

Por otro lado, también podría darse el caso en el que dijeras: «No me gusta que la gente llegue tarde y detesto cuando pasan por alto los detalles. Aunque lo que más me molesta es cuando lo hace mi jefe». Eso indicaría que valoras tanto las tareas como los procesos, pero, en caso de que no se cumplieran, no se te caería el mundo encima, por lo que tu detonante serían los conflictos relacionales.

Obviamente, también es posible que ninguna de las situaciones que te hemos presentado hayan tenido demasiado efecto en ti (dando por hecho que hayas hecho el esfuerzo de interiorizar cada una de verdad). Eso no refleja cuáles son tus detonantes; más bien tiene que ver con la elección de los ejemplos.

Puede que la primera situación te resulte surrealista porque, si estuvieras en Hawái con tu pareja, no tendrías la menor intención de mirar el móvil. O puede que sepas que jamás le darías el mando de tu empresa, de un proyecto o de una serie de tareas a un tercero, lo que haría que tanto la primera situación como la segunda fueran inviables para ti (claro que ser incapaz de delegar o necesitar tener siempre el control de todas las tareas y procedimientos sugiere la existencia de un detonante por ahí, pero, bueno, nos estamos yendo por las ramas). Quizás también resulte imposible que vivas las situaciones 3 y 3-B porque, cuando te metes en tu burbuja (tanto al estar trabajando como en tu tiempo libre), no das cabida a llamadas ni a toquecitos en la puerta. ¿Notificaciones? ¡Qué va! Es hora de trabajar (o de desconectar); te has puesto tus espectaculares auriculares de cancelación de ruido y el móvil en silencio; se te da bastante bien separar tus obligaciones de los asuntos familiares o puede que sus discusiones tiendan a ser tan exageradas que no te cuesta lo más mínimo pasarlas a un segundo plano. Todas estas situaciones pueden ser fastidiosas, pero no te causan reacciones demasiado viscerales.

Así que no, es posible que no hayamos elegido ejemplos que puedan extenderse a tu vida. Por ello, te animamos a imaginar situaciones alternativas que sepas que podrían provocarte la versión psicológica de una urticaria o ponerte los pelos de punta. Recuerdas la última vez que te sentiste así. ¿Cuál fue la causa? ¿No haber alcanzado los objetivos a tiempo (conflicto de tareas), que alguien no siguiera un procedimiento o unas normas concretas (conflicto de proceso) o tuvo más que ver con ese rasgo de su personalidad que no toleras (conflicto relacional)? Al poner en funcionamiento nuestra capacidad de crear distintas escenas en la cabeza, podemos explorar todas esas cosas que realmente nos afectan y, de esa manera, saber de antemano qué tipo de conflicto activará nuestro detonante.

Asimismo, puede que no logres provocar la activación por mucho que te esfuerces por imaginarte situaciones. En este caso, sentimos decírtelo, pero no significa que seas un superhéroe (aunque podrías serlo perfectamente; ¡los superhéroes tienen sus propios detonantes!). Simplemente significa que es muy probable que el tuyo se encuentre en una rama más extendida del árbol de los tipos de conflictos. Aquí tienes algunos ejemplos más:

- **Emocional.** Cuando una persona muestra una emoción específica o te la hace sentir a ti y tu cerebro se descontrola. Quizás es, por ejemplo, porque no soportas a la gente intolerante o porque los celos te vuelven loco. Se trata de un caso similar al de los conflictos relacionales, pero se enfoca más en una emoción (o emociones) en particular más que en las dinámicas de emociones que surgen de una relación o que te provoca una persona.

- **De sucesos.** A veces descubres que te sientes molesto por algo que hizo otra persona, por una frase que dijo o una postura que decidió tomar. Por ejemplo, te irrita que te interrumpan o sientes vergüenza ajena cuando alguien habla de sí mismo en tercera persona. En esta ocasión, se considera cercano al conflicto de proceso. Aunque, en realidad, es la acción, la frase o lo sucedido en sí lo que se convierte en detonante, sin importar quién lo haga.

- **Temporal.** La presión del paso del tiempo —sentir que el reloj de pared te observa desde su rincón o tener tanto trabajo que sabes que no vas a lograr acabarlo— te hace colapsar. Es el hermano gemelo de los conflictos de tareas.

- **De estado.** Cuando lo que te afecta son las condiciones generales de lo que te rodea. Este tipo de detonantes pueden originarse en nuestro interior —un desequilibrio homeostático—, como tener demasiado calor o demasiado frío, sentirse demasiado cansado, deshidratado, con dolor de cabeza, con hipoglucemia o simplemente con la urgencia de ir al baño. También pueden ser externos: estar en un lugar saturado de estímulos visuales y distracciones auditivas o el malestar que generan los días grises o de lluvia. Y, sí, estos detonantes de estado pueden ser un problema, pero lo cierto es que no constituyen un conflicto como tal. Son muy transitorios; duran el tiempo que tarda cada estado concreto en desaparecer y, por lo tanto, por parecidos que puedan ser a otros detonantes y por mucho que influyan en nosotros, es más fácil recuperar el control sobre ellos, independientemente de las tareas, procesos o variables relacionales que estén en juego en ese momento.

Es posible que mientras reflexionabas sobre todo esto te hayas dado cuenta de que tienes varios detonantes, o uno distinto dependiendo de la situación, o múltiples que abarcan desde tu vida laboral hasta la familiar. Esto es totalmente normal. Te pedimos que tengas en cuenta que conocer tus detonantes (y luego los de tus compañeros de trabajo, amigos y familiares) no es una competencia. Es necesario que se entienda esto: tener menos detonantes o que los que tengas sean menos concretos no te hace ser mejor persona ni más profesional. No hay unos detonantes superiores a otros ni que resulten más beneficiosos; no existe un «perfil de detonantes» que pueda predecir tu rendimiento profesional ni cosas como la felicidad conyugal, así como tampoco están relacionados con la felicidad. Y, por último, todo el mundo tiene alguno. Saber esto es el primer paso en el camino del crecimiento; la manera en que lidiamos con nuestros detonantes es un determinante fundamental de nuestro carácter.

La clave de todo esto es el puro conocimiento: saber qué tipo de conflicto es el que hace tambalear tu estabilidad, el que potencia tus malos hábitos, el que te hace perder perspectiva, el que es tu detonante. Porque, cuando se nos activan, tendemos a olvidarnos de todo y a omitir los pasos que evitan que estalle un conflicto. Cuando somos conscientes de ellos, es menos probable que nuestras emociones se descontrolen o, si empiezan a hacerlo, no nos cuesta recordar las herramientas que tenemos a nuestra disposición. Nos descubrimos capaces de pensar con claridad, de resolver los problemas que se nos presentan y de lidiar con ellos sin que terminen sobrepasándonos.

Pasemos ahora a la cuestión de detectar los detonantes ajenos. Para ello, haremos un análisis de detonantes. Elige a un familiar, amigo o compañero de trabajo y recuerda la última vez que se mostró en desacuerdo o que se molestó por algo que habías dicho. Tómate tu tiempo; trata de reproducir en tu mente toda la situación o las circunstancias hasta que sientas de forma vívida y realista todas las emociones que tuviste en ese momento. Después, responde a una serie de preguntas:

1. ¿Cuál era la razón principal del conflicto? ¿Estaba enfocado en lo que se había hecho o en lo que no (o en una cantidad de algo que no se había conseguido obtener), en el tiempo que se había tardado en lograr algo o en una fecha límite a la que no se había llegado o que había tenido que aplazarse? ¿Sí? ¿El detonante de tu amigo/familiar/compañero es entonces el conflicto de tareas? ¿No? Pues pasemos a la pregunta número dos.
2. ¿La discusión fue por la forma en la que se había hecho algo o a causa de una medida que se había tomado (o no, pese a que tu amigo/familiar/compañero pensaba que tendría que haberse hecho)? ¿Hubo algún problema en relación con un tipo de norma, procedimiento, sistema o una serie de órdenes en concreto? Si surge en tu mente una señal en neón con un «sí» parpadeante, lo más probable es que el detonante de la persona que estás imaginando sea de proceso. ¿Que no es nada de eso? Vayamos entonces a la pregunta número tres.
3. ¿Se debió a que tu familiar o compañero de trabajo hizo algún comentario con intención de herirte sin motivo aparente? ¿Te dio algún tipo de explicación para justificar su reacción que no estuviera relacionada con los conflictos de tareas o de proceso? ¿Se quejó de la relación que tiene contigo? ¿Expresó alguna emoción que te pareciera ilógica o fuera de contexto o simplemente fue buscando pelea? ¿Hizo algún intento consciente de avivar el fuego cuando la tensión entre ambos aumentó? ¿Por lo general es una persona con la que no te llevas bien (o con la que chocas en ciertos temas)? Si tras hacerte estas preguntas, piensas: *Ah, sí, y aún más*, significa que el detonante de la persona a la que le estás haciendo el análisis es, casi con total seguridad —y sabemos de sobra que lo has adivinado—, relacional.

¿No estás seguro? Si tus respuestas a las tres preguntas son «no» o «no lo sé», es posible que hubiera un detonante de estado. ¿El problema tuvo lugar un día en que tu familiar/amigo/compañero había dormido poco o estaba con resaca? ¿No había desayunado o comido todavía? ¿Llegaban tarde a alguna reunión? Cuando se activa un detonante de estado, puede que no haya un conflicto como tal o, al menos, no uno con un verdadero condicionante. Por lo tanto, no podemos determinar cuál es y tendremos que comenzar de nuevo. Piensa en un encontronazo distinto y vuelve a llevar a cabo el análisis. Te dejamos aquí un diagrama de flujo que puedes usar como ayuda:

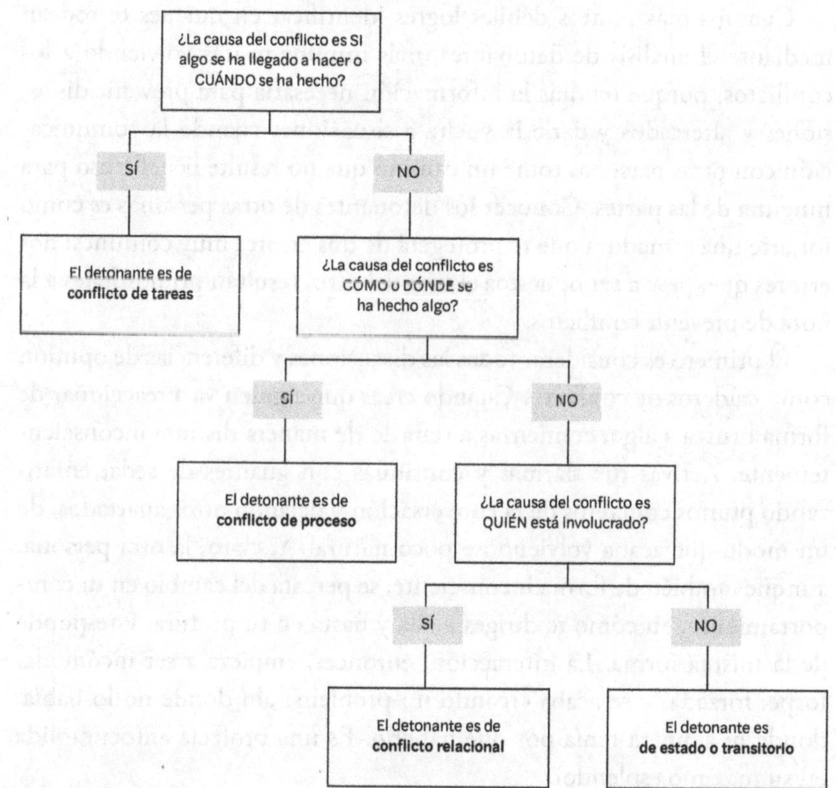

Si has llegado a la parte de abajo a la derecha y, aun así, no parece que el conflicto haya sido a causa de un detonante condicional/de estado o transitorio, lo más probable sea que no conozcas lo suficiente a una persona como para saber cuáles son sus detonantes con solo una situación. Aunque también puede ser que los oculte deliberadamente: hay algunas personas que saben bien cuáles son sus detonantes y se esfuerzan por atenuarlos o restarles importancia. Es necesario que volvamos a intentar analizar una situación. Para lograr predecir con certeza qué tipo de conflicto tiene más posibilidades de activar el detonante de una persona conviene considerar varias fuentes de información. Analiza otros conflictos, enfados o encontronazos que haya podido tener, incluso alguno en el que tú no hayas estado implicado, y trata de encontrar el común denominador entre todos ellos. ¿Qué es lo que más altera a esa persona? ¿Tareas, procesos o relaciones?

Cuantos más puntos débiles logres identificar en quienes te rodean mediante el análisis de detonantes, más inmune te irás volviendo a los conflictos, porque tendrás la información necesaria para prevenir discusiones y altercados y darle la vuelta a situaciones cuando la comunicación con otras personas tome un camino que no resulte beneficioso para ninguna de las partes. Conocer los detonantes de otras personas es como forjarte una armadura que te protegerá de dos errores muy comunes; dos errores que, pese a ser opuestos el uno del otro, resultan primordiales a la hora de prevenir conflictos.

El primero es considerar todas las discusiones y diferencias de opinión como calderos de conflicto. Cuando crees que alguien va a reaccionar de forma brusca a algo, comienzas a tratarlo de manera distinta inconscientemente. Activas tus alarmas y continúas con guantes de seda, enfatizando puntos concretos de la conversación y dejando otros apartados, de un modo que acaba volviéndose poco natural. Y, claro, la otra persona, aunque también de forma inconsciente, se percata del cambio en tu comportamiento, en cómo te diriges a ella y hasta en tu postura, y responde de la misma forma. La interacción, entonces, empieza a ser incómoda, torpe, forzada, y se acaba creando un problema ahí donde no lo había, donde ni siquiera tenía por qué haberlo. Es una profecía autocumplida en su máximo esplendor.

El error aquí consiste en considerar problemática una interacción en la que no se ha activado ningún tipo de detonante, cuando en realidad no lo es. Ocurre muchas veces que se producen desacuerdos que pertenecen a un tipo de conflicto que no es el detonante de ninguna de las personas involucradas en él y, por lo tanto, si conoces de antemano cuáles son, ya sabrás que ninguno va a estallar de pronto. Has cumplido con tu parte; lo único que tienes que hacer es apartarte a un lado y tener paciencia. Por lo general, los desacuerdos que no activan ningún detonante se solucionan siempre por sí mismos, de forma amistosa, siguiendo el curso normal de la comunicación y con total normalidad. Esto se debe a que ninguna de las partes se desborda; sus emociones se mantienen equilibradas en todo momento y eso les permite entablar una conversación lógica y ponerle solución al problema. Ven los problemas tal y como son y hacen ajustes lógicos sin esfuerzo. De hecho, nosotros tendemos a evitar el uso de la palabra *conflicto* en estos casos. Te recomendamos que hagas lo mismo.

El segundo error: no ser capaz de ver cuándo la otra persona está a punto de perder los estribos. Por ejemplo, estás tratando de solucionar un problema que sabes que no va a activar tu detonante y, entonces, no piensas en que sí puede activar el de la otra persona. Das por hecho que todo está yendo sobre ruedas, no reparas en que su frustración va creciendo por momentos y, por accidente, pones el dedo en la llaga y el problema estalla de un segundo a otro. Todo se complica de forma innecesaria. Cuando te enfrentes a una situación que para ti no sea «tan grande», no creas de antemano que tampoco va a ser una molestia o una preocupación para los demás o que no va a tomarlos por sorpresa. Si te preguntas «¿es posible que esto sea el punto débil de alguien?» estarás un paso por delante.

Si la respuesta es que sí, recuerda que, ante un detonante, las personas suelen dejar de reflexionar sobre lo que les rodea y de controlar sus acciones; pasan a ver la situación como un conflicto inmenso o se obsesionan con un detalle diminuto. Bajo presión, todas las personas, incluso las más precavidas y las que mayor control tenemos sobre este tema, tendemos a abordar el conflicto en sí y no a considerar de qué tipo es. Al sentir que nos tiran de la lengua, que nos atacan o que nos ponen a prueba, nos vemos incapaces de catalogar el problema en términos generales, de determinar si estamos conectando, si nos estamos poniendo de acuerdo o si estamos haciendo un esfuerzo por colaborar. Si pasamos por alto los matices de las emociones de quienes nos rodean, estamos condenados al fracaso. Para lograr un resultado positivo, cada tipo de conflicto tiene su propia metodología, basada en la siguiente serie de variables:

- El nivel y tipo de emoción.
- El momento en el que se debe tratar de poner solución al problema.
- El lugar más adecuado para solucionar el problema.

Pasemos entonces a estudiar las técnicas que se deben emplear con cada tipo de conflicto.

CÓMO ABORDAR LOS CONFLICTOS DE TAREAS

A las personas que se ven afectadas por los conflictos de tareas les gusta trabajar rápido. Llegan, cumplen con su cometido y se van. Les encanta hacer listas de tareas pendientes, adoran tachar las que van cumpliendo y muchos detestan los puntitos que marcan que un correo está sin leer. Todos ellos son puntuales y odian que se les cancelen las reuniones (lo cual es un detonante en sí mismo). Tener que esperar a alguien que llega tarde los saca de quicio y, cuando se acerca el final del día o una fecha de entrega, comienzan a mirar el reloj de forma compulsiva. Además, puede parecer que siempre van corriendo a todos lados. A raíz de esto, mucha gente los considera chapuceros, lo sean o no. No les preocupa tanto cómo se hace el trabajo ni quién o quiénes lo hacen; lo único que les importa es que el trabajo *se haga*. Por lo general, pueden parecer nerviosos e impacientes, aunque no se debe a que no se preocupen por quienes están a su alrededor, sino a que se centran en alcanzar sus objetivos y tacharlos en sus listas de tareas. Aun así, es importante destacar que este tipo de personas suelen ser buenos trabajadores y emprendedores, pese a que no son demasiado amigos de las cuestiones organizativas; en especial, cuando se trata de delegar trabajo en otras personas.

Aparte de esto, suelen tratar de evitar los conflictos de tareas como sea —por lo general, completando por sí mismos todas las que se les presentan— y tiende a estresarles el trabajo en grupo; sobre todo si alguno de los miembros trabaja lento o es demasiado meticuloso. Prefieren llevar a cabo un proyecto ellos solos antes que arriesgarse a que alguien no cumpla con su parte a tiempo, e incluso pueden llegar a detestar los trabajos que impliquen contratación externa o delegación. Por no mencionar que, si tienen fechas de entrega muy amplias, tratarán de imponer otras más estrictas.

Es necesario aclarar que las fechas de entrega no son, en sí mismas, el problema de las personas que se ven más afectadas por los conflictos de tareas. De hecho, les gustan, anhelan la sensación de orden que conllevan, y muchas veces no se sienten cómodos con los proyectos que no cuentan con un límite de tiempo. Lo que les supone un problema es tener que lidiar con aquellos que no aprecian la labor de completar tareas o que no lo priorizan tanto como ellos.

Este tipo de personas intenta ocuparse de todo por sí sola, sin ayuda, y por lo general funciona hasta que… deja de hacerlo. Ten en cuenta que muchas veces estas personas pueden encontrarse en medio de un conflicto porque ya de por sí están metidas hasta el cuello en una zanja. Puede que hayan estado haciendo malabares para acabar una cantidad inmensa de trabajo y que, de pronto, se hayan visto obligados a dejarla para que sea otro quien se encargue de ella. O puede que hayan previsto la cantidad de trabajo que se les venía encima y hayan tratado de pedir ayuda, pero que, al recibirla, hayan descubierto que la otra persona no es capaz de seguirles el ritmo. En cualquier caso, para cuando quieren terminar de llevar a cabo la tarea, ya se encuentran al límite y es mucho más probable que se les active su detonante antes que a aquellos a los que les afectan más los conflictos de proceso o los relacionales.

También es importante ser consciente de que cada tipo de detonante tiene sus propias fortalezas. Las personas a las que les afectan más los conflictos de tareas suelen trabajar bien bajo presión. Se les da de maravilla hacer malabares con sus distintas obligaciones para completarlas a tiempo sin descuidar ninguna y sin agotarse. Saben cómo cumplir con su deber cuando tienen que hacerlo. Además, no suelen necesitar demasiada supervisión y se toman bien las críticas constructivas.

Los conflictos de tareas, por lo general, surgen de la confianza y la responsabilidad y tienden a agravarse por la preocupación de que las tareas pendientes no se vayan a completar (o no se completen a tiempo). Por lo tanto, cuanto más se tarde en ponerle solución al problema, más ansiedad genera.

Las mejores formas de abordar los conflictos de tareas son:

1. Centrarse en el tipo de emoción que provocan. Puede que pienses que lo que causa el choque entre las distintas partes de un conflicto de tareas es la frustración y el enfado, y tal vez lo parezca a simple vista porque es como se manifiesta en el exterior, pero no es así, lo que subyace a estas emociones es el estrés, la sensación de presión y mucha ansiedad. Por lo tanto, al abordar este tipo de conflictos, es importante hacerles sentir a esas personas que el problema se está resolviendo de manera rápida y eficiente. El tono que se usa es importante: intenta bajar la voz, darle amplitud y controlar el ritmo. Además, hazles saber que te preocupa que se complete la tarea tanto como a ellos.

2. Prestar atención a los plazos establecidos. Los conflictos de tareas vienen de la mano de la sensación de necesidad de completar los objetivos. Por ello, no es de extrañar que la forma de solucionarlos dependa de que se actúe con rapidez y conciencia. El «cuándo» supera al «cómo», y este tipo de conflictos tienen que abordarse *de inmediato*. Ni «pronto» ni «rápido». Es habitual que se asignen tareas acompañadas de frases como «cuanto antes, mejor», pero, cuando se trata de conflictos de tareas, esta frase se vuelve vital. Cuanto más tiempo tarde en abordarse la situación, más ansiosa se sentirá la persona a la que se le haya activado un detonante y más se irá agravando. Y no es porque estas personas sean conflictivas o pataleen de forma egoísta, sino porque su mayor deseo es resolver los problemas. Así pues, hacerlo en una fase temprana, incluso antes de que se activen los detonantes, ayudará a evitar que la situación desemboque en una descarga de emociones cegadoras y que, a la larga, resulte poco beneficiosa para todas las partes.

3. Comprender y darle importancia al hecho de que las personas a las que les afectan los conflictos de tareas necesitan sentir que se está haciendo

algo. La mejor forma de hacerles saber que se están priorizando sus preocupaciones es fomentar la comunicación con ellos de forma directa y personal. Lo mejor sería evitar sumar más personas al conflicto y desestimar cualquier tipo de intercambio mediante correo electrónico (u otros medios digitales), ya que pueden establecer una especie de «barrera» entre ambas partes. Por no mencionar que responder al mensaje le añadiría otra tarea a la inmensa lista, le supondría tener que ajustar su tiempo para organizar una reunión contigo y le podría dar la sensación de que estás tratando de poner impedimentos o de minimizar la urgencia de la situación. Lo adecuado sería hacerle una llamada o incluso ir más allá: si se trata de un problema de tu propia empresa, ¡preséntate en su despacho!

CÓMO APACIGUAR LOS CONFLICTOS DE PROCESO

Las personas a las que les afectan más los conflictos de proceso prefieren «calidad antes que cantidad». Les dan más importancia al viaje que al destino. Son lo opuesto a las personas a las que les afectan los conflictos de tareas en lo que se refiere a cómo llegar al objetivo por el que se esfuerzan. Prefieren, ante todo, lograr alcanzar de forma metódica los resultados ideales o, al menos, los que ellos consideran como tales. Sin embargo, esto va más allá de «conseguir algo de la forma correcta» y puede suponerles ciertos problemas: no se sienten satisfechos con un logro de la empresa o de un equipo si han tomado algún tipo de atajo, ni consideran aceptables los resultados obtenidos si no están pulidos y si no se mantienen de forma duradera. Hagamos una analogía con el baloncesto, con esas veces en que un equipo consigue hacer los suficientes pases —pases rápidos, limpios y precisos— para lograr crear aperturas en el otro equipo que les permitan hacer tiros liberados. Una persona cuyo detonante se activa por un conflicto de proceso es probable que llame fuertemente la atención a uno de sus compañeros (ya sea en el momento o después en el vestuario, lejos de las cámaras) si no ha pasado la pelota tal y como lo habían acordado de antemano, por mucho que, aun así, haya conseguido anotar treinta puntos o que haya lanzado la canasta ganadora.

Por lo general, a este tipo de personas se las considera «demasiado rígidas»; por no decir «excesivamente perfeccionistas». Su zona de confort siempre se va a encontrar dentro de los límites de las normas, las distintas directrices, fórmulas y procedimientos; les encanta seguir directrices a rajatabla. Por ejemplo, cuando compran un mueble de Ikea, comienzan disponiendo cada una de las piezas y después pasan a montarlo paso a paso según lo que dice el manual de instrucciones, y si un miembro de su familia o un compañero de trabajo prefiriera ignorarlas o improvisar..., sí, acabaríamos teniendo que llamar a la ambulancia. Así que, ¡cuidado! Si decides ponerte a cocinar con ellos, no vale eso de «lo que pida la masa».

Es interesante destacar que los detonantes de este tipo de personas también pueden activarse cuando alguien externo está siguiendo concienzudamente un procedimiento o unas reglas que no sean *su* procedimiento o *sus* reglas. Si ellos tienen una estrategia que consideran más efectiva o útil y reciben oposición de parte de un jefe (o de un vendedor, un superior, etc.) que les dice: «Lo siento, pero aquí no hacemos las cosas de esa forma», o se les niega una petición mediante «Lo sentimos, es la política de la empresa», lo más probable es que les hierva la sangre. Este tipo de detonante se activa tanto por ausencia de un procedimiento como por uno mal concebido o que no les agrada.

Por poner un ejemplo más ilustrativo, imagina que eres padre de un niño pequeño. Puede que te encuentres ahora en esa etapa o recuerdes cómo eran tus hijos a esa edad. Si no tienes hijos, piensa en alguna vez en la que tu madre, tu padre (o alguien encargado de ti) te dijera que hicieras algo «porque lo decían ellos y punto». ¿Alguna vez has escuchado esa frase o la has usado en tu vida? Ese enfado que hace que los padres bloqueen su pensamiento y pronuncien esta frase es igual a la sensación que experimentan las personas cuyos detonantes se activan a causa de los conflictos de proceso. En esas circunstancias pasan a insistir en su forma de hacer las cosas porque creen, categóricamente, que es lo correcto; que otras personas se nieguen a entenderlo o a obedecerlos les hace perder la cabeza.

Al mismo tiempo, la sensación de «¿por qué están cuestionándose mis métodos si sé perfectamente lo que me hago?» es igual de poderosa. Puede llevar a este tipo de personas a sentirse menospreciadas, lo que acaba desembocando en rabia, resentimiento y hasta odio. En lo más profundo de su interior, lo que quieren es que los demás confíen en ellos, y que un colega o ser querido se oponga a su forma de proceder, se oponga a uno de sus planes o decida no seguirlos, puede traducirse como un insulto a sus capacidades. La clave en este caso es tener en cuenta que los conflictos de proceso están relacionados con el respeto, o más bien con la sensación de falta de él, y las emociones que derivan de ello suelen ser frustración y rabia.

Para apaciguar un conflicto de proceso, sigue estos pasos:

1. Céntrate en la frustración y en la rabia que haya mostrado la persona a la que tratas de ayudar y valídala de forma directa según las preocupaciones que las hayan causado; no conviene darle vueltas al tema. Muestra tu interés genuino por saber la opinión y las ideas que tiene y, por absurdas y exageradas que te parezcan, escúchalas.

2. Actúa rápido. En este caso, el momento en el que se tiene que abordar un problema, una discusión o un desacuerdo que implique un conflicto de proceso —o al menos el hecho de demostrar un verdadero deseo de tratar de solucionarlo— es idéntico al de los conflictos de tareas. Si tratas de acercarte poco a poco, tomarte tu tiempo para resolver el problema o esperar porque prefieres «hacer un poco de trabajo previo», solo conseguirás que el enfado aumente. Por lo tanto, ¡actúa de inmediato!

3. Aun así, también debes centrarte en *cómo* actúas. Pon énfasis, al igual que nosotros, en la palabra *cómo*. Los conflictos de proceso estallan principalmente porque se prioriza la manera en que se hacen las cosas por encima de hacerlas lo más rápido posible. Las personas a las que les afectan los conflictos de proceso anhelan sentir que tienen el control de la situación y su sufrimiento se debe a que quieren que los demás sigan su ejemplo, así que debemos asegurarnos de mantener con ellas una comunicación exhaustiva y de tener una planificación bien meditada. En estos casos, suele funcionar que se convoque una reunión de grupo o una conferencia en la que se valoren sus opiniones. Por supuesto, esto también se puede hacer de forma individual, pero que se sienta recono-

cido en mitad de un grupo es más eficaz a la hora de poner solución a un conflicto.

CÓMO REGULAR LOS CONFLICTOS RELACIONALES

Los conflictos relacionales son harina de otro costal. Las personas que se ven afectadas por ellos atraviesan o muestran un espectro mucho más amplio de emociones: rabia, tristeza, temor, histeria… ¿Por qué? Pues porque no existe un problema concreto como ocurre con los conflictos de tareas y los de proceso. Los «integrantes» de los conflictos relacionales entran en una dinámica de toma y daca que se extiende en direcciones impredecibles por razones poco claras, aunque por lo general suele conllevar reacciones muy intensas. Como veremos a lo largo del libro, cuando una emoción aumenta, el raciocinio disminuye. Durante este tipo de conflictos, las emociones tienden a surgir con más fuerza, por lo que resulta más complicado encontrar soluciones prácticas y, en consecuencia, resolverlos.

No es de extrañar, pues, que la manera más efectiva de abordarlos sea completamente distinta a la de los otros dos tipos de conflicto. No se centra en un conjunto específico de emociones ni existe un objetivo concreto en torno a un trabajo o a un proyecto, y el entorno en el que se da (individual o en grupo), a diferencia de los conflictos de tareas y de procesos, resulta irrelevante. Así que, ¿qué debemos hacer?

1. Echa el freno. Y no, esto no quiere decir que tengas que aparcar el problema. Escucha el consejo que nos da el *Almanaque del viejo granjero*: «No siembres las semillas demasiado pronto ni coseches las flores demasiado tarde». Si lo aplicamos a los distintos tipos de conflicto, podemos decir que los de tareas y los de proceso son una especie de flor que se desarrolla rápido; por lo tanto, si no nos ocupamos de ella cuanto antes, se marchitará. Los conflictos relacionales, sin embargo, deben dejarse germinar. Si te lanzas de cabeza y a toda prisa, como si fueras un cocinero que trata de saciar a una muchedumbre hambrienta, las emociones de aquellos a los que tratas de ayudar serán tan intensas que te resul-

tará imposible calmarlas y terminarás arrojando más leña al fuego (o, si mantenemos la metáfora, «calentando demasiado el aceite»). Cuando alguien está irritado, le resulta casi imposible ser paciente y lo único que desea es pasar directamente a tratar el problema. No obstante, ahí está la clave: la paciencia. Las emociones son mucho más vívidas y, al no estar causadas por una tarea o un procedimiento, es necesario ir yendo capa por capa. Además, es algo que conlleva tiempo y dedicación. Lo más probable es que las distintas partes del conflicto necesiten un respiro para recobrar la perspectiva.

2. Es importante que puedan cambiar el enfoque de la situación y salirse del torbellino de emociones, reacciones, insultos y conductas nocivas. El piloto automático del exceso de emoción en los conflictos relacionales se activa principalmente por falta de comunicación, de escucha (o, mejor dicho, de atención), de empatía y por egoísmo y, con ello, surge una fuerte necesidad de desahogo. La mayoría de las personas que se enfrentan a un conflicto relacional se encierran en sí mismas sin darse cuenta; por lo tanto, gran parte de tu trabajo consistirá en convertirte en un canal que les permita soltar lo que las corroe por dentro, de forma sana y beneficiosa, alcanzando cierto alivio. Esto logrará, además, que estén más dispuestas a abrirse a una comunicación posterior basada en la empatía y la generosidad. Las estrategias más efectivas para facilitar el desahogo y reconducir la situación dependen de profundizar tu comprensión del otro. Durante el resto del libro, expondremos modelos personalizados para hacerlo. Aun así, antes de pasar a usarlos como guía, conviene que le hagas saber a las otras personas que estás ahí para escucharlas, que sus sentimientos son válidos y que, si quieren abordarlos, no están solos.

3. Si cualquiera de los dos pasos anteriores resulta inviable, separa a las partes. A veces, echar el freno y replantear la comunicación como un intercambio constructivo, escuchar y empatizar, requiere que las personas que se ven envueltas en un conflicto relacional se alejen durante un tiempo. Es posible que, a partir de entonces, tengas que encargarte de ellas por separado, repetir los pasos anteriores y trabajar el doble antes de que puedas volver a unificar la comunicación. El objetivo aquí es atenuar

el aumento de la intensidad de las emociones que se producen durante la interacción después de que se hayan vuelto tóxicas. De esta manera, ambas partes pueden comenzar de cero.

> «Cuando sustituyas los pensamientos negativos por positivos, empezarás a obtener buenos resultados».
>
> **—Willie Nelson**

Es importante no caer en el error de dar por hecho que todos los conflictos son personales; es decir, pensar que si un compañero o familiar está enfadado con nosotros, o si nos ignora o se muestra molesto por algo que hemos hecho, entonces existe un problema en nuestra relación. Uno de los errores más comunes con los que nos encontramos durante nuestras mediaciones —y que, además, intensifica de manera sustancial los conflictos, alimenta el resentimiento e impide que se encuentre una solución adecuada— es que muchas personas confunden los conflictos de tarea y de proceso con los conflictos relacionales. Esto es particularmente habitual en el ámbito empresarial de nuestro país, debido a que muchos etiquetan a otras personas (en concreto, a las mujeres) como «demasiado emocionales». Que haya un pico emocional mientras dos personas están interactuando no significa de por sí que una de ellas tenga un problema con la otra; conviene determinar con seguridad si un conflicto es de tareas o de proceso antes de abordarlo como relacional.

¡BUM!

Hace unos años, una empresa dedicada a los derivados del petróleo perteneciente a la lista de las Fortune 100 nos contrató para «solucionar» un problema que estaban teniendo en sus operaciones en la Cuenca Pérmica. Resulta que, en un rango de seis meses, la mitad del equipo de excavación se había pasado a la competencia dejando el trabajo. Tener una tasa de rotación del 50 % en su sector es algo inaudito, aunque lo peor era que, mientras la empresa gastaba un promedio de 36 000 dólares en su intento por contratar aprendices que pudieran servirles de reemplazo, los miembros del equipo que se habían ido estaban aceptando empleos por los que les pagaban una media de 0,25 dólares por hora *menos* de lo que recibían antes. No podía ser más evidente que ya no querían seguir trabajando para la empresa. El verdadero giro de la situación, sin embargo, fue que nos enteramos de que no nos habían contratado con intención de aumentar la tasa de retención, sino que, según nos dijeron, fue porque uno de los equipos había tenido «una pequeña riña el otro día» y que esperaban que nosotros «pudiéramos ayudarlos a que no se repitiera». Una «pequeña riña»... Desde luego, era una forma de decirlo, tal y como descubrimos más tarde.

Sin saber nada más, decidimos llevar a cabo una investigación para saber de qué tipo de conflicto se trataba. En el departamento de Recursos Humanos nos dijeron:

—Es obvio que hay problemas de personalidad; los supervisores y los miembros del equipo nunca se han llevado demasiado bien. Nosotros hemos intentado deshacernos de los más problemáticos, pero contratar mejores perfiles es una gestión lenta, con tantas normas de seguridad y periodos de prueba...

Los altos directivos de la empresa daban por hecho que era un problema de relación; por lo tanto, un conflicto relacional. Estaban cometiendo el error común de creer que el conflicto interpersonal se enfoca en las personas por el simple hecho de serlo; que es cuestión de que los individuos implicados sienten animadversión los unos por los otros, que no encajan entre sí o que no están dispuestos a colaborar.

—¿Y cómo llegaron a esa conclusión? —les preguntamos nosotros.

—Las peleas estúpidas que tienen —nos respondió el VP sénior de administración de Recursos Humanos—. Los supervisores se pasan el día pinchando a los excavadores y ellos responden. No hay respeto a la autoridad. Nos trae a todos de cabeza.

—Como la riña que nos comentaste en nuestra primera llamada, ¿no? —inquirimos, haciendo referencia al día que se pusieron en contacto con nosotros.

—Sí, bueno. Eso fue solo la razón que nos hizo darnos cuenta de que nos vendrían bien por aquí, pero sí.

Teníamos la sensación de que había más información en el aire, información que aún desconocíamos, así que les pedimos que nos lo contaran todo.

Al parecer, las oficinas centrales de la empresa habían enviado a uno de sus mejores especialistas de control de calidad a revisar cómo marchaban los distintos procedimientos y para asegurarse de que cumplían al pie de la letra todas las medidas de seguridad. Durante una de sus rondas, vio que un trabajador ignoraba un cartel que se encontraba encima de un botón rojo y que decía:

PELIGRO

Riesgo de acumulación de alta tensión

Espere cinco minutos antes de volver a pulsar

—¡¿Qué coj*** estás haciendo?! —le gritó el especialista mientras apretaba el paso en su dirección.

—Mi maldito trabajo —replicó el hombre—. ¿Tú quién eres?

Tomado por sorpresa y molesto, el especialista señaló el cartel.

—¿Es que acaso no sabes leer?

—Pues claro que sé, imbécil. ¿Sabes tú leer esto?

Entonces, le mostró el dedo y volvió a pulsar el botón.

—¡Eh! ¡No! —exclamó el especialista—. ¿No te das cuenta de que haciendo eso podrías matarnos?

—Mira, solo porque tengas un título y viajes en el helicóptero de la empresa no significa que sepas cómo se hacen las cosas aquí. Esto lo hacemos todo el tiempo.

Y, tras eso, comenzó a pulsar el botón sin parar y todo lo rápido que pudo. Clac, clac, clac, clac…

¡Y bum!

Un tanque de combustible de reserva en la sala contigua explotó. Gracias al cielo, no hubo víctimas mortales, aunque el especialista en control de calidad, el trabajador y dos de sus compañeros de planta resultaron heridos. Por supuesto, era obvio que lo que estaba ocurriendo iba mucho más allá de unas riñas infantiles.

Decidimos intensificar nuestra evaluación. A los supervisores y a los trabajadores (de forma separada, obviamente, mediante una técnica de «toma de respuestas» neutral) les hicimos las preguntas que te hemos presentado anteriormente, entrevistamos a los ejecutivos de las oficinas centrales y nos pusimos en contacto con gran parte de los trabajadores que se habían ido de la empresa.

La mayoría de los excavadores culparon al nuevo procedimiento de control de seguridad que la empresa había decidido implantar sin solicitar la opinión de nadie. Había que pasarlo cada día y sumado a la ardua tarea de reajustar la maquinaria y una gran cantidad de papeleo extra, interrumpía el ritmo de trabajo.

—Si nos dedicamos a esto es porque nos gusta el trabajo manual, no rellenar formularios —nos dijo uno—. No somos oficinistas.

Los jefes nos hablaron de la vital importancia de la seguridad por encima de todo.

—Nuestra prioridad es minimizar la posibilidad de que ocurran accidentes y que nuestros trabajadores resulten heridos. Por mucho que afecte a la producción o a los ingresos finales, es nuestra preocupación principal. No podemos ceder en esto.

¿Vas viendo ya cuál es la raíz del conflicto? No es que hubiera malos rollos de primera mano ni choques de personalidad entre los implicados. El intercambio de insultos y palabras malsonantes en la planta no iba realmente dirigido a la otra persona; el problema no era relacional. No tenía nada que ver con la productividad de los excavadores ni con su manera de trabajar en sí, ni con el número de barriles de petróleo que producían ni con las cuotas ni nada por el estilo. La dirección no estaba preocupada por las pérdidas financieras de la división, a los trabajadores se les pagaba muy bien y no había amenazas de reducción salarial ni nada parecido. ¿A qué venía el deseo entonces de marcharse de la empresa? Básicamente, a la diferencia de opiniones en lo referente a un procedimiento y, aparte, a una cuestión de principios; los trabajadores estaban molestos porque no se les consultó sobre la incorporación de la nueva medida. Se trataba de un conflicto de proceso con todas las de la ley.

Una vez aclarado eso, el resto de nuestra consultoría fue fácil. Le pedimos tanto a los excavadores como a los supervisores que eligieran un representante y los pusimos cara a cara para que hallaran la forma de cumplir la normativa de seguridad puesta por la dirección y que, al mismo tiempo, los trabajadores pudieran ver que se reconocía su experiencia y valía sin sentirse unos meros burócratas.

Por supuesto, el nuevo procedimiento no se implementó de la noche a la mañana, tuvo que pasar por una fase de desarrollo primero, pero lo importante fue que los trabajadores, a quienes se les había activado el detonante, vieron que se estaba haciendo algo al respecto y, sobre todo, se sintieron respetados.

Conflicto resuelto.

NO HIZO QUE SE ACTIVARA EL DETONANTE

Cuando no tengamos claro ante qué tipo de conflicto nos encontramos, la clave es buscar alguna pista en las emociones que ha desencadenado. ¿Qué es lo que ha provocado que aumenten de intensidad? ¿Ha sido por una tarea, por un procedimiento o por otra persona? Aunque recuerda que este último caso puede ser una cortina de humo y que, al centrarnos en un individuo, podríamos dejar de ver la tarea o proceso que ha causado en realidad el problema.

Pongamos por ejemplo una mediación de divorcio que hemos llevado a cabo hace poco. Tal y como hacemos en todos los casos similares, le pedimos a ambos cónyuges que rellenen un acuerdo de confidencialidad que recoge datos como la competencia judicial, si se ha presentado demanda y, en caso de ser así, el estado de la misma, el alcance de las partes implicadas y cualquier caso de abuso en la propia relación o hacia personas mayores o niños tanto en la actualidad como en el pasado. Este último apartado es crucial a la hora de determinar si la ambos pueden estar en la misma habitación durante la mediación o si deben permanecer separados por precaución.

No obstante, los dos marcaron esa consigna con un «no». Por lo tanto, no le dimos más vueltas y programamos una cita cara a cara con ambos.

Cuando llegó el día, el marido se presentó con un enorme vendaje quirúrgico alrededor del cuello. Le preguntamos qué había ocurrido y, tras encogerse de hombros, nos respondió con total tranquilidad:

—Eh…, bueno, hice una sugerencia a mi mujer sobre nuestro negocio y me disparó en la garganta.

—¿Te disparó? ¿Sacó una pistola y te disparó?

—Sí, bueno, pero era de calibre veintidós —nos explicó—. Eso no cuenta.

Y nosotros pensando que ya lo habíamos visto todo en esta vida...

A pesar de haberse tenido que ir corriendo a urgencias, no parecía creer que fuese nada del otro mundo ni parecía estar demasiado preocupado por tener que sentarse delante de su mujer para hablar de los términos de su divorcio. Ese fue el primer indicio de que no se trataba de un conflicto relacional.

Llevamos a cabo la mediación. Hablamos de bienes inmuebles, planes de pensiones y sobre qué querían hacer con el negocio que regentaban juntos. Cada uno de los temas hizo que la esposa se enfureciera y comenzara a gesticular mientras enumeraba esas cosas terribles que hacía su marido y sobre cómo todas ellas estaban relacionadas con el consumo de metanfetaminas. Él, no obstante, se limitaba a admitir todas las acusaciones o decía cosas como: «Ya, sí... es que esa vez estaba muy drogado» o «La verdad es que no me acuerdo, pero probablemente me merezca eso que dice».

El revoltijo de emociones presentes en las quejas de su mujer podría haber sido signo de un conflicto relacional; era obvio que se había activado uno de sus detonantes (y también su pistola). Sin embargo, de forma asombrosa, el de su marido no, prueba número dos de que no se trataba de este tipo de conflicto. En las disputas que estallan de verdad a causa de un problema en la relación, ambas partes disfrutan de lanzarse insultos el uno al otro.

A medida que avanzábamos en nuestra investigación, reparamos en un patrón en las acusaciones de la mujer: el consumo de metanfetaminas a menudo iba de la mano de situaciones en las que su marido desatendía el trabajo, incumplía plazos o se olvidaba de acudir a sus reuniones. Aun así, ambos querían mantener el negocio. Ella estaba de acuerdo, aunque solo si él cumplía con sus obligaciones y con la condición de que accediera a hacerse un test de drogas todas las semanas. Él repuso que no, que se haría análisis de sangre cada tres meses. No lograr alcanzar un punto en común la sacó de quicio e hizo que perdiera el control; él, de pronto, nos preguntó en voz baja:

—¿Y no tengo ningún tipo de ventaja por lo del disparo?

Estamos seguros de que, llegados a este punto, ya sabes de qué tipo de conflicto se trata: un conflicto de tareas. Y, en cuanto orientamos el objetivo de la reunión hacia un proceso de consolidación basado en hitos, con cuotas por cumplimiento de tareas, la mujer se relajó. Comenzó a sentir que estaban escuchando sus protestas, que se estaba haciendo algo al respecto y que se estaban tomando medidas concretas para evitar futuros incumplimientos de los deberes de cada uno.

Cuando pasamos a tratar el tema de los análisis toxicológicos, el marido nos pidió tener una conversación aparte y nos confesó que había consumido metanfetaminas el día anterior.

—¿Puede no ser el test..., no sé, mañana? Estoy dispuesto a hacerme uno todas las semanas si... si consigo entrar en un centro de rehabilitación. Aunque voy a necesitar un poco de ayuda para entrar. ¿Pueden conseguir que lo pague mi mujer?

Le comentamos la solución a ella y exclamó:

—¡Ay, cariño, por supuesto! Estoy muy orgullosa de ti.

No tuvo problema alguno en comprometerse con el resto de las cuestiones pendientes porque ninguna de ellas tenía relación con su detonante. Por supuesto, todas seguían siendo un problema, pero ninguna traspasaba la línea; el conflicto de tareas era lo que la afectaba en lo más hondo.

Sí, puede que se trate de un ejemplo dramático en exceso, pero lo que queremos mostrar con él es que no sirve de nada gastar tanto tiempo y energía en resolver todos y cada uno de los problemas que se te presentan; si en lugar de eso te centras en encontrar el detonante —por muy camuflado que esté—, habrá más posibilidades de que los demás asuntos menores desaparezcan o, en esencia, se resuelvan por sí solos.

Para cada tipo de conflicto hay una estrategia específica. En los conflictos relacionales, por ejemplo, se necesita dedicar mucho más tiempo a la parte de evaluación y comunicación; para los conflictos de proceso debemos cambiar el enfoque de «qué» y «quién» hacia el «cómo», y los conflictos de tareas exigen señales de progreso inmediato. Sin embargo, ahora, gracias el conocimiento que has adquirido al leer este capítulo, cuentas con las herramientas necesarias para ayudar a los demás a comprender y respetar los detonantes de cada uno y puedes tratar de prevenir infinidad de enfrentamientos y resolver el resto. ¡Y, sí, también los que acarrean «intento de asesinato»!

Otra equivocación frecuente es pensar que, para considerar que se ha resuelto un conflicto y para que todo el mundo vuelva a trabajar unido, es necesario que todos sean amigos entre sí y que compartan los mismos valores. No obstante, Denzel Washington —o, mejor dicho, el entrenador Boone— lo describió de maravilla en *Duelo de titanes*:

> «No me importa si se caen bien o no, pero se respetarán mutuamente».

En resumen, este capítulo busca fomentar el respeto hacia los detonantes de los demás y contribuir a afianzar las relaciones interpersonales al identificarlos. Pretende mostrar que existen tipos de conflictos totalmente diferentes entre sí y ayudar a ser conscientes de cuáles afectan más a los demás. Una vez seas capaz de localizar los detonantes de quienes te rodean, será como si tuvieras una bola de cristal: podrás prever cientos de conflictos y tratar de evitarlos. Y, cuando te topes con alguien cuyo detonante se haya activado, podrás poner en práctica lo que vamos a aprender en el capítulo 2 para anticipar sus reacciones.

2

Predecir reacciones

Estamos seguros de que has oído hablar de algunos de los cuestionarios de personalidad que existen: el indicador Myers-Briggs, perfil DISC, eneagrama, modelo de True Colors, StrenghtsFinder de Gallup, etc. Completarlos es una de las actividades más populares de los retiros empresariales y programas de desarrollo de liderazgo, porque resultan muy útiles a la hora de conocer mejor a nuestros compañeros de trabajo y de que ellos nos conozcan a nosotros, e incluso es divertido rellenarlos con amigos y familiares. Aunque no solo son entretenidos, sino también muy esclarecedores. No obstante, tienen una gran desventaja: solo determinan atributos *normalizados*; es decir, el comportamiento promedio de la gente en su día a día, cómo actuamos cuando todo es luz y color. La cuestión es que, cuando se activan nuestros detonantes, no solemos pensar ni actuar como lo haríamos normalmente: es casi como si nos desconectáramos de nosotros mismos y toda esa valiosa información que nos proporciona nuestro inventario comportamental saliera volando por la ventana.

Te ponemos de ejemplo al jugador de fútbol americano Tim Tebow. Fue una superestrella en el equipo de la Universidad de Florida, los Florida Gators, del que fue *quarterback*, dos veces campeón nacional, ganador de la copa Heisman y All-American tanto dentro como fuera del campo. Al concluir su etapa en la NCAA y con varios récords a la espalda tanto en eficiencia de pases como en *touchdowns*, tenía claro hacia dónde dirigir su carrera: hasta el nivel más alto, la NFL. No obstante, había un problema: a la mayoría de los ojeadores les preocupaba la forma en la que lanzaba el balón. Cuando retrocedía para hacer un pase, colocaba el brazo de manera similar a la de un lanzador de béisbol y, según datos históricos de otros jugadores, este tipo de lanzamiento provoca demasiadas intercepciones. Por lo general, no había tanto problema en las competencias universitarias, pero en la NFL los defensas son demasiado rápidos y si ven que alguien alarga mucho el brazo, no tienen dificultad en adelantarse a los pases. Así pues, cuando Tebow anunció que entraría en el *draft* de la NFL en 2010, varios expertos recomendaron que no lo seleccionaran hasta la tercera ronda o después.

Para quienes no conocen demasiado de fútbol americano, digamos que, por aquel entonces, entre la primera y la tercera ronda, había una diferencia de unos veinte millones de dólares tanto en dinero garantizado como en los contratos de patrocinios; desde luego, una buena motivación para que cualquiera se anime a cambiar un viejo hábito y salirse de su zona de confort. Ojalá hubiera incentivos con todos esos ceros a mediados de enero, cuando tu esfuerzo por mantener los propósitos de Año Nuevo comienza a decaer, cuando añoras la vieja amistad de un pote de helado como premio por haber sobrevivido a ese día tan duro… Ya estamos divagando de nuevo.

Tebow, entonces, pasó a trabajar con diligencia junto a un entrenador profesional durante la pretemporada, día tras día y lejos de los paparazzi, con la intención de acortar su movimiento del brazo y presentarse en el Scouting Combine de la NFL, donde se reúnen los mejores jugadores para exhibir su talento. No le resultó sencillo, pero se esforzó muchísimo y, tres meses más tarde, los ojeadores del Combine se quedaron boquiabiertos. Al final, lo seleccionaron en la primera ronda.

Durante la siguiente campaña y durante toda la pretemporada —ese periodo de tiempo en el que a nadie le importa el resultado de los partidos— Tebow siguió empleando el nuevo movimiento para lanzar, al igual que lo hizo en los entrenamientos, en los cuales las reglas prohíben a los jugadores golpear o placar a los *quarterback*. Pero fue entonces cuando comenzó la temporada de la NFL, con un calendario de dieciséis partidos en el que cada uno de ellos contaba y en el que cada jugada podía determinar si un equipo llega o no a las eliminatorias. La misión de los defensas, con sus casi ciento cincuenta kilos de peso, es detener a los *quarterbacks* rivales y volar por el campo como misiles de guerra.

Tebow puso un pie en el campo en el primer partido... y lanzó, alargando el brazo.

Seamos sinceros, todos somos un poco como él. Sí, tal vez no estamos rodeados de hombres gigantescos que amenazan con lanzarse contra nosotros y aplastamos como un acordeón al estilo de Wile E. Coyote si no nos movemos en menos de tres segundos, pero sí que podemos decir que hemos dedicado toda una vida a elaborar nuestro propio plan de acción bajo presión. Se nos da muy bien probar cosas nuevas, intentar desarrollar habilidades distintas y adaptarnos a nuestro entorno... si no hay nada en medio que nos lo impida, claro. Cuando el camino se tuerce, sin embargo, lo más probable es que tendamos a volver a nuestros patrones de comportamiento más arraigados.

Puede que, por ejemplo, estés decididísimo a dejar la cafeína. Te está impidiendo alcanzar la fase REM por las noches y has calculado que gastas, con tus tres paradas diarias en Starbucks, una media de cinco mil dólares al año. Por no mencionar que, por mucho que sea tu favorito, el *caramel macchiato* tamaño *venti* con extra de nata no está ayudándote en absoluto a mantener la línea. Así que, por muy complicado que te resulte a veces resistir la tentación, has logrado aferrarte con uñas y dientes a esa parte disciplinada de tu persona que no sabías que existía hasta ahora. O, al menos, lo has hecho hasta que apareció un nuevo imprevisto en el trabajo que puso en entredicho tu estabilidad laboral. O hasta que tu pareja, como si tú no estuvieras ya sobrecargado con las clases de matemáticas de los niños, las de música, sus partidos de fútbol, la fecha de inscripción al concurso de escritura, el voluntariado de limpieza de los parques del barrio y la planificación de tus épicas vacaciones de verano (a un museo internacional), te suelta unos de sus «necesito tu ayuda, amor» mientras te encuentras saliendo por la puerta para a acudir a una reunión del AMPA que ya habían aplazado dos veces. Hmmm. Me parece que me está viniendo el aroma de una cerveza fresquita y el bar está a la vuelta de la esquina...

No te martirices demasiado. Por muy buenas que sean siempre tus intenciones, los detonantes pueden llegar a ser muy poderosos y, cuanto mayor sea la presión a la que te enfrentes, mayor será la probabilidad de que tus pensamientos y acciones más básicas salgan a la superficie. En el mundo del deporte, como hemos visto en el caso de Tim Tebow, todos esos pensamientos y acciones son, por lo general, elecciones estratégicas a las que recurrimos por costumbre. Y en el campo de las interacciones interpersonales, conforman lo que denominamos *conflicto predeterminado* —la manera en la que una persona, por instinto, lidia con los desacuerdos, los roces, las peleas, las discusiones, la discordia y los enfrentamientos—. Una amplia gama de investigaciones sobre el conflicto humano ha demostrado que somos notablemente coherentes en nuestras reacciones; tanto es así que hemos sido capaces de identificar cinco perfiles de personalidad ante el conflicto.

Por lo general, casi todo el mundo, cuando siente demasiada presión o se le exige demasiado —en otras palabras, cuando se activa su detonante—, adopta uno de estos cinco perfiles de personalidad o una ligera variación de alguno de ellos. Nosotros los llamamos los Go-To —por ser los «perfiles de personalidad ante el conflicto», a los que siempre *vamos*; a los que siempre *recurrimos**— y los empleamos para rellenar los huecos que no logran suplir los cuestionarios de tipología de personalidad estándar como Myers-Briggs, eneagrama o StrengthsFinder.

Redoble de tambores para dar pie a la gran revelación... aunque antes remarcamos, a medida que todo retumba al compás de las baquetas, que los Go-To no son limitaciones, discapacidades ni cargas ni suponen ningún tipo de aspecto negativo. Son, simplemente, hábitos, predisposiciones y respuestas automáticas que surgen (a menudo sin ser conscientes siquiera) cuando nos enfrentamos a interacciones interpersonales que nos resultan desagradables. Son producto de una serie de patrones a los que

---

* *N. del T.*: En inglés, *go-to* se emplea para hacer referencia a algo que se elige o se usa con frecuencia, o a lo que se recurre de manera habitual: tu bar de confianza, el aperitivo que siempre preparas en las comidas familiares, la prenda de ropa que eliges cada vez que no sabes qué ponerte, etc.

nos hemos acostumbrado; no están codificados genéticamente en el cerebro y podemos cambiarlos o incluso ayudar a nuestros seres queridos a hacerlo. Aunque, por supuesto, requiere cierto esfuerzo y compromiso y, sobre todo, tenemos que ponerlo en práctica en situaciones de conflicto. Esta fue la razón por la que Tebow al final no usó el lanzamiento que había perfeccionado en sus entrenamientos, porque ninguno de ellos —o no los suficientes— tuvo lugar en condiciones de verdadera presión. Aunque, por supuesto, también influye el hecho de que resulta muy complicado cambiar hábitos que hemos tenido desde la infancia: no es un simple reajuste de mentalidad.

Esperamos que estos datos te resulten tan interesantes y emocionantes como a nosotros. Lo que más nos ha motivado a escribir este libro y a seguir trabajando es saber que vamos a poder hacerte entrega de las herramientas que te permitirán convertirte en un verdadero maestro *jedi* de los Go-To.

Profundizaremos en todos los detalles en los próximos capítulos. De momento, lo que más nos interesa es que aprendas a ver los perfiles de personalidad ante el conflicto desde un punto de vista práctico, no crítico. Al fin y al cabo, no son más que un conjunto de habilidades que, en cualquier caso, están a tu disposición para ayudarte a mejorar el trabajo en equipo y las relaciones laborales. Por eso, además de la terminología psicológica formal, hemos decidido usar apodos alternativos e ilustrativos para cada uno de los Go-To. Lo cierto es que hemos descubierto que algunas personas prefieren, por ejemplo, conceptualizarlos mediante analogías deportivas o cinematográficas, así que siéntete libre de adaptarlos como más te guste. Nosotros somos aficionados al deporte, así que no podemos ser imparciales, pero, oye, el atletismo y el trabajo en equipo suelen ir siempre de la mano.

Dicho esto, allá vamos. Sin seguir ningún tipo de jerarquía, los perfiles de personalidad ante el conflicto son:

EL EVASOR

Comenzamos con el Einstein del grupo: el evasor. Y no, no lo llamamos así porque haya alguien con este Go-To que sea especialmente listo, sino más bien porque Albert Einstein es el vivo ejemplo de este perfil: alguien que no se interesa demasiado por los detalles y las nimiedades, que trabaja muy bien en solitario (y que, de hecho, a menudo lo prefiere), que tiene una brillante capacidad de concentración y una habilidad excelente para resolver problemas. Otras celebridades pertenecientes a este perfil serían Amelia Earhart, Barry Sanders, Ted Williams, Meryl Streep, Ayn Rand, Mahatma Gandhi, príncipe Harry, Warren Buffett y el Correcaminos de los dibujos animados.

Cuando nos ponemos «en modo deporte» durante nuestras charlas y ponencias (al igual que en nuestros recursos en línea; puedes visitar **www.theconflictdocs.com**), a este Go-To lo llamamos *el golfista*, porque, de forma similar a un profesional de las ligas de golf que se dispone a dar el golpe ganador de un *major*, este perfil se centra en la tarea inmediata. Al fin y al cabo, el golf es un deporte individual y, del mismo modo, bajo situaciones de presión, este Go-To funciona mejor solo, con las menores distracciones posibles. Es cierto que el evasor, pese a que se fía plena y principalmente de su propio juicio, consulta a personas de confianza (lo que sería su *caddie* en nuestra analogía) cuando debe tomar decisiones difíciles o de vital importancia, aunque solo si no le supone tener que ir de un lado para otro; busca información rápida, directa y concisa.

Los evasores, de ahí su nombre, prefieren mantenerse alejados de las situaciones de conflicto, tanto en el ámbito laboral como en el familiar o en cualquier tipo de situación que entrañe colaboración. De hecho, se les da muy bien saber cuándo se puede solucionar algo sin que sea necesaria su intervención. Este perfil Go-To es perfecto para afrontar desacuerdos banales o problemas que terminan quedando en segundo plano. Pero que no se malinterprete su postura: no es nada personal, como tampoco es que tengan miedo, sino que se debe a que consideran que este tipo de cuestiones no son más que una pérdida de energía y tiempo.

Por lo general, suelen quedarse apartados para ver cómo evoluciona el conflicto, aunque, si deciden intervenir al final, lo hacen *bien*. En el momento en el que se le activa un detonante a un evasor, querrá lidiar con el conflicto de inmediato y así poder regresar a lo que, en su humilde opinión, es más importante.

A pesar de que este tipo de perfil Go-To destaca por su eficacia, también puede presentar algunos inconvenientes. Su preferencia por trabajar solo, en ocasiones, reduce la comunicación en el entorno laboral, lo que da pie a desacuerdos sobre quién es responsable de qué, ya que suelen preferir llevar a cabo las tareas en vez de delegarlas. Aparte, su tendencia a ignorar y aplazar los conflictos puede hacer que las posibles complicaciones con las que se encuentren acaben empeorando hasta el punto de convertirse en fracasos mayores o en problemas demasiado costosos de resolver a nivel económico. Por no mencionar que no llevan muy bien los procesos mecanizados en exceso o el tener que seguir a rajatabla un procedimiento concreto impuesto por otra persona.

Es común encontrar que a cada uno de los cinco perfiles de personalidad se les atribuye una serie de etiquetas negativas (y casi siempre de manera inadecuada). Esto se debe a que suelen venir de parte de uno de los implicados en un conflicto con el perfil en cuestión por su propia percepción; por lo tanto, una persona que haya entrado en conflicto con un evasor podría llegar a considerar que sus puntos fuertes (por ejemplo, su capacidad para ignorar las distracciones) son obstáculos en el camino para encontrar una solución. De hecho, muchas personas llegaron a considerar a Einstein «distante» e «inaccesible», como muchas veces les ocurre a las personas de este perfil. Sin embargo, en realidad no lo son; es solo que se entregan tanto a lo que hacen que los acaba absorbiendo por completo.

Ahora, para que te resulte más sencillo entender cómo funciona este tipo de perfil, imagínate que tienes una hija universitaria de vacaciones en casa y que está intercambiando un montón de mensajes de texto con su compañera de habitación de la residencia: *gifs*, emoticonos, risitas… Y, de pronto, saca el tema de la renta. Entonces deja de recibir notificaciones; no hay mensaje alguno en todo el resto de la semana. Lo más probable es que su compañera sea evasora.

¿Alguna vez has tenido al típico compañero que siempre está más que dispuesto a darte «consejos» o sugerencias sobre cómo debería hacerse algo en concreto, pero cuanto tú le propones un cambio en su proceso todo le parece mal? Eso es un evasor en toda regla.

Características:

- **Detonantes frecuentes:** El trabajo de mala calidad. Que le hablen en tono condescendiente. Las personas agresivas a la hora de comunicar y negociar. La falta de responsabilidad.
- **Fortalezas:** Gran capacidad de concentración y automotivación. Alta productividad. Usan la creatividad para resolver problemas con elegancia y no se quedan estancados en nimiedades.
- **Debilidades:** Falta de comunicación. Dificultad para delegar. Suelen dejar que los conflictos aumenten y se enquisten. Tienden a parecer distantes e individualistas.
- **Tipo de conflicto ideal:** Conflictos intranscendentales o relacionados con la rutina.
- **Principal *modus operandi*:** Elaborar estrategias y evitar conflictos de antemano.
- **Sobrenombres:** El golfista. El campeón de ajedrez. El arquitecto. El artista.
- **Perfil con mayor compatibilidad:** Los acomodadores.
- **Perfil con menor compatibilidad:** Los analizadores.

EL COMPETIDOR

Para entender bien este Go-To, intenta ponerte en la piel del famosísimo piloto Chuck Yeager en el momento en que consiguió romper la barrera de sonido (y ser la primera persona en hacerlo). Desde luego, la gente que no tiene el impulso de ir más allá no establece récords como ese. Es una de las características del perfil de personalidad ante el conflicto competidor. Yeager fue un competidor por excelencia: un as de los ases de los oficiales de la marina que nunca se durmió en sus laureles y que siempre estaba dispuesto a correr riesgos con tal de alcanzar logros, y disfrutaba enfrentarse a sus rivales. Nunca le importaron las críticas. Otros representantes de este perfil serían Steve Jobs, Ernest Hemingway, Danica Patrick, Ronda Rousey, Johnny McEnroe, Cleopatra, Bugs Bunny, el capitán Georg von Trapp de *Sonrisas y lágrimas* y Mike Singletary.

Solemos destacar a Singletary en el juego de clasificación de perfiles que hacemos a los asistentes de nuestras charlas, porque ilustra muy bien que ser un competidor no implica tener que ser un completo imbécil, como puede llegar a pensarse —desafortunadamente— de muchos de ellos; lo que ocurre es que no suelen ser demasiado receptivos a las tonterías. Los competidores no son abusones, por mucho que su intención de alcanzar logros pueda resultar agresiva; de hecho, son personas con grandes principios que siempre están dispuestas a luchar por causas justas y por lo que consideran correcto.

Singletary es un sol. Además, es también miembro del Salón de la Fama del Fútbol Americano Profesional, en su caso como jugador en la posición de *linebacker* (sobrenombre que le damos a este Go-To en nuestra versión deportiva).

El perfil de personalidad del competidor puede compararse con un *linebacker* de la defensa de la NFL que se lanza contra el *quarterback*: no se queda esperando, ataca de inmediato en cuanto el balón se pone en juego. Pues bien, esa es la manera en la que los competidores se abalanzan sobre los problemas. Su forma de enfrentar los conflictos —tanto el conflicto real como el que ellos perciben— es placarlos de lleno (sí, las referencias de fútbol están en su máximo esplendor) y después pasar a buscar una solución con fuerza y empeño. Es, además, un tipo de perfil que sale a la luz cuando hay protocolos definidos. Les gusta ver movimiento y resultados. No les gusta hablar, les gusta la acción. Se crecen en situaciones tensas y se sirven de tácticas competitivas para superarlas, lo que hace que sean perfectos a la hora de afrontar tareas estrictas, cumplir con fechas de entrega y motivar al resto de sus compañeros cuando sienten que no van a cumplirlas. Por otro lado, no les importa delegar y tampoco necesitan supervisar a los demás de manera continua; confían en el trabajo ajeno. Aunque, eso sí, esperan compromiso y que todo acabe hecho tal y como se había definido desde el principio.

Así pues, no creo que sorprenda a nadie que digamos que las personas de este Go-To pueden llegar a ser un tanto impacientes. Tienden a frustrarse con facilidad cuando algo no sale bien (es decir, según sus altísimos estándares) y no soportan las reuniones demasiado largas ni frecuentes. Además, están constantemente intentando impulsar el progreso o cualquier tipo de mejora en las personas que los rodean, lo cual puede resultar conveniente, en tanto que se aseguran de que los demás se esfuercen por superarse a sí mismos, pero también puede tener un efecto negativo y hacer que se alejen.

El exceso de control externo y el intento de obligarlos a un cambio constante siempre lleva a los competidores por el camino de la amargura. Les gusta hacer las cosas a su manera y no se sienten cómodos cuando deben apartarse de lo preestablecido y familiar; por eso no toleran bien que se les asignen tareas que requieran innovación u originalidad. Aun así, siempre están en busca de la perfección, y uno de sus mayores detonantes es el bajo rendimiento propio.

Suponemos que alguna vez te has quedado atrapado en la carretera por culpa de un embotellamiento. Ese conductor que se encuentra justo detrás de ti pita cada vez que puedes avanzar aunque sea el más mínimo milímetro. Bueno, pues seguro que es un competidor. Ese amigo que te llama mientras estas trabajando porque ha ocurrido algo que le ha molestado y, aunque le hayas avisado de que estás ocupado, sigue insistiendo e insistiendo e insistiendo e… insistiendo. Probablemente también lo sea.

Características:

- **Detonantes frecuentes:** Las personas que se meten en asuntos ajenos o que dan demasiadas opiniones sobre cómo se ha hecho algo o si debería o no hacerse. La pasividad. La inactividad. Las excusas.
- **Fortalezas:** Gran capacidad para cerrar tratos y llevar las riendas. Las competencias en general.

- **Debilidades:** Falta de paciencia y de sensibilidad. Necesidad de ir corriendo a todos lados. El trabajo en grupo. Siempre parecen muy estrictos, agresivos e inflexibles.

- **Tipo de conflicto ideal:** Conflictos de «final de la novena»; es decir, cuando deben enfrentarse a la última oportunidad de lograr algo.

- **Principal *modus operandi*:** Estar al mando y cortar por lo sano.

- **Sobrenombres:** El *linebacker*. El bombero. El socorrista. El piloto de carreras. El gladiador.

- **Perfil con mayor compatibilidad:** Los evasores.

- **Perfil con menor compatibilidad:** A corto plazo, los analizadores. A largo plazo, los acomodadores.

EL ANALIZADOR

Ejemplos de analizadores son el doctor Phil, la jueza Judy, Neil deGrasse Tyson, Marie Curie, Jane Goodall, el fundador de Google, Larry Page, George Soros, Billy Beane en la película *Moneyball* y el búho de *Winnie the Pooh*. Es un perfil muy metódico que, ante un problema, recopila información y solo toma decisiones basadas en la experiencia.

Siguiendo con nuestra analogía deportiva, consideramos que *mánager general* (GM, por sus siglas en inglés) funciona de maravilla como sobrenombre para los analizadores. El GM de una franquicia deportiva es el responsable de elaborar la lista de jugadores de un equipo. En el panorama actual del *draft*, con los períodos de agencia libre, los traspasos y los contratos que alcanzan los cientos de millones de dólares, están prácticamente obligados a ser una especie de híbrido entre científicos de datos y economistas. Sin embargo, también deben tener en cuenta la química de equipo en sus cálculos; los campeonatos no se ganan solo gracias a las estadísticas de juego. Los GM de mayor éxito ponen mucha atención a la hora de recopilar y estudiar información y dominan el arte de encontrar el equilibrio entre las necesidad de la empresa y las de las distintas personas implicadas.

Los analizadores, como ya habrás podido deducir, son expertos en llegar a acuerdos. Saben escuchar y tienen en cuenta todas las opiniones y recelos y, si las personas que los rodean también están dispuestas a llegar a un punto en común, se convierten en el compañero ideal: eficaz, cooperativo y capaz de hacer las concesiones necesarias con el objetivo de propiciar la resolución de los conflictos. Una de las estrategias que más suelen utilizar para alcanzar sus objetivos es humanizar los problemas más complejos, lo que los hace parecer, a ojos externos, personas agradables y de confianza.

El principal problema de este Go-To es que se empeñan demasiado en «encontrar el punto medio»para contentar a todo el mundo; siempre buscan la justicia. Detestan que los demás se aprovechen de otros, lo cual es positivo. Sin embargo, el problema surge cuando se esfuerzan demasiado en mitigar cualquier posible daño, de modo que pueden llegar a favorecer la búsqueda de resultados más fáciles de alcanzar por considerarlos más satisfactorios para ambas partes, en lugar de lo que sería realmente óptimo. Esto, en la mayoría de las ocasiones, acaba dando lugar a una situación en la que todas las partes se ven obligadas a renunciar a algo sin obtener beneficio alguno. Aparte, tienden a mezclar relaciones personales y laborales, lo que puede ocasionar problemas derivados de la difuminación de los límites. A pesar de sus grandes esfuerzos por recopilar datos, muchas veces los sentimientos y problemas personales que surgen por la falta de límites preestablecidos pueden llegar a empañarles el juicio.

Otro de los defectos de este perfil es que les cuesta trabajar bajo presión o con una fecha límite. Se sienten mucho más cómodos cuando pueden tomarse el tiempo para explorar todos los datos y puntos de vista relevantes, así que es probable que colapsen si se les presiona o si se les obliga a llegar cuanto antes a una conclusión.

La consideración negativa que se tiene hacia los analizadores es que pueden llegar a ser unos obsesos del control. La realidad, no obstante, es que les gusta sentir que están bien informados. Aun así, son puntillosos y eso puede hacer pensar que se niegan a encontrar una solución a los problemas concretos que surgen, ya que, a la larga, son también bastante testarudos en sus resoluciones: una vez han decidido qué es lo que creen oportuno hacer y establecen el plan que consideran más equitativo para todas las partes, resulta difícil hacerles cambiar de idea. En ocasiones, el nivel de esfuerzo que dedican a prestar atención a los detalles puede resultar contraproducente.

Imagínate una situación en la que, por ejemplo, te ofreces como voluntario para encabezar un proyecto del trabajo que tu empresa tenía en el tablón de «pendientes de asignar»; pongamos una actividad de fomento del espíritu de equipo. Cuando te presentaste, te sentías muy motivado y tenías muchas ganas de llevar este proyecto a cabo. Sin embargo, daba igual cuántas propuestas distintas ofrecieras, tu jefe siempre las desestimaba sin justificación alguna. Tuviera o no razón, parecía considerar que eran insuficientes o que les faltaba algo. Ahí tenemos a un analizador en estado puro. O piensa en cuando eras pequeño y estabas con tus hermanos: ¿intentabas complacer a todos o eras el mediano que siempre procuraba que los otros no se pelearan? Pues puede que esto te inculcara algunos atributos analizadores a ti también.

Características:

- **Detonantes frecuentes:** Que los presionen, que les propongan algo que consideren imposible de conseguir. Las personas egoístas y la falta de compromiso.
- **Fortalezas:** Gran capacidad de disminuir tensiones, escuchar y tomar decisiones basadas en datos empíricos. Son expertos en reunir datos e información. Tienen mucha paciencia y se muestran muy comprometidos en todo lo que hacen.
- **Debilidades:** Son testarudos. Les cuesta ajustarse a los límites de tiempo. Siempre intentan contentar a todo el mundo. Suelen *parecer* controladores.

- **Tipo de conflicto ideal:** Situaciones o problemas de bajo riesgo o aquellos que dependen de resultados que «hacen sentir bien».

- **Principal *modus operandi*:** Investigar y reflexionar.

- **Sobrenombres:** El mánager general. El detective. El explorador. El arqueólogo.

- **Perfil con mayor compatibilidad:** Los colaboradores.

- **Perfil con menor compatibilidad:** Los acomodadores.

EL COLABORADOR

Un colaborador no es solo una persona hábil en la gestión de redes de contactos y relaciones interpersonales, sino que también recurre a ellas cuando debe lidiar con situaciones de tensión. Piensa en el personaje que interpreta James Spader en *The Blacklist*, Raymond Reddington. Durante el tiempo que tardas en ver la serie —de una sentada—, descubres a un verdadero virtuoso de la oratoria que posee total control de su reputación y que se preocupa muchísimo por los demás (de hecho, su detonante se activa cuando alguien que le importa está en peligro). Es un colaborador en cuerpo y alma, al igual que lo son Bella, de *La Bella y la Bestia*, James Bond, Ruth Westheimer, Don Shirley, JFK, Jamie Foxx y Ted Lasso, el personaje que da título a la serie y que interpreta Jason Sudeikis.

Para conseguir captar la naturaleza multidimensional de este perfil de personalidad ante el conflicto, nosotros solemos emplear la metáfora del agente (tanto deportivo como del mundo del espionaje). Los agentes son expertos en el desarrollo de capital humano. Crean vínculos de forma fácil y rápida y tratan de mantenerlos bajo cualquier circunstancia. Son asertivos, no tienen problemas para adaptarse y, además, son grandes comunicadores, aunque prefieren los debates profundos a las interacciones superficiales. Se les da de maravilla tejer redes de contacto. Siempre están atentos a las necesidades de sus relaciones y parecen tener un deseo innato de crear asociaciones y lograr mantenerlas. Conceden gran valor a sus círculos profesionales y al concepto de comunidad, así como al estatus entre compañeros, y poseen una capacidad de empatía superior a la media. De hecho, dedican una parte considerable de su tiempo a tratar de evitar discordias. Los colaboradores son el fichaje perfecto para llevar a cabo proyectos en grupo, para solucionar problemas en los que hay una amistad en peligro y para recurrir a ellos en situaciones en las que debe primar la comprensión de una gran variedad de puntos de vista en aras de alcanzar un consenso.

No obstante, como los colaboradores tienden a idealizar el concepto de *equipo*, pueden llegar —aunque a menudo sea sin darse cuenta— a alejar a quienes consideran que no pertenecen al suyo. También, a veces, pasan por alto problemas mayores por centrarse en otros más pequeños que van apareciendo a lo largo del proceso. Además, recurrir en exceso a personas con este Go-To aumenta el riesgo de desgaste, debido a la intensidad con la que viven sus relaciones interpersonales. Asimismo, como dependen de ellas, les cuesta comprender a las personas que evitan tratar los conflictos, que se cierran en sí mismas bajo presión o que son reservadas con sus sentimientos.

Otro detalle interesante es que son pocas las veces que los colaboradores dicen de manera directa lo que piensan de verdad. Tienden a ocultarse bajo esa fachada de personas que disfrutan de compartir y abrirse a otros para que las interacciones se centren en los demás. Suelen emplear todas las formas de comunicación que conocen para reconocer los intereses e intenciones de quienes los rodean, aunque pueden llegar a ser bastante manipuladores si eso les permite alcanzar sus propios objetivos. Por lo tanto, no es de extrañar que algunos colaboradores, incluso los que sí tienen buenas intenciones, sientan que el resto los percibe como personas calculadoras que usan a todo aquel que se cruza en su camino.

Pasemos ahora a un ejemplo más contextual. Imagínate que han organizado un picnic en tu oficina. Estás teniendo un día bastante bueno, excepto por el hecho de que uno de tus subcontratados, uno de los más veteranos, no se ha mostrado demasiado contento con el chico que has incorporado recientemente al grupo. De pronto, te arrincona y comienza a hacerte preguntas: «¿Por qué lo has elegido a él de entre todos los candidatos? ¿Cómo te parece que está lidiando con el trabajo hasta ahora? ¿Vas a dejarlo teletrabajar? ¿Cada cuánto tiempo piensas hacerle revisiones?». Y lo cierto es que aprecias su intención, pero resulta que, cada vez que eres tú quien hace una pregunta, pasa a ignorarte o te la devuelve. Típico de los colaboradores. O quizás tú mismo hayas tenido una dinámica similar con algún miembro de tu familia… un primo, tal vez, que empieza a hacer preguntas sobre tu matrimonio cada vez que alguien menciona que, de nuevo, ha roto con la que era su pareja. De hecho, todas las relaciones que tiene suelen ser siempre especulativas: es la persona que menos información suelta de todas las que conoces (aunque en realidad, si lo piensas bien, no conoces nada de él).

Características:

- **Detonantes frecuentes:** Sentir que amenazan su estatus o su pertenencia a un grupo. La falta de comunicación. Las personas que evitan conflictos.
- **Fortalezas:** Gran capacidad de comunicación, adaptación, establecimiento de vínculos interpersonales y trabajo en equipo. Además, poseen una gran empatía.
- **Debilidades:** Gestión del tiempo. Se agotan cuando hacen esfuerzos excesivos. Se entrometen demasiado en cuestiones ajenas. Intentan darle solución a todo. Pueden parecer manipuladores a ojos externos.
- **Tipo de conflicto ideal:** Negociaciones extensas. Planificación a largo plazo.
- **Principal *modus operandi*:** Cooperación.
- **Sobrenombres:** El agente. El diplomático. El negociador.

- **Perfil con mayor compatibilidad:** Los analizadores.
- **Perfil con menor compatibilidad:** Los evasores.

EL ACOMODADOR

Los miembros de este perfil de personalidad ante el conflicto priorizan los logros y el bienestar de sus seres queridos y lo hacen hasta por encima de los suyos propios. A la cabeza de la lista de famosos acomodadores se encuentra George Bailey, el personaje que interpreta Jimmy Stewart en *Qué bello es vivir*, y lo siguen de cerca Jackie Chan, Tom Hanks, Mae Jemison, Rosalynn y Jimmy Carter, Kenny Chesney, Pelé, Caitlin Clark y Magic Johnson, entre otros. Todos fantásticos colaboradores, por descontado, y en situaciones complicadas, personas comprometidas, desprendidas, resilientes y siempre dispuestas a dedicar una y otra vez reservas de energía a quienes forman parte de sus círculos más cercanos.

Si tuviéramos que compararlos con una figura deportiva, la primera que se nos vendría a la mente sería el base de un equipo de baloncesto. Los bases se encargan de las tácticas ofensivas; su misión consiste en mantener controlada toda la pista (el panorama completo), disponer las jugadas, repartir el balón y asegurar el éxito. Los acomodadores actúan de forma parecida. Lo que más disfrutan es ver a sus amigos y seres queridos brillar, y a sus compañeros y familiares vencer, sin importarles sacrificarse para que ocurra. No quieren ser el foco (de hecho, muchos lo evitan a conciencia) y se crecen cuando tienen en sus manos grandes responsabilidades. La unión de todos estos factores los convierte en personas increíbles para alcanzar objetivos.

Las personas de este Go-To se esfuerzan siempre de forma deliberada e incansable y, sin embargo, nunca lo hacen con afán competitivo. Son curiosos y, sobre todo, creativos a la hora de encontrar tanto la manera de ayudar a los miembros del equipo al que pertenecen como la de enfrentarse a quienes intentan poner trabas a su empeño. Se les da de maravilla enfrentar problemas cuando son transparentes —es decir, cuando conllevan una carga de trabajo, tareas y responsabilidades claramente definidas de antemano—, así como llevar a cabo proyectos cuya retribución dependa de la dedicación que se les haya puesto.

Aunque, por otro lado, a los acomodadores no se les da demasiado bien lidiar con los conflictos relacionados con la distribución de tareas, con aquellos en los que no queda claro quién tiene la última palabra ni con los que surgen cuando los miembros de un equipo han ignorado los planos de un proyecto o incumplido los protocolos. Los superan por completo. Preferirían hacer todo el trabajo ellos mismos si de esa forma pueden evitar tener que dirigirse a alguien para tratar de solucionar un problema. No les importa lo más mínimo cargarse con la mayor parte de la responsabilidad, pero, en el momento en que uno de sus compañeros sugiere una nueva forma de completar las tareas, o alguien cuestiona su compromiso en el trabajo, estallan. No toleran sentir que los demás se lucran a su costa y, para no acumular resentimiento, necesitan que se reconozca su esfuerzo (aunque no sea en ese instante). Sin embargo, suelen acumular y acumular… hasta que finalmente renuncian.

Algo que también afecta sobremanera a este Go-To es encontrarse en un entorno competitivo dentro de su propio equipo. Y es conveniente tener cuidado con ello, porque algunas personas —las que no dan demasiada importancia al cumplimiento de tareas pero que, aun así, son orgullosas— tienden a aprovecharse de ellos.

También es fundamental saber que, aunque los acomodadores tratan de evitar situaciones de conflicto al igual que los evasores, sus razones son distintas: los evasores son individualistas; los acomodadores lo enfocan todo en su grupo. Por lo tanto, cuando se activan sus detonantes, su respuesta más habitual es mostrar un comportamiento pasivo-agresivo. No querrán hablar de lo que ha provocado el desacuerdo y, cuando decidan sacar un tema a colación, nunca será lo que realmente desean tratar; su interés subyacente suele estar relacionado con problemas anteriores que han ido enterrando durante mucho tiempo y seguirán haciéndolo hasta que ya no puedan más.

Llevemos ahora este Go-To al mundo real. Creo que coincidimos en que nadie disfruta tener que hacer una llamada a un número incierto para reclamar un cargo monetario injustificado o para solucionar un error en el envío de un paquete. ¿Alguna vez has perdido los nervios mientras hablabas con alguien de un servicio de atención al cliente (suponiendo, claro, que te pusieran con una persona)? Y, de haber sido así, ¿cambió de repente su tono de voz, que al principio era calmado y paciente? ¿Colgó? Es cierto que cortar la llamada *podría* ser parte de su proceso de formación, pero lo cierto es que no se considera de buen gusto. Lo más probable es que fuera un acomodador. Por otro lado, nos parece que merece la pena reflexionar sobre esto: ¿con qué frecuencia crees que escuchan los encargados de los centros de atención al cliente expresiones de agradecimiento? ¿O cuántas veces dedicamos tiempo a llamar al numerito que nos da x empresa para después pasar a esperar y esperar y esperar y esperar… solo con la intención de hacer un cumplido?

Ahora, pasando al ámbito personal, dinos: ¿no tendrás, por casualidad, un amigo al que le encanta enviarte notitas, flores y demás, —nada demasiado extravagante, pero suficiente para demostrar que se ha acordado de ti— y que, aun así, se empeña en decir que no es nada y que no quiere que le des demasiada importancia a ese gesto que hace por cortesía? ¿Alguna vez se ha quejado de que nadie nunca hace nada por él? Bueno, pues lo has adivinado: es un acomodador.

Características:

- **Detonantes frecuentes:** La gente egoísta o demasiado individualista. Falta de apreciación a su trabajo. La holgazanería. La falta de esfuerzo o que solo se haga el justo.

- **Fortalezas:** Gran capacidad para trabajar en equipo y reparar en todos los detalles. Siempre están pendientes de las necesidades ajenas. No tienen problema alguno en compartir. Son humildes y carismáticos.

- **Debilidades:** Lidiar con personas competitivas o con demasiado ego. Siempre tratan de hacerlo todo por sí solos. Pueden parecer personas pasivas cuando se las presiona.

- **Tipo de conflicto ideal:** Proyectos grupales.

- **Principal *modus operandi*:** Apoyar al resto, disponerlo todo al detalle y liderar con calma y discreción.
- **Sobrenombres:** El base. El conserje. El moderador. El sherpa.
- **Perfil con mayor compatibilidad:** Los evasores.
- **Perfil con menor compatibilidad:** Los competidores.

Así que, bueno, ¿cuál de todos es tu Go-To? Cuando alguien te molesta, te exaspera o te agobia, ¿actúas como un evasor o como un acomodador? ¿O tal vez como un competidor? ¿O como un analizador o un colaborador? ¿Cuál has sentido que resonaba más contigo a medida que ibas conociendo más sobre cada uno de ellos? ¿Alguno te ha hecho sentirte identificado? ¿Y cuál ha sido con el que menos? La mejor forma de saber cuál es tu perfil es tener en cuenta tus fortalezas y debilidades cuando te encuentras bajo presión. El objetivo es conocer de qué manera reaccionas a la hora de lidiar con un problema o una situación escabrosa, cuáles son tus pensamientos o acciones «de confianza» cuando se activa tu detonante.

Otra forma de saber cuál es tu Go-To es pensar en cuáles serían los perfiles con los que tendrías mayor y menos compatibilidad, con quién te sentirías más cómodo y a gusto o con cuál preferirías no encontrarte en un callejón oscuro. Permítenos insistir: no hay respuesta correcta o incorrecta en esto. No existe correlación entre tu perfil de personalidad ante el conflicto y el éxito que puedas alcanzar, tanto en el ámbito laboral como en la vida. Pertenecer a uno de ellos no presupone que vayas a conseguir ascender más rápido, ganar más dinero ni tener una tasa de divorcio más baja. Cada uno tiene sus pros y sus contras, cada uno se adapta mejor a unas circunstancias concretas, a un tipo de conflicto en particular y a los Go-To específicos de las personas que estén implicadas en él. Y lo sentimos, pero no se puede presumir de tener un perfil u otro.

No obstante, quizás sí tienes derecho a hacerlo si, como Tebow, eres capaz de reconocer cuál es tu Go-To, discernir cuándo puede resultar beneficioso y saber qué tipo de conflicto requiere adoptar un perfil diferente. E incluso más allá: tienes derecho a presumir de haberle superado en este camino de aprendizaje una vez sepas cómo aplicarlos a los conflictos del mundo real.

«¿Qué importa cómo me llame? Se nos conoce por nuestros actos».

—Batman en *Batman Begins*

Para conseguirlo, a nosotros nos sirve tratar de ver los Go-To a través de los ojos del as de un equipo de las Grandes Ligas de Béisbol (de donde, además, sacamos la idea de usar *Go-To* para referirnos a los perfiles de personalidad ante el conflicto). Todos los *pitchers*, cuando aún son jugadores de ligas menores, tienen un lanzamiento predilecto:* uno que emplean cuando necesitan conseguir un *out*, cuando todas las bases están llenas o cuando el jugador que lidera los *home runs* del equipo contrario se pasea por el campo con excesiva fanfarronería. En esos momentos, usarlo —y hacerlo con confianza— se convierte en la única oportunidad que tienen de evitar que haya un *grand slam*. Si intentan lanzar una curva que no han perfeccionado, es poco probable que lo logren con éxito y, sin duda, acabaría siendo un *hanger*. Saldrían casi más rápido de lo que han entrado. Y si el jugador que se encuentra en el plato de *home* no funciona bien con el tipo de lanzamiento que elige el *pitcher*, el entrenador podrá pedir tiempo muerto y cambiarlo por otro que sí logre hacer un lanzamiento adecuado para la situación.

Sin embargo, los ases cuentan con tres o cuatro lanzamientos que logran hacer con la misma efectividad que el resto. Por lo tanto, ¿cuál lanzan? (O mejor dicho: ¿cuál debe indicarles el *catcher* que lancen?). Exacto: el que sea más adecuado para conseguir que se ponche el bateador (o que la pelota se alce en el aire dentro del cuadro o que logren

---

* *N. del T.*: En inglés, sería el *go-to pitch* de un jugador, de ahí que los autores tomaran la decisión de emplearlo abreviado a la hora de hablar de los distintos perfiles de personalidad ante el conflicto.

hacer un doble *play*). Su lanzamiento seguirá siendo el que practicaban de pequeños, cuando jugaban en el patio o en el parque, pero ahora tienen el rango que tienen, lo que significa: 1. saben reconocer cuándo se encuentran en una situación de «alto apalancamiento», como les gusta decir a los comentaristas; 2. nunca van a hacer el lanzamiento que les resulte más cómodo de forma instintiva y sin pensar; 3. evaluarán, con la ayuda del *catcher*, el entrenador o ambos, qué lanzamiento es el más adecuado, y 4. respirarán hondo para calmarse y, después, lanzarán con total confianza.

Por supuesto, los ases no nacen siendo ases; se dedican a entrenar cientos de miles de horas en el *bullpen* y a ver videos hechos por ojeadores, a medida que se van abriendo paso por las ligas menores y perfeccionando su lanzamiento 1 y luego el 2 y así con todos. Van potenciando sus destrezas.

De forma similar, para ser un experto en prevenir y resolver conflictos, hace falta saber que, por mucho que tus habilidades sociales sean espectaculares, cuando te encuentras actuando bajo presión no basta con apoyarse en un único Go-To, en ese con el que te notas más cómodo. Tienes que ser capaz de identificar tus posibles puntos ciegos; es decir, saber con cuál de los cinco perfiles es posible que llegues a chocar más si se da el caso de que se active tu detonante. Debes estar dispuesto a enfrentarte a los perfiles que, al menos al principio, te hacen sentir menos a gusto.

Por suerte, apaciguar conflictos es un ejercicio cognitivo. Lograr que se te dé bien no requiere la millonada de horas que suponen desarrollar tus aptitudes físicas. No hace falta matarse a levantar pesas ni correr hasta que se te agarroten las piernas ni atragantarse con batidos de proteínas, no. Claro que cuanto más práctica vayas adquiriendo, mejor lo harás, pero lo cierto es que comenzarás con una gran ventaja si sigues estos dos pasos:

1. Hacer una autoevaluación profunda e inmersiva con el objetivo de descubrir cuál es tu propio Go-To y cuál es tu preferido. La mayoría de la gente recurre al suyo sin darse cuenta (lo que se parece bastante a aguantar la respiración cuando empiezas a escuchar la musiquita siniestra de las películas de terror), pero comprender cuándo y cómo tu perfil toma el control

te permitirá ser capaz de hacer algo al respecto en lugar de simplemente dejar que emerja. Si aún no has descubierto cuál es, no te preocupes: hemos diseñado un método de evaluación que te permitirá hacerlo paso a paso. Puedes acceder a él en **www.theconflictdocs.com**.

2. Observar a las personas que se encuentran junto a ti en una situación de conflicto (una vez hayas logrado identificar de qué tipo es mediante el uso de las herramientas que te hemos dado en el capítulo 1) para reconocer cuál es su Go-To. De los capítulos 6 al 10, te iremos dando varias estrategias para predecir, prevenir y resolver conflictos según cada perfil, pero, de momento, la clave está en saber si debes mantenerte en el tuyo propio o darte un poco de tiempo para poder ajustar tu enfoque. Tal vez podrías, por ejemplo, considerar la posibilidad de adaptar tu estrategia para cuando se dé el caso de que tu perfil sea el que tiene menos compatibilidad con el perfil de la persona con la que estás molesto o en desacuerdo.

CÓMO LEER A LOS DEMÁS

¿Cuál es el Go-To de tu jefa? ¿Y el de tu pareja? ¿Cómo reaccionan cuando se encuentran entre la espada y la pared? Y si ejerces presión tú, ¿qué crees que van a decir o a hacer? ¿Cómo se suelen comportar cuando no están de acuerdo con alguien o con algo? Claro que es posible que ya sepas cuál es el perfil de las personas de tu círculo más cercano y que hayas ido pensando en cada una de ellas a medida que leías las descripciones del capítulo anterior. Sin embargo, en caso de que dudes o que tengas cierta sospecha y quieras confirmarla, o que de pronto te pongan a trabajar con alguien con quien apenas tienes confianza, o necesites tener cierta ventaja a la hora de negociar con un miembro de tu empresa competidora y quieras saber cómo va a reaccionar, ¿cómo puedes confirmar de cuál de los cinco se trata?

Te presentamos la lista de los cuatro factores elementales. Es cierto que, pese a que no existe una forma infalible de identificar con exactitud los Go-To de las distintas partes que componen una confrontación, esta lista sirve de ayuda para clasificar con precisión y de manera relativamente rápida cómo manejan las personas los conflictos. Estos cuatro factores son: modo, momento, tono y rumbo. Para hacer la clasificación, elige a una persona y examina cómo se comporta *—cuando se enfrenta a una situación de tensión—* según cada uno de ellos.

Modo

¿Qué medio de comunicación emplea? ¿Prefiere hacerlo por correo, mensajes, publicaciones en redes sociales, videollamada, teléfono o prefiere una conversación cara a cara?

Los competidores siempre van a priorizar la confrontación directa; por lo tanto, si compartes oficina o vivienda con ellos, optarán siempre por acudir a ti. Y si, por alguna razón, eso no es factible, usarán el teléfono (los que pertenecen a un grupo de mayor edad llamarán y los más jóvenes escribirán mensajes). Tienden a evitar los medios que den pie a que la comunicación sufra interrupciones o que requieran esperar una respuesta.

No obstante, por su parte, los evasores y los analizadores (aunque por razones diferentes) buscan siempre atrasar o evadir las confrontaciones y, por lo general, prefieren que tengan lugar por correo electrónico: los evasores para poder ignorar activamente los mensajes y los analizadores para tener tiempo de recopilar información antes de abordar el conflicto.

Los colaboradores y acomodadores poseen mentalidad grupal, por lo que su comunicación suele ser efusiva. Aun así, a los acomodadores les cuesta un poco más lidiar con situaciones complicadas y suelen preferir tener el «escudo digital» de las redes y los mensajes de texto, mientras que los colaboradores suelen abogar por el contacto humano y recurrirán a reuniones, tanto presenciales como por Zoom.

Momento

¿En qué momento de un conflicto inicia la conversación? ¿Trata de abordarlo en cuanto surge o deja pasar un tiempo hasta que por fin sabes de él? ¿Y este tiempo cuánto es? ¿Semanas? ¿Meses?

Los colaboradores y competidores actúan de inmediato: los primeros porque prefieren saber de antemano a qué se enfrentan exactamente y los segundos porque tratan de evitar que los conflictos escalen demasiado.

Los analizadores querrán tener cierto margen para estudiar la situación desde todos sus ángulos, mientras que los acomodadores esperarán a ver si pueden solucionar el problema por sí mismos o no. Ambos, por lo general, tardarán unos días en decidirse a enfrentar la situación (que podrán ser semanas según su complejidad).

Sin embargo, si la situación se prolonga y no hay señales de conversación, lo más probable es que te enfrentes a un evasor, quien, a menos que se vea obligado a hacer algo al respecto, preferirá siempre dejar las cosas sin resolver.

Tono

¿Su tono de voz cambia bajo presión? ¿Comienza a hablar más alto o más bajo? ¿Y qué hay de su lenguaje corporal? ¿Se vuelve más expresivo o más recatado? ¿De qué manera formula las preguntas y comentarios?

Los analizadores, en su búsqueda constante de información, escuchan siempre antes de hablar. Al comienzo de las interacciones suelen mostrarse callados, al igual que los evasores, que prefieren mantenerse alejados de los problemas. Los competidores, por supuesto, se expresan en voz alta y con movimientos amplios y potentes.

El tono es el factor más rápido y sencillo de analizar, pero recuerda que va más allá de lo alto que se hable; la forma en la que se construyen las frases también resulta muy reveladora. ¿Hacen muchas preguntas? ¿Son demasiado inquisitivos? Pues lo más probable es que sean analizadores. ¿Tratan de ser amistosos? ¿Les interesa más la naturaleza de la conversación que su contenido? Pues tiene más posibilidades de tratarse de un colaborador. ¿Sus respuestas son pasivo-agresivas? Sin duda, es un acomodador. ¿Demasiado directo? Casi siempre será un competidor.

Rumbo

Si la persona a la que has elegido analizar tenía un problema contigo, ¿cómo lo aborda? ¿Es la primera en dirigirse a ti? ¿Lo hace de forma voluntaria o se dirige antes a otras personas? ¿O acaso trata de incluirte a ti y a los demás al mismo tiempo?

Los competidores casi siempre se dirigirán primero a la parte implicada; nunca quieren involucrar a otros hasta hablar las cosas directamente. Los analizadores tratarán de ver el problema en su conjunto y los colaboradores se concentrarán en identificar el interés subyacente de cada parte, por lo que no solo procederán a mantener una conversación con la persona involucrada, sino que también incluirán a quienes se encuentren a su alrededor. Para ellos, se trata de cumplir con los «deberes». A veces, esto puede dar la impresión de que están prolongando demasiado el asunto, y lo cierto es que lo hacen y están dispuestos siempre a hacerlo (aunque para ellos sea con la mejor de las intenciones).

Por otro lado, los acomodadores son propensos a buscar apoyo (o a desahogarse sobre temas como la responsabilidad, rendir cuentas, etc.) en otras personas antes de ponerse en contacto con la parte implicada en el conflicto.

Y los evasores preferirán no tener que relacionarse con nadie.

Es importante recordar que la lista de los cuatro factores elementales sirve para analizar la forma en la que las personas reaccionan cuando están molestas o en una situación comprometida; por lo tanto, solo debe usarse en contextos de conflicto, no tomando como referente la forma de actuar general de la persona en concreto. También es importante tener en cuenta que cada factor solo nos muestra una parte del perfil de personalidad ante el conflicto del individuo que estamos analizando; por lo tanto, conviene no sacar conclusiones definitivas hasta que hayamos tomado nota de las cuatro. No obstante, hay ocasiones en que el perfil en cuestión si resulta obvio, como ocurriría con el de ese compañero de trabajo que se ha pasado semanas tratando de evitar las reuniones de equipo y que nunca responde a los mensajes que tratan sobre esa norma de la empresa que todos consideran molesta pero relativamente insignificante. Por supuesto, se trataría de un evasor.

Aunque también podríamos tomar como ejemplo un caso que tuvimos hace ya más de diez años y al que llamamos cariñosamente *La Gran Guerra de los Post-it de 2014*.

Resulta que una empresa tecnológica de alto nivel se puso en contacto con nosotros para tratar de resolver un conflicto entre dos de sus altos ejecutivos. Desde fuera, parecía ser un lugar idílico que organizaba almuerzos para que los jóvenes que acababan de graduarse acudieran en masa con intención de conseguir un puesto de trabajo. Así que nosotros, bien armados con nuestra acreditación y un par de décadas de confianza en nuestras capacidades a la espalda, fuimos sin el más mínimo asomo de miedo; solo era un grupo de mandamases. «No se preocupen, que vengan los más fuertes», fue nuestra respuesta a la petición de la empresa.

Por supuesto, sabíamos que hasta los adultos más comedidos pueden llegar a comportarse como chiquillos cuando se activan sus detonantes, y a veces lo que se necesita para resolver un conflicto no es más que el puñado de habilidades que te enseñan tus profesoras de educación infantil: «sé amable con los demás», «levanta la mano antes de hablar», «di "por favor" y "gracias"» (desde aquí, un saludo a la señorita Williams y a la señorita Harris, las grandes propulsoras de nuestra formación).

Los despachos (o más bien «los palacios») de los dos ejecutivos involucrados —el director financiero y la directora de *marketing*— se encontraban en lados opuestos de la planta superior de las oficinas de la empresa. Ambos contaban con ventanales que iban del suelo al techo y que daban al río de la ciudad y tenían máquinas de correr de último modelo, cafeteras que preparaban capuchinos perfectos y baño privado. Vamos, que cualquiera podría pasar un mes entero en uno de ellos sin tener ni la más mínima necesidad ni deseo de marcharse. Aunque, si tienes en cuenta las píldoras de información que te hemos dado en el párrafo anterior, ya te puedes ir imaginando el tipo de niños mimados que eran ambos.

La discusión comenzó —casi literalmente— por culpa de la leche derramada. El director financiero había tomado la decisión de renovar el presupuesto y, para ello, se había buscado un nuevo proveedor, una empresa emergente que contaba con una plataforma de distribución digital más eficiente que la anterior, lo cual reducía los costos. La primera entrega iba destinada a reponer los productos no perecederos del almacén de la cafetería. El camión llegó tarde. Tres semanas. Y, cuando por fin se presentó, el conductor (que ni siquiera parecía ser lo bastante mayor para tener licencia) chocó contra la barrera de seguridad de la zona de carga, esparciendo una impresionante variedad de cajas, cartones y dispensadores de agua, además de provocar que gran parte de los paquetes de leche en polvo y nata se abrieran y se derramaran por todas partes.

Al ver lo que había ocurrido, la directora de *marketing* tomó un bloc de *post-its* y un rotulador, se dirigió al otro extremo de la planta y escribió un comentario un tanto irónico sobre su miopía y sobre «obtener justo aquello por lo que pagas». Pegó la nota en la puerta del despacho del director financiero y regresó al suyo. A la mañana siguiente, cuando llegó a la oficina, se encontró con la respuesta en su propia puerta. Decía: «Todo anuncio debe generar ingresos, Marketing 101».

Ni siquiera entró en su despacho; se puso a rebuscar en su bolso antes de darse la vuelta y encaminarse hacia el despacho del director financiero. No llamó. No abrió la puerta ni se coló en el interior, sino ¡pam!, pegó otra notita. A la hora de la comida, descubrió que había obtenido respuesta, de nuevo pegada en la puerta. Por supuesto, escribió de inmediato otra.

Y así, durante los siguientes diez días. ¡Pam, pam, pam! Además, el contenido de los mensajes, la mayoría escritos en mayúsculas, fue subiendo de tono: de comentar errores del trabajo del otro o deficiencias de liderazgo a pasar a ataques personales.

«¿Qué tipo de persona patética y sin vida decide recortar las vacaciones de los empleados?», escribió en uno la directora de *marketing*.

«Claro, ¿cómo vas a ponerte tú a trabajar?», respondió el director financiero. «Imagino que te preocupará que estar tan ocupada afecte a la tórrida aventura romántica que estás teniendo».

«¿Por qué me da la sensación de que alguien sigue enfadado con su mami por haberle regalado un protector de bolsillo para camisas cuando cumplió seis años en lugar de una bici?».

«La verdad es que los insultos de parte de alguien que se ha pasado toda su carrera durmiéndose por las esquinas afectan entre poco y nada».

Por supuesto, la maquinaria de rumores de la empresa iba a todo gas. Las reuniones que requerían la participación de ambos se cancelaron, algunos de los empleados hasta temían visitar su planta; otros empezaron a trabajar en la sala de conferencias mientras contemplaban el conflicto en primera fila y se preguntaban qué pasaría cuando se encontraran cara a cara. Un par de horas después de que el CEO de la empresa regresara del retiro espiritual que había estado haciendo en Nepal, nuestro teléfono empezó a sonar.

Lo cierto es que no nos hizo falta hacer entrevistas a los directores ni evaluarlos para saber cuál era el perfil de personalidad ante el conflicto de cada uno. Teníamos entre manos un conflicto bien desarrollado en el que, sin embargo, ninguna de las partes había gritado, se había lanzado muebles por la cabeza ni se había presentado ninguna demanda; cada intervención denotaba pasivo-agresividad. Eran prácticamente el equivalente adulto de dos adolescentes que se niegan a dirigirse la palabra tras haber discutido en el instituto, y hasta habían acabado implicando a las personas de su entorno al colocar los *post-its* a la vista. Teníamos ante nosotros un caso completamente ilustrativo de dos acomodadores a los que se les había activado el detonante.

Es posible que tú mismo hubieras llegado ya a esa conclusión sin mucho problema; todo el drama fue un perfecto indicador iluminado en neón que apuntaba al perfil del acomodador. En otros casos, menos evidentes, resulta útil comenzar fijándose en un hecho en concreto dentro del conflicto y, desde ahí, ir tirando del hilo. Puedes empezar revisando la lista de los cuatro factores elementales e ir determinando el modo, el momento, el tono o el rumbo que toman cada uno de los conflictos y, después, completar los huecos con la información externa que dispongas —sobre todo, los detonantes de los compañeros o miembros de la familia implicados—. A partir de ahí, los Go-To irán saliendo por sí solos.

Por ejemplo, imagínate que eres el director comercial de una empresa regional mediana dedicada a la fabricación de maquinaria agrícola. Supervisas a un equipo de treinta personas en el que te sientes muy querido. De hecho, incluso te sorprendieron con un regalo de Navidad el pasado mes de diciembre; un regalo no especialmente barato, además. Sin embargo, hace poco te han comenzado a llegar rumores de que Shonda, tu mano derecha, está enfadada contigo, así que has decidido entablar una conversación formal con ella durante un descanso. Ella se muestra en todo momento educada y hasta optimista, como si no hubiera problema de ningún tipo. Por lo tanto, al día siguiente organizas una reunión con ella para darle la oportunidad de hablar. De nuevo, nada de nada: la conversación se redujo a un par de temas banales y ya. Y no fue hasta que te reuniste con el director de Recursos Humanos, con la intención de hablar de la política de la empresa, que te enteraste de que no estaba de acuerdo con la decisión que tomaste hace dos meses con respecto al teletrabajo.

En este caso, si tienes en cuenta los factores de rumbo y momento, puedes tachar de la lista que sea competidora, colaboradora o analizadora, porque, de haber sido así, ya habría compartido contigo su perspectiva, y hace ya tiempo, de hecho. Así pues, para averiguar si es una evasora o una acomodadora, te toca investigar su modo y su tono. En lo que se refiere al modo: en situaciones de conflicto anteriores, ¿qué medio de comunicación empleaba Shonda? ¿El correo electrónico? ¿Las redes sociales? Y, en cuanto al tono, ¿tiende a dejar de lado los problemas que surgen o más bien a mostrarse pasivo-agresiva? Si llegaras a la conclusión de que es evasora (si la respuesta de anteriores preguntas era la primera de las dos opciones), tendrías una pista de por qué se ha mantenido alejada del conflicto —por no querer tratar el tema del teletrabajo o por sentir que no merecía la pena dedicarle tiempo—. Por otro lado, determinar que es una acomodadora te ayudaría a comprender que su reticencia a abordar el asunto directamente contigo se debe a que teme el impacto que podría tener en el rendimiento de todo el equipo. Ambos son sentimientos muy diferentes entre sí, de forma que tendrías que tomar dos caminos muy distintos a la hora de tratar la cuestión con ella, porque conocerías sus prioridades y tratarías de mantenerte alejado de sus detonantes.

Conocer cuál es el Go-To de Shonda podría suponer la diferencia entre permitir que la química de grupo se deteriore hasta que alguien decida irse del trabajo o hacer los ajustes necesarios para alcanzar cifras récord —con las correspondientes bonificaciones para cada uno— e incluso aparecer en la revista *Fast Company*.

Somos conscientes de que te hemos dado ya mucha información sobre cómo leer a las personas y que es mucho lo que hay que aplicar al usar la lista de los cuatro factores elementales. No obstante, para facilitarte su uso, te dejamos por aquí una tablita que puedes utilizar como chuleta:

Lista de los Cuatro Factores Elementales

	MODO	MOMENTO	TONO	RUMBO
EVASORES	Correo electrónico	Lo más tarde posible	Primero distante; después, tajante	Primero evasivo; después, directo al grano
COMPETIDORES	Cara a cara	Cuanto antes	Tajante y sin rodeos	Directo al grano
ANALIZADORES	Correo electrónico	Comunicación inmediata, pero toma de decisiones lenta	Inquisitivo	Primero se dirigirá a las personas externas
COLABORADORES	Cara a cara	Cuanto antes	Amigable e inquisitivo	Implicará a todo el mundo
ACOMODADORES	Redes sociales o mensajes de texto	Tarde	Pasivo-agresivo	Evasivo

LA BOTELLA DE AGUA Y EL BOLÍGRAFO

Siempre habrá gente —por ejemplo, las personas pertenecientes a nuestros círculos más cercanos— a la que conocemos lo suficiente como para ser capaces de determinar cuál es el modo en que preferirán comunicarse, en qué momento, con qué tono y mediante qué rumbo sin asomo de duda. Aun así, nuestro consejo es que no te precipites. Asegúrate bien de cada una de ellas. Bajo presión, es posible que hasta nuestros amigos más íntimos piensen o actúen de forma completamente distinta a como lo harían en otras circunstancias. Lo vamos a repetir cuantas veces sea necesario: no estamos determinando su forma de actuar cada día y ante situaciones sin conflicto. El objetivo de nuestro estudio es potenciar tus relaciones interpersonales gracias a tener una mejor comprensión del comportamiento de nuestros seres queridos y de nuestros compañeros de trabajo en circunstancias que se salgan de lo habitual. Aun así, ¿qué pasa si no puedes contar con el tiempo suficiente para apoyarte en la lista de los cuatro factores? ¿Y si te encuentras con que ya se ha activado el detonante de la persona que tienes enfrente, pero no sabes por qué? ¿Cómo compruebas sobre la marcha las variables que te hemos ido mostrando? Te dejamos aquí una técnica muy útil y nada invasiva para lograrlo:

1. Reúnete con la persona a la que quieres o necesitas evaluar y asegúrate de que tenga algo de beber —preferiblemente agua, debido a nuestra disposición psicológica (y reforzada socialmente) hacia la hidratación—. Una botella de agua de plástico es lo ideal (aunque no para el medioambiente, eso es cierto), ya que tendemos a juguetear con ellas, a agarrarlas y arrugarlas de forma inconsciente.

2. Comienza la interacción hablando de algún tema trivial: el clima, el resultado del partido de fútbol de la noche anterior... cualquier cosa con la que se puedan sentir cómodos. Y, durante unos minutos, trata de llevar la cuenta de cuántos sorbos dan al agua y cuántas veces juguetean con la botella. De esta forma, establecemos un punto de referencia.

3. Después, pasa a tratar el «tema principal», la razón por la que necesitas saber cuál es su Go-To, cuál es el problema que los ha afectado, lo que los ha alterado y que ha hecho que se dirigieran a ti, que confiaran en ti. Busca referencias en los distintos diferenciadores de cada perfil —como, por ejemplo: «Mi amigo Phil se habría puesto muy nervioso si le hubiera pasado algo así»; «Estoy seguro de que Sally, la de contabilidad, lo daría todo con tal de que estuviéramos contentos» o «Mi primo Billie habría salido huyendo de eso como de la peste»— y observa si aumenta o disminuye el número de veces en las que bebe o juega con la botella. Si son mucho mayores respecto al punto de referencia, significará que sigue nervioso y, por lo tanto, podrás saber qué Go-To ir eliminando o identificar con cuáles tiene menor compatibilidad.

4. Continua haciéndolo a medida que vas abarcando todos los problemas o las diferentes estrategias de cada uno de los cuatro factores elementales hasta que seas capaz de determinar cuál es su perfil. Y si en algún punto

de la conversación notas que está incómodo, vuelve a hablar de temas banales o dale un respiro antes de continuar.

A esto lo llamamos (para sorpresa de nadie) la técnica de la botella de agua, aunque también existe la técnica del bolígrafo, que es parecida. Para llevarla a cabo, hay que seguir los mismos pasos, solo que cambiando la botella por un bolígrafo retráctil —de clic—, ya que tener algo en lo que mantener las manos ocupadas siempre resulta de ayuda si necesitamos relajarnos, y juguetear con cualquiera de las dos opciones acaba resultando casi un acto irresistible. Si quieres, puedes incluir también un cuadernillo o darles algo de papel para hacer garabatos; muchas personas se calman dibujando mientras tratan un tema que les resulta incómodo o al que preferirían no tener que enfrentarse. Aparte, si el entorno lo permite, puedes también ofrecerles algo de beber, ya que supone el valor añadido de haber recibido un gesto positivo y generoso.

Todas estas técnicas son efectivas, principalmente porque logran que las personas hablen y, cuanto más lo hagan, más podrás saber acerca de sus preferencias, manías y prioridades; por lo tanto, más sencillo te resultará identificar cuál es su Go-To (y su detonante, en caso de que no lo tengas claro de antemano). Además, en segundo lugar, lo son porque se convierten en una herramienta que puedes utilizar sin necesidad de ir directamente al grano, hurgar en la herida ni enfocar toda la atención en una sola persona. Puedes ir centrándote poco a poco en los cuatro factores o apoyarte en otros ejemplos que correspondan a cada uno de ellos.

EL DUELO DE MIRADAS

¿Y si te encuentras en una situación en la que la persona que está involucrada en el conflicto es muy introvertida y no quiere hablar? ¿O alguien que en el ámbito laboral dedica mucho tiempo a contenerse? ¿O un evasor? Los evasores siempre buscan escapar de los problemas y nunca quieren hablar de lo que los afecta, lo que significa que intentarán revelar lo menos posible o cambiar de tema cuando emplees con ellos la técnica de la botella o la técnica del bolígrafo. No obstante, estamos de suerte: ya solo eso te permite ir reconociendo su perfil.

Para saber si la razón por la que evitan tratar el tema se debe a su Go-To o si es a causa de 1. simple introversión, 2. un intento por reprimirse o 3. falta de interés en el tema, puedes tratar de poner en práctica la técnica del duelo de miradas que funciona así:

1. Hazles una pregunta sobre un *hobby* o pasión que tengan, o sobre un área que les sea de interés: viajar, visitar museos, la pesca, las películas biográficas, lo que sea... O también puedes recurrir al tema infalible: preguntarles sobre sus hijos. Las personas tendemos a bajar un poco la guardia al hablar de lo que nos hace felices, e incluso el individuo más reticente que conozcas acabará compartiendo su pasión cuando la conversación gire en torno a ella.

2. Pregúntales, con calma y de la forma más casual posible, cómo creen que lidiarían si alguien pusiera trabas a eso que tan feliz los hace. Por ejemplo, si están presumiendo de las marcas que está consiguiendo su hija en los partidos deportivos que juega, pregúntales qué pasaría si otro padre decidiera presentar una denuncia para anular sus logros con argumentos falsos. Aunque, importante, no los critiques, menosprecies ni insultes; no estás intentando alterarlos, sino explorando de manera abierta y conversacional distintas hipótesis para entenderlos mejor.

3. Cállate y deja que hablen.

4. Cuando se detengan, quédate tal cual estás. No digas nada. Sonríe y asiente. La paciencia es la clave en este punto, así que espera hasta que vuelvan a hablar. Al fin y al cabo, el silencio siempre acaba resultándonos incómodo a todos; nos hace profundizar en nuestros propios pensamientos.

5. Mantente así hasta que creas que has recopilado la información suficiente o hasta que la otra persona decida que quiere parar (o hasta que tú mismo te canses de las pausas expectantes).

El duelo de miradas funciona gracias al impulso innato que tenemos todos los seres humanos de buscar la autorrealización, una necesidad básica que se ve estimulada cuando se nos activa un detonante; es lo que nos hace tener la necesidad de desahogarnos, de arrancarnos del pecho aquello que nos presiona y de buscar validación de nuestras opiniones y posturas.

Creemos que hay cierta belleza en el duelo de miradas, porque nos permite sumergirnos en este impulso humano sin necesidad de hacer estallar ningún tipo de conflicto; al fin y al cabo, como decimos, solo estás explorando situaciones hipotéticas, sentado y de forma amigable. Después, al permanecer callados, le concedemos al otro la oportunidad de explayarse, lo que le permite darse permiso a sí mismo para abrirse a nosotros. Y cuando asentimos, cuando lo invitamos a continuar, le demostramos nuestro apoyo independientemente del perfil de personalidad ante el conflicto que tenga. Eso le sirve como forma de validación, y a nosotros como una vía de obtener información, comprenderlo mejor y, además, fortalecer la relación entre ambos.

Ten en cuenta que, antes de proceder a llevar a cabo el duelo de miradas, debes tener una buena relación con la otra persona (tema en el que profundizaremos en el capítulo 5), ya que puede resultar contraproducente si se da entre completos desconocidos. Lo más probable es que se acabe excusando con algo del tipo: «Oh, mira qué hora es... Tengo que irme». El duelo de miradas requiere cierto nivel de confianza, de sentirse cómodo al compartir espacio con el otro y de lo dispuesto que estés tú, personalmente, a conformarte con la cantidad de información que la otra persona desee revelar por poca que sea.

¿QUÉ SOY?

Que no te tome por sorpresa si el perfil Go-To de una de las personas con las que convives o con las que trabajas resulta ser totalmente distinto de su «yo habitual». De hecho, no es coincidencia que los superhéroes como Superman, Wonder Woman, Spider-Man, Batman, Iron Man, la Mujer Invisible, Lobezno o el que sea tu favorito tengan alter ego; Steve Rogers se convierte en el Capitán América; Ororo Monroe, en Tormenta, y así con todos. Ahora piensa: ¿bajo qué condiciones tienen lugar estas transformaciones? Cuando los provocan, cuando los alteran, cuando la humanidad está en peligro, cuando necesitan que el bien acabe con el mal… ¡cuando activan sus detonantes! Los superhéroes, mientras no tienen que enfrentarse a ningún tipo de conflicto, son personas apacibles, al igual que lo son los miembros de tu familia y tus compañeros de trabajo en cualquier día de su vida. La única diferencia entre la gran pantalla y el mundo real es que los superhéroes del cine superan y vencen los problemas gracias a las capacidades que les dan experimentos militares que salen mal, picaduras de arañas radioactivas o un tipo de ingeniería secreta que desafía la física; los demás estamos sujetos a la naturaleza humana y nuestras únicas armas para luchar contra el conflicto son el sentido común, el trabajo duro y… un ejemplar de este libro.

Sí, es normal que cueste un poco distinguir los Go-To de las personalidades verdaderas de quienes nos rodean cuando vemos que estas cambian por completo. Sin embargo, para ayudarte, te presentamos un juego: imagínate la silueta de cinco amigos tuyos tras un telón; están sentados y sus voces, retocadas. Aun así, cada uno se presenta:

Amigo A. Me gusta pasear por la orilla del mar y también bajo la lluvia. Prefiero comunicarme por correo electrónico antes que por cualquier otro medio y, cuando se activa uno de mis detonantes, prefiero resolver las cosas al momento. Siempre voy directo a tratar el tema que lo originó y suelo emplear un tono bastante directo. Mis amigos han llegado a decirme que a veces puedo resultar un tanto impaciente. ¿Qué soy?

Amigo B. Me encantan los perros grandes, el café muy fuerte, el vino tinto y la comida tailandesa. No me gusta comunicarme mucho con los demás por mensajes ni correo electrónico, pero, si no queda otra, prefiero hacer videollamadas. En caso de que haya malas noticias, me gusta recibirlas de parte de la fuente principal y, de hecho, no me importa presentarme en el lugar que sea. Si algo me molesta, puedo llegar a parecer un poco agresivo, pero no pienso disculparme por ello. ¿Qué soy?

Amigo C. Adoro los mimos y las mañanas de domingo sin hacer nada. Prefiero mandar correos antes que parlotear por teléfono o en la oficina. Si me toca tener un debate con alguien, siempre me preparo de antemano y me gusta llevar conmigo algún aliado por si acaso. Puede que tarde una semana o incluso un mes en animarme a lidiar con las situaciones que no me hacen sentir a gusto, pero una vez que las enfrento, suelo hacerlo con decisiones bien firmes. ¿Qué soy?

Amigo D. Me encanta pasar tiempo fuera, en la naturaleza, pero, en caso de no poder hacerlo, mi plan favorito es sentarme a leer una buena novela de aventuras. Creo que la comunicación cara a cara es la mejor forma de solucionar los problemas, seguida de las llamadas telefónicas. Cuando hay algún tipo de conflicto, me gusta hablar con cada una de las personas implicadas, ya sea de forma directa o indirecta. En mi opinión, lo principal es mantener la paz entre todos, así que me esfuerzo al máximo en mantener un tono amistoso y cordial, por acalorada que esté siendo la discusión. Aparte, me gusta intentar ayudar a solucionar cualquier tipo de problema, aunque no esté involucrado en el conflicto. Siempre estoy dispuesto a escuchar los secretos de todo el mundo. ¿Qué soy?

Amigo E. Pocas cosas me gustan menos que el frío y el mal tiempo. Si llueve, dame una taza de chocolate caliente que pueda tomarme delante de la chimenea, y si sumamos buena compañía y buena conversación, mejor. Soy una persona tranquila y, pese a que no suelo perder los nervios, si hay algo que me hace salir de mi zona de confort, tiendo a refugiarme en mis amigos y familiares, esperando que así los problemas se solucionen por sí solos, sin que haga nada al respecto. ¿Qué soy?

Solemos jugar a este juego en nuestras charlas y cursos de formación, y los participantes suelen decirnos que el tono amigable que tiene les resulta útil a la hora de hacer la autoevaluación. También muchos nos comentan que no pueden evitar asociar a personas que conocen en la vida real con los distintos perfiles que hemos presentado. ¿Te ha pasado a ti también? ¿Conoces a alguien que tenga características parecidas? ¿Y has sido capaz de reconocer los Go-To en cada uno de ellos? Aquí tienes las respuestas.

A. Evasor
B. Competidor
C. Analizador
D. Colaborador
E. Acomodador

Tener este conocimiento —saber cómo la gente reacciona y cómo se modifica su comportamiento cuando se enfrenta a un conflicto— es lo que te ayudará a predecir la forma en la que alguien va a actuar, ver más allá de cualquier cortina de humo o intento de engañarte, distraerte, manipularte —o cosas peores— y salir del fango que atrapa a la gente en este tipo de situaciones, para que así puedas hacer entrega de los alimentos que nutren la resolución de los problemas. Así pues, ahora, si quieres obtener consejos para superar el siguiente paso, sigue leyendo.

3
Encontrar el interés subyacente

Hace ya lo que parecen siglos, nuestro querido Doc E tuvo el honor de recibir el reconocimiento de Academic All-American en dos deportes diferentes durante su época universitaria. Tenía la intención de aprovechar sus logros en el béisbol para conseguir entrar en el *draft* de jugadores aficionados de la MLB. No obstante, acabó jugando de *full back* en el equipo de *rugby* de Dartmouth, uno de los mejores del mundo, bajo la tutela de Nigel Topping, el legendario campeón de la Universidad de Cambridge y de la Copa del Mundo. Es curioso cómo se van entrelazando los giros improvisados del destino para enseñarnos algunas de las lecciones más valiosas de la vida.

Alex Mooney, el primer miembro de ascendencia hispana de la Cámara de Representantes de los Estados Unidos, fue el típico estudiante universitario en su juventud. Era muy aplicado, iba a las fiestas que celebraban las fraternidades, participaba como voluntario en un Boys & Girls Club y le gustaba el rap. Sí, el típico estudiante… excepto porque, además, era un jugador de *rugby* talentosísimo con una visión periférica por encima de la media. Era capaz de discernir los movimientos de la sección defensiva entera de un equipo, y eso que creció sin haber jugado ni en el instituto ni en el club. Sin embargo, en muy poco tiempo consiguió convertirse en el titular de un equipo de Dartmouth repleto de estudiantes procedentes de los países con mayor prestigio en este deporte: Australia, Nueva Zelanda, Sudáfrica, Reino Unido y Francia.

Hacía jugadas muy precisas y pases sin mirar, lo que lo convertía en un delantero fuera de lo común, que se desmarcaba del resto del equipo y pasaba a encararse con la defensa. Esta dualidad de juego acabó reflejándose también en su carrera política: se dedicaba con esmero a su labor principal (anclaba la primera línea de un *scrum* y se enfrentaba al *big goverment**) y, al mismo tiempo, era capaz de cambiar de rol para poder servir incluso a aquellos que se encontraban fuera de su ámbito de competencia (se encargaba de dirigir el balón a campo abierto y apoyaba la diversidad, independientemente de la opinión de cada lado del espectro político).

Su amplia visión y capacidad para abarcar múltiples puntos de vista le permitían descubrir oportunidades que la mayoría de las personas pasaban por alto, así que, cuando el equipo del Big Green se encontraba a un paso de alcanzar el ritmo de juego necesario para participar en la liga nacional, invitó a su gran amigo y jardinero central John Eliot (al que, obviamente, por aquel entonces nadie llamaba Doc E) a que fuera a ver un partido. Se lo sugirió un día de otoño, en New Hampsire. Hacía fresco, la temporada de béisbol estaba llegando a su fin y John, pese a que no se lo dijo a nadie, echaba de menos la emoción de una buena competencia. Alex se había dado cuenta.

—No puedo —le dijo John durante la hora del almuerzo, tras las clases—. Tengo cosas que hacer.

—Anda, vamos —insistió—. Te pasas el día encerrado. Además, si las «cosas que tienes que hacer» es «verme jugar al *rugby*», mucho mejor.

Eso le hizo soltar una risita.

---

* *N. del T.*: En español, *gran gobierno*. Se trata de un término usado, en general, para hacer referencia a un sistema político que desempeña un papel central en la vida de los ciudadanos, con un amplio abanico de funciones y responsabilidades, así como con intervención en distintos sectores, como la economía, la salud, la educación, etc.

—Está bien. Iré a Leverone a hacer algunos *swings* y luego paso por allá. Aunque, de todas formas, los JV juegan antes que el *varsity*, ¿no?

—En *rugby* los llamamos A-Side y B-Side. Y hoy es al revés: vamos nosotros primero, así que no te entretengas demasiado con tu súper rutina perfeccionista de béisbol. Mueve el trasero hasta nuestro campo; ya verás lo que hacemos los hombres de verdad.

—Sí, sí. Sigue soñando, que eso sí que se te da bien.

Y tres horas más tarde, ahí estaba: asistiendo a su primer partido de *rugby*. Aunque, todo sea dicho, hacía tiempo que quería ver uno. Llevaba siendo amigo de Alex y de varios jugadores más desde las excursiones de primer año que se hacían siempre en Dartmouth, y era un deporte del que no sabía nada y siempre le había encantado aprender cosas nuevas; cuanto más ajenas a él fueran, mejor.

Por fin, el partido terminó: Dartmouth, 54; UConn, 0. Les habían dado una verdadera paliza, que, en parte, había sido gracias a dos ensayos de Alex; de hecho, uno de ellos había consistido en una carrera épica, placaje tras placaje, desde el centro del campo. John lo felicitó con un abrazo en cuanto salió del campo.

—¡Ha estado increíble!

—Muchas gracias, hermano. Ahora te toca a ti.

Nada más decirlo, esbozó una sonrisa digna del gato de Cheshire y lo arrojó contra el suelo.

Entonces, uno de sus compañeros de equipo, el escocés Jon Eburne, que era todo un fenómeno, se les unió para agarrar a John por los pies. Alex y otro de sus amigos pasaron a mantenerlo en el sitio mientras su entrenador, Topping, le quitaba las zapatillas y le ponía un par de tacos de *rugby*. A John apenas le dio tiempo a soltar un «pero ¿qué coj****?» antes de que terminara de atárselos con fuerza.

—Nos han dicho que corres rápido, muchacho —le dijo Nigel—. Además, tienes apellido inglés. Un verdadero «Eliot» sabe jugar al *rugby* sí o sí.

—Vamos, entra de una vez —insistió Álex, refiriéndose al partido del Side-B, que estaba a punto de empezar.

—La vas a pasar genial —añadió Eburne—. ¡Vamos!

—Pero no sé jugar —dijo, excusándose—. No conozco las reglas.

—Bah, ya las irás aprendiendo. —Le quitó importancia Alex—. Tú no te obsesiones con los detalles técnicos. Sal y diviértete.

Tras eso, impulsado por su tono definitivo y la alentadora ovación de gritos y alzamientos de cerveza que quedó a sus espaldas cuando dio los primeros pasos, se dirigió al campo. Ni siquiera supo dónde debía colocarse. Le pitaron penaltis tantas veces que debió superar algún récord, pero, aun así, consiguió anotar *cuatro* ensayos. Estaba entusiasmado.

Mooney lo contempló desde uno de los laterales, encantado.

El instinto que ha tenido siempre para sortear conflictos le ha sido de gran utilidad en su carrera política; especialmente en el panorama actual, que cada vez se encuentra más polarizado. Siempre se ha esforzado al máximo por conseguir llegar a la gente para que dejen de lado cualquier tipo de prejuicio y para que intenten comprender que una opinión que en apariencia resulta arcaica o que es impopular puede estar cimentada en ciertas libertades básicas que considera vital proteger y alrededor de las cuales sería fundamental encontrar un punto en común.

Es cierto que, desde sus años de estudiante, ha ido puliendo sus dotes de observación. Sin embargo, ya desde que era apenas un chiquillo apasionado por el *rugby* sabía que la gente tiende a obsesionarse con ciertas exigencias superficiales y a usarlas como excusa, sin tratar de comprender lo que realmente importa. Él sabía que John necesitaba dar rienda suelta a su espíritu competitivo, estar en el campo y jugar de manera desenfrenada, y esas eran necesidades que no podía satisfacer en los entrenamientos de béisbol. Y, de hecho, habría seguido sin hacerlo si se hubiera enfocado en su falta de experiencia en el *rugby*, en el desconocimiento de las reglas o en otras cuestiones, como no haber hablado antes con su entrenador de béisbol, Mike Walsh, para tratar de llegar a un acuerdo (aunque, para ser justos, siempre defendió que un estudiante pudiera practicar dos deportes diferentes), en el posible riesgo de lesionarse, etc. Y eran preocupaciones razonables, por supuesto —de hecho, cualquier persona con un mínimo raciocinio podría dar argumentos en contra de colarse en un acontecimiento deportivo sin nada de formación o conocimiento previo; sobre todo, en uno tan «elegantemente violento» como el *rugby*—, pero hay una gran diferencia entre lo que puede *parecer* fundamental en un problema y lo que en realidad lo *es*.

En nuestros cursos de prevención de conflictos y mediación, siempre enseñamos que en cada discusión y desacuerdo existe una *postura* que se cimienta en distintas *problemáticas* y que viene impulsada por un *interés subyacente*. Juntos, estos tres componentes conforman lo que denominamos *las bases del conflicto*.

La *postura* es lo que vemos o aquello de lo que hablamos en la superficie (decidir jugar —o no— al *rugby*). La *problemática* son las cuestiones vinculadas a la postura. En este caso, no saber jugar, quedar en ridículo, provocar que el equipo pierda o hacernos daño. Son muy pocas las veces en las que alguien va a usar un único argumento para apoyar sus decisiones; tendemos a respaldarnos (lo más rápido posible, además) con toda una lista de razones; ya has visto que Doc E siguió el guion al pie de la letra. Y, ya por último, el *interés subyacente* es lo que realmente importa al final: conseguir escapar de la rutina en la que se había sumido tras el fin de la temporada de béisbol, que le estaba causando sequía motivacional, potencialmente en camino hacia la pérdida de la condición física y malestar psicológico.

Muchas veces, no nos percatamos de los intereses, porque quedan enterrados bajo el peso de las problemáticas; a menudo, sin que seamos conscientes de ello. Tendemos a desarrollar posturas de forma rápida, casi forzada, y no nos detenemos a considerar qué es lo que en realidad queremos. Imagina las bases del conflicto como si fueran un iceberg: la postura es la parte superior, la que sobresale. Al final, es la que se lleva toda la atención porque es lo que se percibe desde fuera; lo que, si sacamos unos binoculares prismáticos para mirar el horizonte, veríamos en medio del mar. Por ello, cuando alguien se encuentra en una situación de conflicto, es su postura la que recibe el peso de los argumentos. En nuestro intento por «ganar», vamos superponiendo las distintas problemáticas y es habitual que se acaben introduciendo cuestiones secundarias o incluso que las inventemos. Esta es la razón por la que resulta tan difícil suavizar los roces interpersonales, porque las posturas y la multitud de cuestiones que giran a su alrededor, por inconexas o no que sean, se acaban convirtiendo en obstáculos que nos impiden identificar el verdadero interés de cada una de las partes, y es así como se resuelven los conflictos.

EL ARTE DE LA ESCUCHA ACTIVA

Podría decirse que la táctica que usó Alex Mooney para ayudar a Doc E a dejar atrás la postura contraproducente que había adoptado y las problemáticas superfluas que la respaldaban fue bastante caballerosa. Sí, calzarle los tacos a la fuerza a alguien es una demostración arcaica de camaradería y, por supuesto, nosotros jamás vamos a defender que el fin justifique los medios, pero la moraleja que acompaña esta historia es que siempre se puede dar pie a distintas opciones —abrir nuevas puertas y, a menudo, abrirle los ojos a los demás— si logras reconocer los intereses subyacentes; la clave es ser inteligente a la hora de llegar a ellos.

La escucha activa es una de las estrategias más inteligentes y a la vez eficaces que hay para lograr identificar la tríada de intereses que componen la base de un conflicto. A lo largo de nuestra vida y los viajes que hemos realizado, hemos conocido a gente muy inteligente y talentosa que, a pesar de ello, no emplea la escucha activa —la versión en mayúsculas, que es la que se aplica en situaciones acaloradas, incómodas o de presión—. Por lo general, las personas (a) no nos damos cuenta de que la escucha activa es un arte y (b) nos vemos tan atrapadas en los conflictos que perdemos la perspectiva y descuidamos los mecanismos que nos permitirían superarlos con éxito, razón por la cual hemos escrito *Cómo llevarse bien con todo el mundo*.

Esperamos que los capítulos 1 y 2 te hayan sido de ayuda a la hora de sortear el escollo de la opción (b), y si ya conocías la opción (a) ¡enhorabuena! No obstante, si quieres refrescar la memoria, date unos instantes para reflexionar sobre los distintos componentes que conforman la comunicación. Varios estudios han demostrado que las interacciones que mantenemos los *Homo sapiens* (y, lo que es incluso más fascinante, el resto de primates) se componen de tres elementos clave —el lenguaje verbal, el vocal y el visual— y que cada uno es capaz de transferir una cantidad inmensa de información. Esta sería la distribución:

7%	VERBAL	Lo que se dice; las palabras en sí mismas.
38%	VOCAL	La forma en la que se expresan las palabras; la proyección del hablante, la resonancia de su voz y el tono que emplea.
55%	VISUAL	La manera en la que se muestra quien se comunica: la expresión facial y corporal.

Menos de una décima parte de la información que trasmitimos se encuentra en la elección de las palabras en sí. Piensa en alguna ocasión en la que te encontraras en medio de una discusión y la otra persona hiciese referencia a un momento anterior de la conversación con algo como: «Bueno, pero tú has dicho ____________» y que ese espacio en blanco fuera una afirmación matizada de manera que te resultara extraña, sorprendente, descentrada o incluso sacada de contexto, que fuera una interrupción brusca. Lo más probable es que la otra persona no llegara a captar una parte sustancial de lo que estabas intentando transmitir. ¿Que cómo lo sabemos? Pues porque lo que hace esa afirmación es ilustrar la prioridad que se le ha dado a un punto específico de la conversación que no era primordial en el conjunto global y, cuando alguien hace eso, es evidente que se ha quedado atrapado en un detalle insignificante que ha activado uno de sus detonantes y no ha podido dejarlo pasar, dándole vueltas mientras tú seguías hablando. Podríamos considerarlo, por definición, «escuchar al revés».

Más de la mitad de la comunicación requiere usar los ojos más que los oídos. Uno de los grandes enigmas de la neurobiología es el hecho de que parece que nuestros cinco sentidos, hasta cierto punto, compiten entre sí por ocupar un lugar en nuestra conciencia: cuanto más tratas de escuchar con los oídos, menos logras captar con los ojos y con tu intuición. La clave de la escucha activa es la observación. Y esta es una de las principales razones por las que hoy en día presenciamos una escalada de hostilidad en la sociedad en general. La balanza de las interacciones entre individuos se ha ido inclinando en gran medida a favor de los medios digitales —el correo electrónico, la mensajería instantánea, las publicaciones en Twitter y Threads—, que pertenecen a plataformas que omiten, obstaculizan, comprometen o dejan de dar importancia a los componentes vocales y visuales de la comunicación.

Es posible que tengas que emplear estos medios, pero hazlo con cuidado; limita su utilización lo máximo que puedas cuando necesites poner en práctica la escucha activa, sobre todo si lo que buscas es identificar un interés subyacente y comprenderlo. Además, si quieres ser un comunicador de élite, abstente por completo de mirar el teléfono mientras hablas con alguien; no eches siquiera un vistazo de vez en cuando para revisar las notificaciones.

Sí, la escucha activa consume mucho más tiempo y energía que «dejar hablar a los demás». No es solo «prestar atención»; hay mucho más. Debes observar, animar, empatizar, esperar, reflexionar, preguntar, aclarar conceptos y aceptar la información que has recibido. Fíjate en que no hemos dicho «compartir», «conversar», «explicar», «corregir», «rebatir», «informar» ni usado ningún otro verbo que pueda insinuar que lo que estás haciendo es tender una trampa. No, la escucha activa se centra en la persona que se encuentra ante ti. Los demás son los protagonistas de la película y tú te limitas a verla.

La escucha activa no consiste en mantener una conversación con otra persona; es, en esencia, tratar de incitarle a exponer su propio monólogo y a que lo haga con toda la intensidad que desee expresar. Si lo conviertes en un diálogo y te sumas tú también al escenario, te estás poniendo un obstáculo a ti mismo: puedes engañarte creyendo que has captado lo que es importante para ellos cuando, en realidad, no lo has hecho.

> «Ninguno de nosotros tiene el monopolio de la sabiduría y siempre debemos estar dispuestos a escuchar y respetar otros puntos de vista».
>
> **—Reina Isabel II**

Hazte a ti mismo una pregunta: ¿cuántas veces, a lo largo de una conversación, dejas de prestar atención parcialmente porque estás dándole vueltas al tema del que habla, reformulándolo en tu mente, pensando en cómo te sientes al respecto o decidiendo cómo vas a responder? Sé sincero. No eres el único; todos lo hacemos. Todos queremos estar preparados para cuando nos entreguen el testigo y podamos llevar a cabo nuestra parte de la interacción. Poner en orden nuestros pensamientos y formular comentarios perspicaces son habilidades de gran valor y utilidad, sí, pero pierden ese valor cuando lo que tratamos de hacer es descubrir las bases del conflicto de otra persona.

Aun así, no te preocupes: conocemos algunas técnicas, un tanto rudimentarias, aunque fáciles de seguir, que te pueden servir para potenciar la conversación y hacerla mucho más funcional a la hora de resolver conflictos.

La próxima vez que te descubras atascado en una postura o en las problemáticas que orbitan a su alrededor, conecta la escucha activa mediante estos pasos:

- **Estar presente y centrado.** Cuando quieres escuchar a alguien y que sepa que le estás escuchando, tienes que estar totalmente presente y demostrarle que, en ese instante, es lo único que te importa. Deshazte de cualquier otra preocupación y limítate a escuchar —de manera activa—. Elimina cualquier distracción, pon el móvil en silencio, baja la tapa de la laptop o apaga la computadora de escritorio; deja el lápiz (o el bolígrafo) y respira con lentitud, con calma. Aparte, asegúrate de que lo que escuchas llena tu conciencia; puedes tomar notas mentales, sí, pero no estás en «modo procesamiento», así que no juzgues lo que te están diciendo, no planifiques tu respuesta ni te «adelantes» a la interacción. Y, por supuesto, nunca interrumpas.
- **Hacer contacto visual.** Por lo general, a nadie le gusta sentir que alguien lo está «observando fijamente» (razón por la cual en el capítulo cinco solemos sentarnos uno al lado del otro); sin embargo, sí queremos que se nos escuche. Por lo tanto, cuando la otra persona te esté hablando, mírala a los ojos. Es una manera muy eficaz de demostrarle que le estás prestando atención. Aunque, eso sí, ve fijándote en todo el conjunto: en el lenguaje corporal que emplea, en sus expresiones, en los gestos que más repite y en los cambios de postura. Trata de tomar nota de cada uno

de ellos, pero evita mirar a todas partes. Intenta usar tu visión periférica, como lo hacía Alex Mooney: no te fijes en un solo individuo; englóbalos a todos.

- **Mantenerse fuera del escenario.** Tendrás que contener el deseo de participar y de compartir tus opiniones y perspectivas. Una buena escucha activa se basa en eso, en escuchar, y mucho. Observa, escucha, observa, escucha, observa, escucha. Jamás vamos a cansarnos de repetirlo. Dedica cada segundo a centrarte al cien por ciento en lo que la otra persona te está diciendo (y a cómo lo está diciendo) y trata de mantener a raya el impulso de mostrarte en desacuerdo, por mucho que lo estés o aunque sepas que ha dicho una afirmación falsa. Por el momento, finge que tienes una pequeña caja fuerte imaginaria y que guardas ahí la necesidad de hacerlo; ya habrá tiempo más adelante.

- **Tener paciencia, esperar.** Una vez comiences a escuchar de forma activa, recuerda que la conversación fluctuará, que habrá pausas; bien, no las llenes. Espera. Anima a la otra persona a continuar y emplea un lenguaje corporal que invite a ello. Asiente. Sonríe.

- **Usar «frases voleibol».** Cuando veas que esperar a que la otra persona continúe complica la comunicación, puedes utilizar frases neutrales que devuelven la conversación a la otra persona sin cambiar ni el tema ni el sentido y sin añadir nada nuevo. Por ejemplo, cuando parece que el otro se detiene, puedes decir: «Oh, pues qué interesante. Cuéntame más». Y pasas a esperar de nuevo. Las palabras que conforman estas frases tienden a trasmitir que estás genuinamente interesado en lo que te están diciendo y animan a los demás a continuar. Otros ejemplos serían:

  «Hmmm» (con su correspondiente expresión facial de verdadero interés).
  «¿Y qué más?».
  «¿Y qué hay de ________________?».
  «Es un punto fascinante».

«Oh, pues nunca lo había pensado» o «Jamás lo había visto de esa forma».
«¡¿Qué me dices?!».
«¿Cómo has dicho?».
«¡Pues eso ya es decir!».
«Dios mío, continúa».

- **Emplear el cuestionamiento reflexivo.** Si bombardeas a la otra persona con preguntas, acabarás destruyendo tus esfuerzos por lograr que hable e incluso es posible que se ponga a la defensiva y, por lo tanto, que el conflicto escale. No obstante, hacer preguntas es una herramienta clave de la escucha activa para descubrir los intereses subyacentes de los demás. ¿Y cómo puedes lograrlo sin que dé la sensación de que estás haciendo un interrogatorio? Pues mediante preguntas reflexivas; es decir, devolviendo las palabras de la otra persona —y, a menudo, sus sentimientos, lo cual es mucho más importante— hacia ciertos temas e intereses en forma de pregunta.

  Por ejemplo, a una de tus compañeras de trabajo le molesta la cantidad de llamadas a clientes que le asignas cada semana. Se queja de que no le preguntas su disponibilidad, de que eres tú quien le organiza su trabajo y de que, encima, no haces más que sumarle más y más, que «bastante ocupada está ya». Entonces tú, mediante el cuestionamiento reflexivo, le dices: «Estás realmente saturada, ¿eh?». Y ella, aunque sigue enfadada, comienza a hablarte más a fondo de lo estresada que está porque siente que le falta tiempo; de hecho, resulta que ha hecho una lluvia de ideas increíble para un nuevo producto que cree que será revolucionario, pero no tiene tiempo suficiente para desarrollarlo.

  Al respetar su elección de palabras, le estás dando credibilidad a su punto de vista, lo que contribuye a que se sienta escuchada y valorada y, aparte, das pie a que hable de un tema que le afecta. Por lo tanto, acaba revelando su verdadero interés, que es lo que te concierne a ti. Aún hay ciertos aspectos logísticos que debes resolver para poder equilibrar el desarrollo del servicio de atención al cliente de la empresa, pero ya puedes empezar a solucionar los distintos problemas.

  Las preguntas reflexivas te permiten centrar la conversación en la búsqueda del interés subyacente de forma fácil, aunque debes asegurarte de hacerlas en un tono respetuoso y mostrar que la respuesta te importa de verdad.

- **Hacer preguntas abiertas.** Intenta que las preguntas que hagas no puedan contestarse con una sola palabra; si la otra persona puede limitarse a darte un simple «sí» o un «no», significa que son cerradas. Elige preguntas que requieran cierto desarrollo.

- **Sacar nuestro Columbo interior (es decir, hacer aclaraciones).** El brillantísimo actor Peter Falk le hizo un maravilloso regalo al mundo antes de morir al interpretar al teniente Frank Columbo, un personaje excéntrico como él solo. La serie le hizo ganar cuatro premios Emmy, pero, sobre todo, logró retratar a la perfección el arte de la aclaración como estrategia para desarmar a los demás y, así, conseguir que se sinceraran.

  El principio básico de este arte es verificar periódicamente con alguien lo que estás escuchando y observando, en lugar de asumir que estás interpretando correctamente sus palabras y expresiones. Verificas y permites que te corrijan o modifiquen tu interpretación. Es una técnica muy enriquecedora. Te dejamos algunos ejemplos para formular esta técnica:

  «Me ha parecido que decías ____________. ¿He escuchado bien?».

  «Eso suena a que ____________».

  «Me ha parecido entender que ____________. ¿Estoy en lo cierto?».

  «Entonces, si lo que has dicho es que ____________, ¿qué me falta por saber?».

  «Entonces, ¿puedo dar por hecho que has ____________?».

  «Creo que te voy siguiendo. Lo que has dicho es que ____________».

  «Me da la sensación de que has ____________. ¿Es así?».

  «Supongo entonces ____________. ¿Sería justo decirlo?».

«O sea que esto es ________________. Espero no estar confundiéndome».

- **Prestar atención al verdadero significado.** Acabarás cansándote de que lo repitamos, pero debemos recordarte que la parte verbal de la comunicación solo contiene una fracción minúscula de la información que se transmite. Por lo tanto, es esencial ser capaz de reconocer el entramado emocional, contextual y de actitud que hay detrás de cada interacción. Como regla general, cuando debas responder (incluso mediante cualquiera de las estrategias que te estamos exponiendo), haz referencia primero a los sentimientos y actitudes que has visto y, además, busca congruencia: lo que se dice y la forma en la que se hace deben coincidir. Si no es el caso, significa que algo no va bien: que la otra persona no está siendo sincera, que ha tendido una cortina de humo, que está tratando de ocultar su interés, que tiene miedo de abrirse, que está intentando manipular su discurso (o a ti) o que no está preparada para abordar algún tema en concreto.

- **Tener empatía.** Es posible que, de toda la lista de herramientas de escucha activa, esta sea la más importante. Para lograr encontrar el interés subyacente de una persona —en especial, cuando se muestra a la defensiva o está nerviosa, alterada, o si no se fía de ti (que son algunos de los sentimientos más comunes en situaciones de conflicto)— debes ponerte en su lugar. Y hacerlo desde una perspectiva clara e incondicional. Uno de los objetivos principales de la escucha activa es descubrir de dónde viene la otra persona y por qué. No sirve de nada hacer suposiciones. Es decir, no sirve de nada buscar pistas en nuestro interior; tienes que buscarlas en la propia persona. Recurre a ella para encontrar la respuesta.

  Esto significa que debemos mantener la mente abierta; es posible que lo que ves y lo que oyes no te guste, e incluso que no te agrade la otra persona. No es necesario que te guste. No tienes que estar de acuerdo con ella. Sin embargo, sí debes respetar aquello que está tratando de comunicar y el lugar desde donde lo está haciendo; es la única forma de que logres comprender sus verdaderos intereses.

Si te cuesta desprenderte de tu opinión, puedes intentar jugar a viajar en el tiempo. Imagínate que eres un arqueólogo y que, en realidad, la persona con la que estás hablando acaba de ser teletransportada desde el año 5000 d. C. Por lo tanto, ¿quién sabe cómo será la vida entonces? ¿Cómo serán sus rutinas? ¿Qué problemas se parecerán a los de hoy y cuáles serán totalmente diferentes? Ahí no puedes integrar tu punto de vista; lo único que te queda es ir uniendo las piezas del puzle a medida que otra persona te las ofrece.

Aquella tarde de otoño en Hannover, John se quedó en el campo hasta bastante después de que se pusiera el sol, bombardeando con preguntas sobre los entresijos del *rugby* al entrenador Topping. Se unió al equipo en ese mismo momento y lo hizo sin saber que, a la vez, estaba dando sus primeros pasos en el camino de su vocación. Lo que aprendió sobre trabajo en equipo —la búsqueda del entendimiento de las relaciones interpersonales por encima de los resultados obtenidos— gracias a sus compañeros de equipo y a John Goff, con quien compartía habitación en la residencia universitaria, fue mucho más allá de la teoría del comportamiento que le enseñaron en clase.

Ocho meses después, participó en la competencia internacional de la A-Side, que ese año recorrió Canadá, jugando *sevens* contra los mejores equipos universitarios y clubes profesionales. La competencia acabó en Montreal, y Dartmouth derrotó a los equipos de McGill, Concordia y a la Universidad de Montreal con 164 puntos; 45 los anotó John.

Como es habitual en el mundo del *rugby*, los cuatro equipos se unieron para pasar una noche juntos y comenzaron a enseñarse canciones unos a otros y a estrechar lazos de amistad que aún perduran. Dado que Hannover estaba a tan solo tres horas en auto hacia el sur, algunos de los jugadores decidieron volver esa misma noche sin haber dormido. Mooney, Eburne y Tim «Elvis» Dunning, que jugaba de centro interior, se montaron con John, que fue quien condujo. Fueron en uno de los autos de apoyo del equipo, un viejo Isuzu Trooper que iba hasta arriba de balones, material médico, equipo de entrenamiento y uniformes. No había espacio suficiente, así que Dunning se metió en la parte de atrás, entre los bártulos.

Los kilómetros fueron pasando. En cuestión de una hora llegaron a la frontera con Estados Unidos, aunque, para entonces, John apenas lograba mantener los párpados abiertos y los otros ya estaban completamente noqueados. Por lo tanto, fue con cautela mientras se detenía en el paso fronterizo. Bajó la ventanilla. Ninguno se había duchado y, sin duda, el viejo Isuzu apestaba a alcohol. Las bolsas de lona que llevaban, repletas de camisetas llenas de barro, no gritaban precisamente «convoy diplomático». Imagínate ser uno de los guardias y ver llegar semejante cuadro ante tu puerta a las tres de la mañana.

Uno de ellos levantó su linterna industrial y apuntó con ella a los ojos de John, sin molestarse siquiera en llevar a cabo las formalidades de preguntarle nacionalidad y el propósito del viaje… Un «¿algo que declarar?» parecería innecesario.

—¿Qué tenemos aquí?

John no había llegado a pensar del todo en la imagen que debían de estar dando; se encontraba en un limbo extraño entre la euforia de haber ganado y la total extenuación.

—Somos estudiantes de Dartmouth —respondió, con una confianza a lo John Belushi demasiado pronunciada.

—Ajá —murmuró él sin dedicarle ni un nanosegundo de su atención—. ¿Y qué llevan?

John, que lo confundió con una invitación para hablar de los logros que habían obtenido, hinchó el pecho.

—¡Ah! Pues nuestro equipamiento de *rugby*. Venimos de participar en un campeonato en Canadá y…

El agente lo interrumpió de pronto como si nada y pasó a dirigir la luz de la linterna por los asientos traseros y la zona de carga. En ese momento, Alex se despertó.

—Eh, ¿por qué nos hemos parado? ¿Y quién c****** me está apuntando con una linterna a la cara?

Y entonces, de entre el montón de bolsas llenas de pelotas, surgió la voz de Tim:

—Lo que daría por una cerveza.

De inmediato, el guardia apuntó hacia la parte trasera del auto y se llevó la mano hacia la funda del cinturón.

—¿Llevan a alguien ahí atrás?

—Ah, sí —contestó John—. A Elvis.

—¡Abandonen el vehículo ahora mismo!

Desde luego, aquella madrugada no se le podría haber puesto a ese guardia ninguna estrellita de escucha activa. Tampoco lo culpamos, considerando la hora, los peligros que entraña su profesión (y el estrés que conlleva), o el hecho de que, el día anterior, se había extendido la alarma por toda la frontera a causa de la reciente proliferación de redes de tráfico de drogas. Pero lo cierto es que en ningún momento hizo uso de todo el abanico de información verbal, vocal o visual que tenía a su disposición; se limitó a llevar a cabo un interrogatorio bastante acotado.

Estaba demasiado ocupado con todas las suposiciones que se estaba haciendo (y con su plan de seguridad) como para detenerse a recopilar cualquier pista valiosa sobre la inocencia de aquel grupo de desarrapados que tenía delante. No los evaluó bien y fue raro que no lo hiciera; por lo general, los miembros de los cuerpos de policía suelen estar bien entrenados en técnicas de escucha activa, son unos expertos en el uso de herramientas como las frases voleibol o el cuestionamiento reflexivo y llevan la empatía a otro nivel. Pues bien, Timmy, Jon, Alex y John no recibieron demasiada.

Pasemos ahora a comparar esta experiencia con otra que también tuvo Doc E hace poco. Resulta que su madre iba al médico porque llevaba un tiempo con un dolor de rodilla que había ido intensificándose progresivamente y decidió acompañarla. Su médico, el doctor Gregory Brick, es profesor de cirugía ortopédica en la Universidad de Harvard y especialista en traumatología de extremidades inferiores y reconstrucción ósea en el prestigioso hospital de Brigham and Women's, y tiene un currículo tan extenso como impresionante. Estamos seguros de que, al pensar en un académico de gran talento que vive en su torre de marfil, te imaginas a alguien excesivamente intelectual, tanto que hasta le costara verse reflejado en sus pacientes. Pues él no. En absoluto. Y, de hecho, Doc E calificó sus habilidades de comunicación como las mejores que había visto en un médico en toda su vida.

—Hábleme sobre usted.

Fue lo primero que le pidió a su madre mientras tomaba asiento, y no fue en la típica camilla de exploración cubierta de papel.

—¿Qué cosas le gusta hacer? ¿Tiene algún *hobby*, algo que le apasione?

Pasó a escuchar con atención en todo momento y fue animándola a que hablara de sus lecturas, de las tardes que dedicaba a cuidar del jardín de los vecinos, de los paseos que le gustaba dar los días nublados por la playa. Estaba genuinamente interesado. Sus palabras y su disposición —y más en medio de esta época caracterizada por las horas de consulta marcadas al milímetro y el volumen de pacientes estipulado por los directores financieros de cada clínica y, lo que es incluso peor, por las aseguradoras— disiparon de inmediato cualquier sensación de apuro, como si no hubiera límite de tiempo alguno.

—¡Qué maravilla! —exclamó—. Cuénteme más.

Un uso perfecto de las frases voleibol.

Después, esperó hasta que, a todas luces, la madre de Doc hubo contado todo lo que quería compartir con él y comenzó a hablarle de la mecánica de las rodillas y de las distintas opciones de tratamiento que se encontraban a su disposición, y no se limitó a darle instrucciones sobre cómo y hacia dónde debía ir moviendo la pierna mientras comprobaba su flexibilidad e índices de dolor.

—¿Te duele cuando tratas de sacar un plato o un vaso de un armario alto?

Lo que estaba haciendo era tratar de abarcarlo todo, de comprender los sentimientos que iban de la mano de cada explicación biomecánica, lo que es el maravilloso arte de la escucha activa. Y lo llevó a cabo a la perfección: contacto visual, aclaraciones diversas, honestidad y total empatía. Por no mencionar que ni siquiera le recomendó un tratamiento en concreto; se dedicó a describirle cada una de las opciones que tenía con sumo detalle —desde quedarse tal y como estaba hasta hacerse una reconstrucción completa de rodilla— para que pudiera tomar una decisión, y todo esto sin dejar de recordarle que la mejor iba a ser siempre la que *ella* tomara. Así pues, cuando abandonó la consulta, lo hizo sabiendo que la había escuchado, comprendido y respetado, y que, hiciera lo que hiciera, él la respaldaba.

«La naturaleza nos dio dos orejas y solo una boca para que pudiéramos escuchar el doble de lo que hablamos».

—Epicteto

MAMÁ OSA ESTÁ ENFADADA

Esta es otra historia protagonizada por una madre, aunque en este caso una totalmente diferente y que, aun así, ejemplifica a la perfección la importancia de conocer el interés subyacente de cada persona y las implicaciones que conlleva ignorar este paso o quedarse atascado solo en las posturas y problemáticas.

Habían contratado a Doc G para que llevara a cabo un curso de formación sobre conflictos que constaba de dos partes con el claustro de profesores de una escuela bastante grande. El marco de fondo de la situación era que la madre de un alumno de último curso había presentado una demanda porque decía que habían expulsado injustamente a su hijo, que quería entrar en una de las universidades de la Ivy League. Lo que la dirección esperaba en realidad era que les diera consejos generales para evitar las rabietas de parte de las familias (e incluso, cruzando los dedos, que les ayudara a revolver la cuestión legal que se traían entre manos). Apenas diez minutos después del comienzo de la primera sesión, el director, como si acabara de salir de un episodio de *Ley y orden*, decidió intervenir:

—Bueno, pero entonces ¿cómo se soluciona un conflicto cuando lo que pasa es que la otra persona está completamente loca?

Doc G pasó de inmediato a ponerse en modo escucha activa. Resultó ser que, unos meses antes, la mala suerte había querido que la profesora de Lengua Inglesa, la señora Stevens, enfermara, y en su lugar habían contratado a una sustituta, la señorita Lane. En su último día, justo antes de que la señorita Stevens volviera, los alumnos terminaron muy rápido las tareas que les había asignado (que era lo que hacía siempre, en lugar de darles clase como tal) y se congregaron en la parte trasera del aula alrededor del cabecilla de la clase, Logan. Toda la academia empezó a escuchar gritos y voces que venían de allí; era el hijo de la madre de la demanda, que estaba mostrándole a sus compañeros un video en su teléfono. La señorita Lane se dispuso a intervenir, pero, al quitarle el dispositivo, vio que se trataba de varias chicas de la academia que estaban esnifando cocaína en el baño. Horrorizada, lo apagó y ordenó al chico que fuera a la parte delantera del aula.

—El uso de cualquier dispositivo electrónico está totalmente prohibido —le dijo—. Así que queda confiscado. —Sin embargo, continuó—: Pero eso no es todo; estás acosando a esas pobres chiquillas y violando su intimidad. Eso se llama *ciberbullying*. Voy a asegurarme personalmente de que te den un castigo ejemplar por ello. Ve ahora mismo al despacho del director Adams.

El director ya había recibido el enlace del video para cuando Logan se presentó ante él.

—Esto es inadmisible —le dijo—. La señorita Lane tiene razón: lo que has hecho es acoso. Quedas expulsado de inmediato.

Fue enviado a casa a la una de la tarde. No llamó a su madre por miedo a su reacción, pero tampoco lo hicieron el director, la señorita Lane ni nadie. Y ella, que era soltera y tenía dos trabajos, no volvió a casa hasta muy tarde; Logan llevaba ya horas dormido. No obstante, tampoco le informó sobre su expulsión durante el desayuno del día siguiente ni en el posterior. Se limitó a fingir que era un día normal y se dirigió a clase como si nada. Al fin y al cabo, su anterior profesora ya debía de haber regresado y no tendría por qué haberse enterado.

Pero, por supuesto, sí lo había hecho; la señorita Lane había colgado en Facebook su relato de lo ocurrido, acompañado de varios enlaces de artículos sobre psicología forense infantil, del video de las chicas y además, por si fuera poco, de otro en el que se mostraba la reprimenda que le había echado a Logan delante de todos sus compañeros; lo había grabado uno de ellos (al que también le había requisado el teléfono).

En cuanto sonó el timbre que marcaba el comienzo de las clases, la señora Stevens lo llamó a su escritorio.

—¿Tienes la desfachatez de presentarte aquí después de lo que has hecho? En esta institución no se tolera el *bullying*, Logan, ni se tolerará nunca.

Así que tuvo que volver a presentarse ante el señor Adams, que volvió a llamarle la atención y a expulsarlo. Lo que pasó ese día, sin embargo, fue que su madre decidió regresar a casa para tomar una siesta tras el almuerzo sin saber que haría de todo menos descansar.

Logan comenzó a explicarle toda la sucesión de los acontecimientos, aunque, por supuesto, haciendo hincapié en lo poco que creía él que las chicas fueran las «víctimas» de lo ocurrido como se lo habían hecho ver: estaban presentando el consumo de sustancias como algo atractivo, y a ellas no les habían gritado, enviado al despacho del director, expulsado ni hecho responsables de ningún modo.

Su madre, entonces, hecha un furia, comenzó a arremeter contra la escuela, el distrito en el que se encontraba, los profesores y la administración en cada una de las redes sociales en la que tenía cuenta. Después, acudió a la prensa y salió en las noticias; se puso en contacto con un amigo suyo que era abogado y presentó una demanda de más de un millón de dólares. Además, cuando el consejo educativo le propuso llevar a cabo una mediación, ella se negó; en su lugar, exigió llevar a cabo una reunión con el director, la profesora y la sustituta, bajo supervisión policial, que acabó celebrándose, aunque a regañadientes, por varias partes.

De hecho, ella apareció por la puerta media hora tarde de forma intencionada y se puso a mencionar sus peticiones una por una:

- Revocar el título a la señora Stevens y despedirla.
- Prohibir a la señorita Lane trabajar como maestra sustituta en cualquiera de los centros educativos del distrito.
- Suspender la actividad del director Adams durante el resto del año lectivo.
- Que el consejo escolar publicara una disculpa formal en todos los periódicos del estado.
- Permitir que su hijo retomase las clases de Lengua Inglesa con un docente distinto o asistir a clases equivalentes en otra institución, porque «era bastante obvio que la tenían tomada con él».

- Guardar 50 000 dólares en billetes en una bolsa y dejarla detrás del gimnasio del colegio a las 2:23 de la madrugada del siguiente martes.

Te prometemos que nada de esto es broma. Hoy en día seguimos riéndonos por esa última petición. Pero bueno, volvamos a todo eso de las posturas, problemáticas e intereses.

Tal y como te estarás imaginando, la madre de Logan puso sobre la mesa una gran variedad de problemáticas con las que sustentar su postura. Estas fueron las principales:

- **Incumplimiento de protocolo.** Al no haber sido informada de la expulsión de su hijo, en ninguna de las dos ocasiones.
- **Falta de seguridad.** Ya que su hijo tuvo que volver a casa por sí solo y sin un teléfono con el que poder pedir ayuda en caso de emergencia.
- **Ausencia de juicio justo.** Su hijo recibió una «condena» de parte del director (y de la opinión pública) sin tener ningún tipo de representación ni derecho a la debida audiencia, lo que constituye una violación de la ley estatal.
- **Doble enjuiciamiento.** Su hijo fue juzgado dos veces por la misma causa.
- **Discriminación.** Apoyada en cuestiones de género. La prueba: la publicación de la profesora sustituta en redes sociales, al hacer referencia al «delito» mediante la frase «los chicos siempre serán chicos», mientras que las jóvenes del video, pese a estar consumiendo cocaína, quedaban impunes.
- **Falta de ejecutabilidad.** Su hijo había completado las tareas asignadas, e incluso el trabajo extra que le mandaban en clase, y no había recibido directriz extra alguna, lo cual le concedía libertad implícita. A diferencia del consumo de drogas, que es un delito grave.

El encuentro no evolucionó hacia nada parecido a una negociación; se vino abajo a los pocos minutos. Los representantes de la escuela se centraron en las cuestiones que creían que podían abordar. El director y la profesora sustituta se retractaron y aceptaron hacer la disculpa pública, además de expulsar a las chicas y presentar el caso a las fuerzas policiales. Sin embargo, no fue suficiente para aplacar la ira de la madre de Logan, que se marchó y el conflicto se intensificó.

Durante la conversación con los miembros del claustro, Doc G aprovechó la oportunidad para ayudarles a hacer la evaluación del conflicto. Todos consideraron que la madre de Logan era una competidora. Decían que estaban siendo todo lo directos que podían y daban por hecho, tomando sus palabras al pie de la letra, que ella también. Pasaron entonces a repasar sus acciones según la lista de los cuatro factores elementales.

—¿Con cuál de los Go-To estamos lidiado? —les preguntó.

—¡Con el del competidor! —respondió la gran mayoría.

—¿Y qué partes de su comportamiento nos indican eso?

—Está siendo *muy* agresiva —contestó uno de los miembros del consejo escolar.

—¿Y qué más?

Se quedaron mirándolo en silencio. Esperó. Nadie dijo nada más.

—Recordemos que no se puede dibujar una única línea recta que conecte todos los puntos de un gráfico.

—Oh, espera —intervino otro de los miembros del consejo—. Lo tengo apuntado todo. Sí, aquí está: modo, momento, tono y rumbo. ¿No es así?

El grupo captó la idea enseguida y comenzó a repasar los puntos uno por uno:

—Está en todas las redes sociales.

—No tardó nada en ponerse a redactar esa demanda ridícula.

—Si es que arremete contra todo el mundo: contra sus vecinos y hasta contra los perros de sus vecinos.

Hubo una risita de fondo.

Entonces, el segundo miembro del consejo que había hablado dijo:

—¿No significaría entonces que es una colaboradora?

¡Bingo! La fachada del competidor era una cortina de humo que se estaba apoyando en su postura y en las problemáticas que estaba presentando. Los colaboradores tienden a hacer eso: ocultan su interés principal o lo eluden para tratar de mostrar una intención diferente. No son francos con lo que en realidad buscan y se aferran a las distintas problemáticas: encuentran muchísimas, las exageran, las convierten en grandes problemas y luego se inventan otros nuevos. El hecho de que acabara pidiendo dinero fue la señal más evidente de que se trataba de una colaboradora; era algo que no tenía nada que ver con la situación ni con el resto de peticiones que había hecho. Los competidores, por su parte, no enredan las cosas y tratan de complicarlas lo menos posible; van directos al grano.

A pesar de que la situación se había manejado muy mal, dar un paso atrás para aplicar la lista de los cuatro factores fue, para ellos, un soplo de aire fresco. De hecho, suele ocurrir con la mayoría de los conflictos: independientemente de la forma en la que haya escalado un conflicto, pese a cualquier metedura de pata que se haya podido hacer, tener un momento para evaluar y comprender de manera adecuada a las personas implicadas puede hacer que las tornas cambien por completo.

Así pues, una vez que el claustro supo cuál era el perfil de personalidad al conflicto de la mamá osa (y su detonante, aunque fuera obvio), la siguiente incógnita era profundizar en los porqués de su postura. Al no tenerla a ella presente, lo único que Doc G pudo hacer fue intentar proponer casos inventados para poner en práctica las estrategias que te hemos presentado en este capítulo. No obstante, teniendo en cuenta el asunto de la demanda, ninguno parecía tener demasiadas ganas de quedarse de brazos cruzados, así que acabó siendo una experiencia bastante estimulante. Y se les dio de maravilla identificar el factor atípico en cada caso y cómo emplear la escucha activa para lograr averiguar de dónde surgía y por qué.

Damos por hecho que no has tenido el lujo de haber participado en la conversación que mantuvieron con la madre de Logan y que, por lo tanto, no tuviste acceso al lenguaje verbal y visual que se empleó. Aun así, intenta ponerte en situación: échale un vistazo de nuevo a la lista de peticiones que hizo e intenta no juzgarla; deshazte de tus propias opiniones e imagínate que eres ella, una persona que lo único que desea es lo mejor para su hijo. ¿Eres capaz de identificar el factor atípico, sabiendo que los colaboradores siempre van a tratar de rellenar la escena con distractores y que siempre están en busca de una solución colaborativa que priorice a su grupo por encima de sí mismos?

Retomar las clases de Lengua Inglesa; esa es la única de las peticiones, de entre el resto de problemáticas que conforman la cortina de humo, que estaba dirigida al trabajo en grupo (más o menos) y a encontrar una solución colaborativa (en este caso, para Logan).

Lo que acabó logrando Doc G fue *animar* al claustro y a los miembros del consejo, ya que pasaron a tener una nueva misión, una mucho más positiva: la de comprender las motivaciones que había detrás de la petición de que Logan pudiera retomar las clases de Lengua Inglesa.

Como el curso de formación coincidía justo con las vacaciones de otoño y primavera de los profesores, Doc G tuvo que esperar unos meses para impartir la segunda parte. Aun así, entre una sesión y otra, se enteró de que se había retirado la demanda.

—Bueno, cuéntenme —les dijo en cuanto volvió a reunirse con ellos—. ¿Qué ha pasado? Quiero los detalles.

—¡Nos vino de maravilla usar las técnicas de escucha activa! —comenzó uno de los participantes—. Conseguimos que la madre de Logan cambiara completamente de parecer y lo descubrimos todo. La cuestión era que varias universidades habían ofrecido becas a Logan. ¡Hasta Yale! ¡Y al parecer eran de casi trescientos mil dólares! Pero, claro, para que te las concedan, se debe mantener un promedio bastante alto hasta fin de curso. Y ¿qué pasa? Pues que a Logan no le caía bien su profesora de Lengua (exacto, la señora Stevens) y no estaba obteniendo los resultados requeridos. Su madre lo había pensado bien: sabía que no iba a despertar mucha simpatía si se quejaba en Twitter diciendo que la profesora era la culpable de que su hijo no consiguiera la beca de la Ivy League porque le había puesto un notable cuando se merecía un sobresaliente. El tema de la expulsión le venía mejor. Para ella, montar un escándalo mediático escabroso era coser y cantar.

O sea que lo que mamá osa quería era, nada más y nada menos, que su pequeño hijo osezno sacara buenas notas en su último curso. Y, claro,

¿habría tenido éxito si la policía hubiera despedido a todos los implicados, publicado un artículo en *Hard Copy* en el que se denunciara a los institutos que se saltan los derechos constitucionales, erigido una estatua de bronce de Logan en el centro y, además, entregado una bolsa con ciento cincuenta mil dólares? Evidentemente no. Nada de eso habría servido para satisfacer su interés subyacente: que su hijo recibiera un billete de ida directo a la Universidad de Yale.

—¡Qué maravilla! —exclamó Doc E—. ¿Y cuál es la situación ahora?

—Pues le comentamos al director lo que realmente quería y, literal, al día siguiente se presentó en su despacho y acabó estrechándole la mano, decidida a retirar la demanda a cambio de que dejara que Logan hiciera el examen de Lengua Inglesa y terminara el semestre con otro profesor.

Esperamos que nunca tengas que enfrentarte a una mamá osa como ella, pero, de ser así, o si te descubres en medio de un conflicto que suponga una maraña de posturas y problemáticas, tanto verdaderas como inventadas, recuerda que la escucha activa es tu as bajo la manga. Asegúrate de usarlo para cerrar de golpe el grifo por el que se te escapan tiempo, dinero y energía en conflictos que se prolongan demasiado y que se estancan en detalles intrascendentes, cortinas de humo y distracciones.

Y, sobre todo, no olvides escucharte a ti mismo. Tú también puedes llegar a quedar atrapado en tus propias posturas y problemáticas. Te aconsejamos que te rodees de personas que, al igual que Doc E con su compañeros y entrenadores de *rugby*, se esfuercen por implementar la escucha activa, que estén atentos a tus necesidades y que quieran ayudarte a alcanzar tus anheladísimos intereses subyacentes. Al fin y al cabo, todos somos humanos y acabamos metiéndonos en situaciones problemáticas.

Si no tienes nada más que hacer antes de pasar a la siguiente página, detente un segundo para identificar a las personas de tu círculo más cercano que emplean la escucha activa y pídeles que, la próxima vez que te descubran atrapado en un conflicto, la empleen también contigo; apóyate en ellos y deja que te ayuden a volver a centrarte y a poner en práctica todo lo que estás aprendiendo con este libro.

ES UNA CALLE DE DOBLE SENTIDO

Imagínate que una conversación se sale de su curso natural y surge un malentendido; procedes entonces a explicar tu punto de vista y, aun así, la otra persona no lo entiende.

—¿Pero cómo puedes pensar ______________?

Se lo tratas de explicar una segunda vez. Y luego una tercera. Nada.

—No entiendo cuál es el problema —dices—. Creo que estoy siendo bastante claro.

De pronto, la conversación comienza a irse hacia lo personal.

—No, no es así. Estás yéndote por las ramas. Me da la sensación de que estás tratando de darle la vuelta al tema porque, si no, no hay forma de defender tu postura.

Ajá. Lo que estaba siendo un debate amistoso de pronto se convierte en un ataque. ¿Cómo hemos llegado hasta aquí?

Bien. En líneas generales, este tipo de conflictos comienzan de manera involuntaria. Puede ser que estuvieras tratando de explicar el porqué de tu postura (y, para ello, apoyándote en las distintas problemáticas para defenderla), manteniéndote alejado del contexto que englobaba tu interés subyacente, o que la otra persona no estuviera prestándole atención a ese interés. Y ninguno lo ha hecho con mala intención. No obstante, ser incapaz de llegar al interés de la otra persona ha acabado creando un problema que, al final, se ha ido intensificando. Por lo tanto, necesitas regresar al punto de partida.

No importa si la situación se ha salido de su cauce por accidente, si ha sido un acto inocente o si fue consecuencia de una reacción un tanto menos ética de lo normal; deben llegar a un punto en común en el que ambos puedan descubrir cuál es el interés subyacente de la otra persona y darle un vuelco a la conversación para encontrar el camino en el que ambos puedan satisfacer sus intereses. A veces, solo necesitas las herramientas que te hemos dado hasta ahora. Sin embargo, en otras, como veremos en el próximo capítulo, necesitas un kit especializado para mitigar las emociones que restallan cuando los conflictos escalan…

4
Mitigar emociones

Durante más de cuarenta años, el actor Christian Bale ha tenido una carrera sólida y polifacética; de hecho, en cierto punto de su trayectoria, *Forbes* lo consideró el actor más aclamado de Estados Unidos. Él, por su parte, dice ser el hombre más afortunado del mundo. ¿El más humilde? Sin duda; mantiene uno de los perfiles más discretos y reservados de todo Hollywood. ¿Afortunado? Pues lo cierto es que no es el adjetivo que usaríamos nosotros para describir su éxito.

Christian Bale ha tenido que transformarse físicamente tantas veces —desde asesino en serie (en *American Psycho*) a superhéroe (como Batman en la trilogía de *El caballero oscuro*) o de prisionero de guerra (Dieter Dengler en *Rescate al amanecer*) a vicepresidente (Dick Cheney en *El vicio del poder*)— hasta tal punto que la crítica ha llegado a catalogarlo como «el actor más versátil de la historia». Por ejemplo, basta con tener en cuenta el autocontrol que se necesita para perder o ganar hasta treinta kilos de peso a voluntad entre un papel y otro; durante cuatro meses, tuvo que limitarse a comer nada más que una lata de atún y una manzana al día, sin saltarse ni uno, para poder encarnar a Trevor Reznik en *El maquinista,* y engordó hasta resultar casi irreconocible para interpretar a Cheney. Su historial de compromiso absoluto con los personajes ha recibido 76 premios y 196 nominaciones en cine y en televisión. Puro talento. El control que tiene tanto sobre su cuerpo como sobre su mente es impresionante.

Aunque, sobre todo, ha destacado siempre por el nivel de anonimato al que se ha ceñido durante toda su carrera, ya que lograr eludir la atención del público en un mundo que es una burbuja, con paparazzi en cada esquina y en el que incluso bajar a por un brik de leche —por muy oscuras que sean las gafas de sol que te pongas— se puede convertir en la portada de una revista. Por lo tanto, no es de extrañar que una grabación de audio, que se filtró en redes sociales y en la que perdía por completo los estribos, causara un gran impacto.

Fue en febrero de 2009, tres meses antes de que se estrenara *Terminator: la salvación*. Pretendían que fuera el taquillazo del verano. De hecho, los directores del estudio esperaban que sirviera para revitalizar la franquicia de *Terminator*, que llevaba un tiempo decaída. No obstante, la producción tardó mucho más de lo previsto en ponerse en marcha. Hubo varias idas y venidas, las diferencias creativas entre los productores provocaron problemas en la selección del reparto por falta de grandes estrellas y, aparte, de un momento a otro y sin previo aviso, Jonathan Nolan, el galardonado guionista, abandonó el proyecto. Fue entonces cuando tuvo lugar la pesadilla mediática.

> *Te quiero fuera del j*** estudio ahora mismo, pedazo de imbécil.*
>
> *¡Párate a pensar en lo que lo que estás haciendo durante un j*** segundo!*

~~~

> *¡Por Dios, hombre, eres un aficionado...!*
>
> *Esta es ya la segunda vez que... no te importa una m***** lo que está pasando delante de la cámara ¿Quiero que entiendas que no puedo concentrarme en la escena si te pones a hacer eso? Vete del j*** estudio de una vez.*
>
> *Es que no te creo. ¡La p*** verdad es que no te creo!*
>
> *Te pienso dar una patada en la p*** boca como no la cierres un segundo, maldita sea.*
~~~

Casi se podía sentir el vapor saliendo de las orejas de Bale y cómo se le ponía la piel de gallina, pero él seguía y seguía y seguía…

*¡Estás arruinando la escena! ¡Vuelve a hacer eso y te juro que no vuelvo a pisar este j*** estudio si sigues contratado!*

¡Lo digo en serio!

¡Aquí se acaba nuestro trabajo juntos!

Sí, justo cuando la prensa promocional positiva era primordial, se filtra un audio de más de doce minutos de Christian Bale perdiendo por completo la cabeza: el maestro de la compostura en pleno colapso, y todo grabado.

Resulta que mientras se encontraban grabando en Nuevo México, el director de fotografía, Shane Hurlbut, cruzó el set en mitad de una toma… justo por delante de la línea de visión de Bale. Al parecer, no era la primera vez que lo hacía, así que acabó estallando. Además, se encontraba justo intentado canalizar su ira interior: se trataba de una escena de gran confrontación, en la que interpretaba un papel que le apasionaba y por el que se había dejado la piel para resucitarlo tras los innumerables contratiempos en la producción. Por no hablar de que había estado encadenando varias semanas de jornadas de dieciocho horas, ya que el rodaje se estaba saliendo del presupuesto y el equipo entero estaba ansioso por terminar la película y hacerlo de la mejor manera posible.

Y todo el mundo habría podido entender cómo se sentía, empatizar con él e incluso justificar su comportamiento sin problema. ¿Quién no tiene un mal día en el trabajo?

Pero se trataba de Christian Bale.

La grabación se hizo viral y, tanto la crítica como sus fans, acabaron sacando la situación de contexto hasta límites insospechados. Fue entonces cuando, mortificado por lo sucedido, y pese a todos los esfuerzos que había hecho a lo largo de su carrera por mantenerse alejado de los medios, se presentó en la cadena de radio KROQ de Los Ángeles. Durante toda la emisión, se mantuvo arrepentido y asumió plena responsabilidad de sus actos. «No tengo excusa», dijo. «Perdí completamente los estribos, y les digo que no hay nadie que haya escuchado esa grabación que esté más asombrado y sobrecogido que yo. Lo único que me ha molestado de todo esto es que he visto a mucha gente decir que me creo mejor que nadie, y nada más lejos de la realidad. Me considero un hombre afortunado. Es algo que siempre tengo en mente; por eso pongo tanto empeño en lo que hago, por eso le doy siempre tanta importancia y por eso, a veces, es posible que mi afán se acabe desbordando».

No obstante, el daño ya estaba hecho. La oleada de comentarios negativos hizo mella en los ingresos en taquilla de la película y recibió numerosas malas críticas. De hecho, por irónico que pueda parecer, el arrebato de Bale acabó siendo lo más memorable de toda la producción.

Y es justo eso lo que debemos hacer: recordarlo. Porque si ni siquiera uno de los actores más comedidos y tranquilos del mundo es capaz de controlar sus emociones cuando algo le impide concentrarse, ¿qué podemos esperar del resto de mortales que nos rodean cada día y de… nosotros mismos? Por desgracia, solemos mantener esa expectativa, incluso sin darnos cuenta. Varias investigaciones han demostrado que nuestro subconsciente interpreta el comportamiento de las demás personas a través de una lente «racional»; es decir, que creemos que las palabras y acciones de los demás están siempre guiadas por la razón. Porque, por lo general, no nos detenemos en mitad de una interacción y nos preguntamos: «¿Es posible que haya algún tipo de emoción que pueda llegar a hacer que la persona que está ante mí estalle?». Dicho de manera coloquial, lo que esperamos es que la gente use la cabeza. Incluso cuando está bajo presión; incluso cuando se le insiste, cuando se le exige en exceso y cuando se encuentra en situaciones de estrés.

En el trabajo, mientras tu equipo se deja la piel para llegar a una fecha de entrega porque todo lo que podía salir mal ya ha salido mal, sigues exigiendo a tus compañeros que tomen decisiones como si no hubiera un desastre inminente, como si todo fuera viento en popa a toda vela; sigues dando por hecho que sus pensamientos seguirán una línea racional. Sin embargo, precisamente en esas situaciones es cuando más probabilidades hay de que nuestros sentimientos acaben superando la razón, tanto la nuestra como la de los demás. Bale, en ese momento, tenía la responsabilidad de intentar recuperar los doscientos millones de dólares de inversión que habían perdido. Para nada había presión. El mundo entero esperaba que actuara —en sentido literal y figurado— como si no fuera nada; eso era lo que le habían encomendado. Y él esperaba lo mismo tanto del resto del reparto como del equipo: que hicieran su papel a la perfección incluso bajo presión. No eran expectativas razonables.

Cuando nos agobiamos porque las cosas no están saliendo como esperábamos o como deseábamos, nuestra corteza cerebral (la parte de nuestro cerebro que emplea la lógica) entra en conflicto con la amígdala (que es la encargada de controlar emociones como el miedo, la ira, el nerviosismo, la impaciencia y la frustración). Dicho rápido y pronto: la razón y los sentimientos no se llevan bien.

Es la paradoja definitiva del ser humano: en el momento en el que más necesitamos apoyarnos en la razón es cuando menos capaces somos de recurrir a ella —sobre todo, si estamos manteniendo una interacción— y, encima, presuponemos que a ninguna de las personas que nos rodea le ocurre lo mismo. He ahí el verdadero problema. Y la oportunidad. Si logramos identificar aquellas ocasiones en las que nuestra propia suposición sobre la racionalidad de los demás está, como se suele decir, «viéndonos la cara de idiota» y nos centramos en aplacar la emoción que subyace, el índice de éxito a la hora de solucionar un problema aumentará. Y por mucho que nos guste regodearnos en la creencia de que somos una especie altamente evolucionada, capaz de llevar a cabo análisis complejísimos, en realidad somos criaturas emocionales que cometen errores y que dedican la mayor parte del tiempo a filtrar información, y a veces de manera inconsciente: a través del prisma de nuestros sentimientos.

EL EJE CENTRAL DE LA RESOLUCIÓN DE PROBLEMAS

Nunca hemos querido decir que las emociones sean nuestro talón de Aquiles. En absoluto. Las emociones son el alma de la creatividad, de la conexión, de la invención, de la perseverancia y del altruismo; es el lugar de nacimiento de la motivación. La clave para solucionar los conflictos es comprender que la razón y las emociones utilizan vías neuronales diferentes; intentar combinar ambas de manera simultánea durante una situación de tensión es como querer salir de Manhattan en hora pico un viernes por la tarde: se crean atascos por doquier. La capacidad de resolver problemas radica en desenredar cada una de ellas.

> «Las emociones pueden llegar a ser nuestras mayores enemigas; si te dejas llevar por ellas, te pierdes a ti mismo. Debes estar en armonía con tus emociones, porque el cuerpo siempre acaba siguiendo el camino de la mente».
>
> **—Bruce Lee**

Imagínate a un niño que se encuentra en el jardín, en un bonito día de verano, jugando a sus anchas en un arenero. Ha colocado los cochecitos que ha construido con cajas de cerillas en fila, con total meticulosidad, y está construyendo un castillo de arena que sirva de aparcamiento imaginario. Su mente de ingeniero está absorta por completo y, si nadie lo molestara, podría mantenerse así hasta bien entrada la noche. Sin embargo, se acerca la hora de la cena; tienes que bañarlo, darle de comer y llevarlo a la cama. Oh, oh... Ya vas viendo hacia dónde va esto: el espectáculo de artes marciales de cada noche: patadas, gritos y lamentos mientras los cochecitos caen por todos lados como misiles.

Desde luego que obligarlo a salir del arenero, llevarlo de vuelta a casa casi a rastras y meterlo en su silla alta no es la mejor opción; si sigues esa vía, hay cero posibilidades de que todas las verduras que hay en su plato acaben en su estómago. Tampoco servirá de nada que te pongas a recitarle todos y cada uno de los beneficios que nos concede un buen sueño reparador. Aun así, ambos pertenecen al tipo de procedimientos que solemos seguir al atravesar circunstancias complicadas o al enfrentarnos a personas complicadas: tratar de llegar de inmediato a una solución (por ejemplo, sentando al niño en la mesa) o tratar de abordar la problemática en sí (por ejemplo, sermoneándolo). Aunque también hay otro tipo de procedimiento común: «Si no entras a casa *ahora mismo*, te tiro los cochecitos a la basura». Sí, los adultos que se enfrentan a situaciones de tensión tienden a recurrir a las amenazas.

Y lo cierto es que creemos que es una forma de reacción bastante deplorable. Tener este impulso de soltar críticas y ultimátums nos pone en una situación semejante a la de Christian Bale; termina afectándonos a todos. Este tipo de reacciones aparece cuando la tensión que se acumula en una interacción se dispara antes de que podamos manejarla, cuando la irracionalidad de la otra persona nos saca de quicio y la propia emerge, y también cuando nuestros sentimientos se entremezclan con nuestros esfuerzos por razonar; es ahí cuando podemos decir que un desacuerdo se ha convertido en una disputa en toda regla. Entonces, necesitamos alejarnos un tanto y tratar de hacer borrón y cuenta nueva; al igual que nuestros hijos, nosotros también necesitamos tener nuestros momentos de desconexión.

Por otro lado, los otros dos tipos de formas de encarar circunstancias o personas complicadas, a pesar de resultar igual de inefectivos como primer paso, se fundamentan en buenas intenciones. Al fin y al cabo, son pocas las personas a las que les gusta la perspectiva de verse metidas en un conflicto; preferimos cortarlos de raíz. Además, suelen ser contratiempos que entorpecen el funcionamiento de la maquinaria bien engrasada que hace funcionar nuestro trabajo, nuestro equipo y la oficina. Estamos seguros de que tienes tu propia rutina, un plan para ir completando las distintas tareas pendientes de cada día y, por lo general, que se vea interrumpido es molesto —en el mejor de los casos—, pero también puede llegar a ser potencialmente catastrófico si, por ejemplo, obstaculiza el ritmo que hemos alcanzado con esfuerzo en un proyecto decisivo para nuestra trayectoria profesional.

Es humano querer solucionar los problemas de inmediato; cuanto antes podamos resolver una disputa, antes podremos volver a centrarnos en nuestras prioridades (o antes podremos dar por terminada nuestra jornada). De ahí que tendamos a buscar soluciones inmediatas en lugar de tomarnos un tiempo para observar lo que realmente está ocurriendo entre las partes implicadas, incluidos nosotros mismos. Puede parecer contradictorio, pero darnos una pausa para intentar rebajar nuestras emociones, evaluar la situación y actuar con mayor precaución te ahorrará mucho más tiempo a largo plazo, porque lograrás evitar que los conflictos escalen y, por lo tanto, proliferen.

En nuestras charlas, durante ya más de una década, hemos realizado una encuesta con los participantes en su primer día. «¿Cuándo se deben solucionar los problemas?». La inmensa mayoría (casi el 90 %) responde:

«Cuanto antes». Y, después, al enfocar la misma pregunta a la resolución de las discusiones, son nueve de cada diez los que opinan lo mismo. Este hallazgo se ha ido replicando en innumerables encuestas, tanto entre los trabajadores de distintas empresas como entre los miembros de las juntas directivas; a la hora de enfrentar situaciones de tensión, mantenemos un sesgo inherente hacia la resolución inmediata del conflicto en lugar de establecer el enfoque en su base.

La consecuencia de esto se conoce en la jerga de la psicología organizacional como *armonía artificial*: lo único que se consigue al apresurarse a buscar soluciones es que se resuelvan los problemas superficiales. Alcanzar una solución, ver cómo se disipa un problema, tachar un punto de la lista, nos hace sentir bien; todo el mundo vuelve al trabajo y el río regresa a su cauce. O eso parece. Sin embargo, lo más probable es que se haya pasado por alto la cuestión principal y que las emociones permanezcan latentes.

¿Alguna vez te has ido de acampada? ¿Has tenido ocasión de sentarte alrededor de una hoguera a comer *s'mores*[*], dulces y pegajosos? Pues esperamos que hayas seguido las indicaciones del Oso Smokey[†]. La principal causa de incendios forestales son las hogueras y cigarrillos que no se han apagado correctamente. Muchas veces se echa tierra sobre la pila de leña y, aunque las llamas se apagan, las brasas siguen ardiendo por debajo y pueden llegar a prender de nuevo y a extenderse hacia los árboles y la maleza que las rodea y, puff, todo el bosque paga las consecuencias.

La premura a la hora de tratar de resolver un conflicto es el verdadero enemigo de las relaciones duraderas y sanas. Al igual que lo es centrarse solo en los problemas de la superficie. En ambos casos se pasan por alto

---

* *N. del T.*: Los *s'mores* son un tipo de dulce muy popular en Estados Unidos y Canadá que consiste en un malvavisco tostado y una onza de chocolate que se coloca entre dos trozos de galleta Graham. Es típico consumirlo durante las fogatas nocturnas de las acampadas.

† *N. del T.*: El Oso Smokey (o Smokey Bear en inglés) es un personaje publicitario estadounidense que, desde la década de los cuarenta, protagoniza las campañas de prevención de incendios forestales.

las emociones. En esto, puede ser de ayuda recordar el ejemplo del niño del arenero: no lograríamos calmarlo ni con una presentación de PowerPoint repleta de estadísticas. Tratar con personas complicadas no se diferencia demasiado de intentar negociar con un niño de dos años que está teniendo una rabieta (incluso a veces puede ser lo mismo); de poco servirán la lógica, la sensatez o la planificación racional si no logramos mitigar las emociones antes. Cuando te encuentres en el patio con tu hijo, la única esperanza que tendrás de evitar que escale el problema será encontrar la manera de calmar su pico emocional o, si tienes mucho talento, entrar directamente al arenero y tratar de evitar incluso que estalle.

> «Si me dieran solo una hora para salvar el mundo, dedicaría cincuenta y nueve minutos a definir el problema y solo uno a encontrarle solución».
>
> **—Albert Einstein**

Así pues, el primer paso para afrontar los conflictos es abrir una válvula de escape, desahogarse y permitir que la presión se vaya diluyendo, tanto para ti como para los demás. Recuerda el punto clave de este capítulo: la razón y las emociones no funcionan bien juntas. Debes ayudar a las personas que te rodean a regular sus emociones para que puedan regresar al reino de la razón.

Por suerte, disponemos de nuestro kit de herramientas para ajustar emociones, que cuenta con cuatro técnicas muy eficaces que te permitirán mitigar sentimientos y desplazar el procesamiento cognitivo de la amígdala, que es ultrasensible, al centro del córtex, maduro, refinado y reflexivo.

LA TÉCNICA DE LA VOZ

Poco después de que Doc G obtuviera el título de mediador, le asignaron un caso de divorcio. Se trataba de una pareja bastante normal… salvo por un detalle llamativo: el marido medía un metro ochenta y pesaba casi ciento cuarenta kilos. Y no es que estuviera gordo: parecía el mismísimo Increíble Hulk. De hecho, dependiendo de la luz, daba la sensación de que su piel tenía cierto tono verdoso. Y parecía que podía atravesarte con la mirada.

Para su dinámica familiar particular, nuestra política de mediación exigía, en primer lugar, reunirse con ellos en habitaciones separadas. Primero fue a hablar con la mujer, que era quien había solicitado el divorcio, y le preguntó qué le gustaría que ocurriera con él.

—Ya no siento nada por mi marido. Quiero que sigamos con nuestras vidas y que pudiéramos dividirlo todo a medias, pero, si no es posible, también me gustaría saber qué opina él.

Ella se veía calmada y no pedía nada fuera de lo común. Doc G se dirigió a la otra habitación para hablar con el marido. Este perdió la cabeza por completo. Comenzó a gritar que lo que le había dicho su mujer era mentira, que aún la quería y que en realidad no deseaba divorciarse. Él le pidió, con voz suave, que dejara por escrito y en orden cronológico, todo lo que había ido pasando desde que su mujer se había marchado de casa y solicitado el divorcio. Al enfocarse en eso, consiguió calmarse.

Tras volver a reunirse con su mujer, le contó lo que le había dicho.

—No es nada personal —comenzó a explicar—. Es solo que he descubierto que no me gustan los hombres. Llevo ya tiempo sin sentirme atraída por ninguno, y hace dos años conocí a una mujer; estamos juntas desde entonces. Y enamoradas.

Doc G regresó junto al marido, le reveló la información y él volvió a estallar; esta vez, incluso con un volumen mayor de voz:

—¡Sí, claro! ¡No me creo que esté con otra persona! ¡Me estás mintiendo!

De nuevo, Doc G puso en práctica las estrategias de este capítulo para calmarlo y volvió a reunirse con la mujer. Le preguntó si su marido no sabía nada sobre su relación.

—¡Pues claro que sí! —rio—. No se lo hemos ocultado a nadie. Si hasta nos hemos acostado los tres varias veces. —Y entonces, con tono casual, mencionó que su marido mezclaba esteroides con metanfetaminas. A lo que, con toda su inocencia, añadió—: Quizás tenga algo que ver eso con que ahora no se acuerde o con que no esté actuando de forma racional.

Ah, ¿sí? ¿Tú qué crees?

Así que, de nuevo, Doc G fue hasta la otra habitación.

Comenzó a hacerle preguntas sobre lo que le acababan de contar, pero antes de pedirle una aclaración, el marido agarró la mesa —de casi dos metros y medio de largo— y la lanzó contra la pared. Tras apartarse por instinto, Doc G devolvió la vista al lugar que había estado ocupando hasta entonces, en el que ahora solo quedaban tornillos. Decidió que ya era hora de probar algo distinto.

No es necesario que tengas una relación estrecha o duradera con alguien para lograr conectar con él y establecer cierto nivel de confianza; lo único que necesitas es mostrarle que se encuentran al mismo nivel. Y eso comienza con el tono de voz. Dar gritos es agotador, tanto física como mentalmente, y, de hecho, por lo general, no podemos mantenerlo demasiado tiempo. Además, cuando nos encontramos envueltos en una espiral emocional, siempre tratamos de recuperar el control. Por lo tanto, si tú se lo proporcionas a la otra persona, aunque sea de forma mínima —por ejemplo, ofreciéndole una silla para que se siente o una taza de café, o simplemente escuchando sus quejas—, acabará por ablandarse.

Al comparar ambos hechos, hemos descubierto que es casi imposible que alguien mantenga un volumen de voz mucho más alto que el de otra persona durante más de sesenta segundos. Esto es porque estamos condicionados a adoptar posturas y patrones de habla congruentes; es un mecanismo de defensa. Cuando nos enfrentamos a alguien, nuestro cerebro está programado para captar sus gestos y repetirlos como un mimo. Entonces, si te encuentras en medio de una discusión acalorada y comienzas a bajar tu voz varias octavas, descubrirás que la otra parte no tardará en emplear un tono semejante. Esta es la esencia de la técnica de la voz.

Los pasos para ponerla en práctica son bastante directos:

1. Emplea un lenguaje corporal que transmita serenidad. Por ejemplo, usa movimientos de mano suaves y que te hagan parecer cercano. Ve asintiendo de vez en cuando, aunque no demasiado rápido ni de forma exagerada, y respira profundamente por la nariz y dirige el aire con calma hasta el estómago.

2. Mantén el contacto visual. Si miramos hacia abajo, dará la sensación de que no estamos siendo sinceros y, si miramos hacia arriba, parecerá que

no estamos seguros de lo que vamos a decir o que aún estamos buscando cómo responder. Al mantener la mirada fija en los ojos de la otra persona, le damos confianza y le trasmitimos sensación de comodidad; mostramos que tenemos la situación controlada y que no nos intimida.

3. Procede a hacer una pregunta que sea válida con un volumen de voz bastante más bajo que el de la otra persona y de forma más lenta. Lo más probable es que, si está alterado, no te oiga y tenga que pedirte que lo repitas. Es justo lo que buscamos.

4. Con paciencia, continúa con estos tres pasos hasta que la voz de la otra persona empiece a coincidir con la tuya.

Al rebajar el volumen y el tono de voz de otra persona consigues al mismo tiempo rebajar el nivel de sus emociones. También puedes utilizar esta técnica con otros patrones de habla positivos. Por ejemplo, si empleas un patrón de pausa para ir eligiendo cada palabra, es probable que la otra parte también empiece a hacerlo, lo cual se convierte en otra manera de aportar raciocinio a la ecuación. Aunque te advertimos de que esto no funcionará si la otra persona es demasiado reservada; en ese caso, deberás validar su ego. Pídele su opinión y, recuerda, hazlo en un tono bajo y pausado. Esto tampoco funcionará, aparte, con alguien que se encuentre bajo los efectos del alcohol o de alguna droga. Por suerte, mientras Doc G lo entrevistaba, el marido no estaba drogado; era solo que tenía una fuerza descomunal. No obstante, en caso de duda, haz una pausa para comprobar si hay o no algún tipo de sustancia implicada.

De vuelta en la sala de mediación, Doc G tomó aire con fuerza, lo mantuvo en el estómago y dijo:

—Está bien.

Después, caminó hasta alcanzar la mesa, que estaba tirada de lado, y la puso derecha. Colocó una silla en uno de los lados para que se sentara el marido y después puso otra para él. Mientras lo hacía, mantuvo una sonrisa sutil y, tras asentir, volvió a hablar con su tonto más agradable:

—De acuerdo. Continuemos entonces. ¿Te importaría que hablemos del tema de la hipoteca?

Le estaba dando un momento de respiro y lo combinó con la técnica de la voz. Al cabo de un rato, volvió a hablar del divorcio y en todo momento empleó lo que se conoce de forma amistosa en los juzgados de Texas como «voz de Matthew McConaughey». Al cabo de una hora habían llegando a un acuerdo… ¡y el marido también había pasado a hablar como Matt McConaughey!

LA TÉCNICA DE VALIDACIÓN

Por definición, cuando alguien se encuentra en medio de una disputa, suelta todo lo que se le pasa por la cabeza. Es fácil tacharlo de «vómito verbal», así como considerar tonterías las afirmaciones que nos parecen egoístas, excesivamente emocionales o poco racionales. Intenta resistir ese impulso. ¿Que por qué? Pues porque las personas que se encuentran en una situación de exaltación tienen la necesidad de contar algo; si no fuera así, no insistirían tanto en hablar. Lo que pasa es que la forma en la que lo hacen, dejando que sus sentimientos manchen los argumentos que emplean, acaba siendo infructuosa. Y es posible que la mayor parte de las cosas que salen de sus labios sean mentira, pero, entre tanta palabrería, compartirán lo que los afecta de verdad.

Estos son los pasos para utilizar la técnica de validación, que te ayudará a revertir el impulso:

1. Deja que la otra parte suelte sapos y culebras por la boca. Sí, has leído bien. No la interrumpas ni trates de cortarle la diatriba. Por muy desagradable, incómodo y excesivo que pueda llegar a resultar, y por muchas mentiras o críticas que esté diciendo, permite que lo haga.

2. Recopila información a medida que la va «compartiendo». Mantente tranquilo; repasa todo lo que dice, toma nota de la postura que mantiene y trata de descubrir su interés subyacente. Recuerda que suele estar enterrado en medio del parloteo; nadie te lo va a servir en bandeja de plata. Mientras, deja que el resto de lo que dice te entre por un oído y te salga por el otro.

3. Te puede llegar a parecer que las personas implicadas en una discusión no tienen fin, pero créenos: acabarán llegando a un punto en el que necesitarán hacer una pausa. Espera a que ocurra, pero, cuando lo haga, no trates de desmentir nada de lo que hayan dicho ni des tu opinión. Este es el momento que estás esperando: aprovéchalo para devolverles todo lo que has escuchado; en especial, lo referente a lo que les importa de verdad.

Siguiendo con nuestra analogía del niño —por muy explotada que la tengamos ya—, no es ningún secreto decir que la mejor forma de conseguir que se vaya a dormir es dejar que corretee por todas partes. ¡Que se agote! Pues la técnica de validación es la versión adulta de esto mismo. Deja que la otra persona suelte toda la ira que tiene acumulada; una vez lo haya hecho, su depósito se agotará, la marea emocional retrocederá y, entonces, podrás redirigir la conversación y emplear una estrategia racional.

También creemos importante recordarte que, normalmente, cuando alguien está enfadado contigo suele creer (sea cierto o no) que lo estás ignorando, despreciando o actuando en contra de su bienestar. De hecho, una de las razones por las que la gente empieza a gritar es porque piensa que, cuando su indicador de decibelios marcaba «hacia dentro», nadie le estaba prestando atención. Si los escuchas y se lo haces saber, validarás sus preocupaciones y, una vez se sientan validados y sepan que vas a tomarlos en serio, se mostrarán dispuestos a mantener un diálogo que sea beneficioso para ambos; estarán abiertos a escucharte a ti también. El poder de la empatía está en la mesa, y ya la tenemos lista para el banquete.

Importante: pese a que la técnica de validación incluye la escucha activa, ambas difieren en su objetivo principal. La escucha activa sirve para recopilar información mientras que la técnica de validación busca vaciar el pozo de todas las emociones que resultan contraproducentes en una conversación, como el ego o la creencia de que «se tiene derecho a algo»; permite que la otra persona se desahogue, y no hace falta estar de acuerdo ni ponerse de su parte. Más bien es un mecanismo que busca que se aleje de su postura rígida, a la que se ha aferrado, tras malinterpretar que está siendo ignorada. Aparte, también elimina la tensión que provoca sentir el juicio externo.

Cuando escribimos este libro, la Academia de Artes y Ciencias Cinematográficas celebraba la nonagésima quinta edición de los premios Óscar y el monólogo de su presentador, Jimmy Kimmel, nos hizo sentir verdadero orgullo; fue capaz de canalizar en él a la perfección este capítulo y calmar la emoción de cualquiera que lo escuchara: «Sabemos que esta es una noche muy especial para todos ustedes. Queremos que se diviertan. Queremos que se sientan seguros. Y, lo más importante, yo mismo quiero sentirme seguro». Al abrir así, logró tranquilizar al público, que se encontraba algo susceptible aún tras lo ocurrido con Will Smith en la edición anterior. «Así pues, hemos tomado medidas estrictas: si alguno de los aquí presentes comete un acto de violencia en cualquier momento del espectáculo, se le concederá el Óscar a mejor actor y podrá dar un discurso de diecinueve minutos de duración».

Aquello causó risas por doquier.

«Lo digo en serio: la Academia cuenta con un equipo encargado de abarcar este tipo de situaciones. Así que, si ocurre algo inesperado o violento durante la ceremonia, limítense a hacer lo que hicieron el año pasado. O incluso podrían darle un abrazo al agresor».

Gracias, Jimmy. Estate atento: te enviaremos un ejemplar de *Cómo llevarse bien con todo el mundo*, que ya está de camino a nuestra sucursal local de FedEx*.

LA TÉCNICA DEL DESVÍO

¿Has asistido alguna vez a un espectáculo de magia? A uno de esos en los que el mago toma su sombrero de copa negro y comienza a darle vueltas y a agitarlo para demostrarle al público que es un sombrero normal y corriente y que no tiene nada dentro.

Después, lo deja sobre la mesa en el centro del escenario, a la vista de todos, y pasa a agitar su varita mágica en un arco espectacular, bajándola

---

* *N. del T.*: Es una empresa estadounidense dedicada al transporte y mensajería con sede en Memphis, Tennessee.

con un toque de finalización para darle un golpecito al ala del sombrero. De pronto, sale de él un conejo. El público aplaude.

Por supuesto, sabemos que es un truco; el conejo no ha surgido de la nada. Lo que ha hecho el mago es utilizar la técnica milenaria de la distracción: mientras seguías con la mirada la teatralidad de la varita, él, con la otra mano, pulsaba un botón en el lateral de la mesa que abría la parte superior del sombrero, apoyada justo encima de un compartimento oculto donde el conejo estaba esperando la señal. Y, como no has visto que el sombrero se viera alterado, lo que tu mente percibe es que sale de la nada.

Magia. La magia de la mente, de hecho.

Los magos utilizan la prestidigitación, los espejos, elaborados elementos de atrezo e incluso simples señas verbales para aprovecharse de un fenómeno neurológico que experimentamos los humanos llamado «ceguera al cambio».

Nuestro sistema sensorial tiene sus límites; es incapaz de captar todos los detalles del mundo que nos rodea. Por eso, la corteza cerebral se encarga de rellenar los huecos mediante experiencias pasadas; en este caso, lo que habíamos visto del sombrero cuando el mago lo mostró.

Quizás, la demostración científica más famosa de este fenómeno vino de la mano de los psicólogos de Harvard Dan Simons y Chris Chabris, que llevaron a cabo un estudio en el que mostraban a los sujetos la grabación de un partido de baloncesto y les pedían contar el número de pases del equipo que llevaba camiseta blanca. En mitad del partido, una persona vestida de gorila entraba en la cancha y hacía una breve pausa para golpearse el pecho antes de marcharse de nuevo. La cuestión es que, curiosamente, tanto en este experimento como en todas las réplicas que se han hecho desde entonces, la mayoría de los sujetos no veían al gorila, y luego se quedaban estupefactos cuando volvían a poner la grabación y se encontraban con que se encontraba ahí, a plena vista.

Resulta que los cerebros de los sujetos estaban tan ocupados contando que no prestaban atención a la cancha en su totalidad y, como resultado, «rellenaban» la imagen en su mente con lo que creían que debía suceder en un partido de baloncesto. Es ceguera al cambio en su máximo esplendor. Además —lo que es aún más fascinante—, resulta que existe una fuerte correlación entre la precisión del recuento de los pases y la ceguera al cambio: cuanto mejor se lleva la cuenta, menos probabilidades se tiene de ver al gorila. Y, de hecho, algunos ni siquiera lo notan cuando se les avisa con antelación que va a entrar en escena.

Aunque no hace falta ser un artista de Las Vegas ni un neurobiólogo para poder implementar la ciencia de la capacidad de concentración y mejorar tus relaciones interpersonales; puedes limitarte a emplear la técnica del desvío:

1. Haz una lista mental que contenga tres puntos que estén relacionados, al menos de forma parcial, con el problema en cuestión y que sean importantes para la otra persona implicada. No obstante, deben tener (a) algún tipo de emoción positiva vinculada con ellos o (b) una carga emocional mucho menor que la del tema del desacuerdo/discusión/debate. Si te cuesta hacer la lista o si necesitas más contexto para poder evaluar qué cuestiones pueden tener menor carga emocional, puedes emplear la técnica de validación para recabar más información.

2. Y, cuando veas que la conversación que estás manteniendo con esa persona comience a escalar tanto que deje de lado la racionalidad, interrúmpela de la forma más cuidadosa que puedas y pídele que te aclare algo relacionado con cualquiera de los puntos que has seleccionado en el paso anterior. Por ejemplo: «¿Sabes qué? Eso me recuerda lo que estabas diciendo hace un segundo sobre ________. Me pareció buena idea. ¿Te importaría repetirlo?».

Tardará un par de segundos en asimilar la pregunta y responder, es como un pequeño «tiempo muerto», solo que sin la formalidad ni la artificialidad de tener que pedir uno. Es una pequeña pausa en la conversación que, por lo general, dará pie a rebajar las emociones, porque, al elegir sacar una cuestión más racional y lograr que la otra persona empiece a hablar de ella, pasa a recurrir a su propia razón.

Puedes llevar a cabo este proceso y repetirlo todas las veces que necesites hasta que logres modular las emociones ajenas de forma que, cuando retomes (si es que tienes que hacerlo) el tema que causó el conflicto, todos se muestren más colaborativos y actúen con más sensatez.

Eh, ¡pero no hay forma de que eso funcione. Estarás pensando. *A la gente no le gusta que la interrumpan.* Lo cierto es que es una preocupación totalmente legítima. Sin embargo, también es la respuesta a la razón por la que esta técnica consiste en realizar una pregunta y no en introducir tus propias ideas, sugerencias u opiniones sin más. De esta forma, la otra persona piensa que continúa teniendo el control de la conversación; al seguir centrada en ella, no siente que se le haya interrumpido.

No obstante, por otro lado, debes asegurarte de que el tema que sacas a colación tiene un mínimo de relevancia. Los magos, cuando buscan distraerte, no te dicen que mires a algún punto de fuera del escenario, porque sería demasiado obvio que intentan manipularte; los verdaderos profesionales consiguen distraerte de maneras sutiles, manteniéndote involucrado, pero sin revelar lo que están tratando.

LA TÉCNICA DEL BORRADOR

Se podría pensar que el choque entre razón y emoción que se produce en nuestro cerebro no influye en la comunicación escrita. Al fin y al cabo, escribir lleva su tiempo y requiere un alto nivel de procesamiento por parte de la corteza cerebral. Las personas que escriben no se encuentran en mitad de un conflicto físico y directo; entonces, las emociones no deberían dispararse, ¿no?

Bueno, pues lo cierto es que es más bien todo lo contrario; sobre todo cuando se trata de mensajes por correo electrónico.

Escribir provoca sensación de distancia, como si nos rodeara una especie de burbuja protectora, ya que no corremos el riesgo de que quien recibe el mensaje nos haga daño de inmediato. La psicología, sin embargo, gracias a los conocidos experimentos de Milgram, en los que los participantes administraban descargas eléctricas a otras personas, ha llegado a la conclusión de que cuanto menos contacto mantenemos entre nosotros, menos educados, atentos y cooperativos somos. La furia al volante es el ejemplo perfecto de esto. A toda velocidad por la autopista y dentro de los confines cuasianónimos de nuestro auto, somos más propensos a hacer comentarios ofensivos e hirientes que no le diríamos a alguien a la cara. Nuestra conducta y criterio moral van disminuyendo a medida que nos aislamos (y pasamos de reuniones presenciales a videollamadas a través de Zoom y de llamadas telefónicas a enviar correos desde casa).

Aparte, al escribir desaparece tanto el lenguaje corporal como el tono que empleamos, lo que nos posibilita deshacernos de cierta parte de nuestra responsabilidad: «Ay, no. No era así como lo estaba diciendo». Podemos escondernos tras la pantalla de nuestro ordenador y culpar a nuestra velocidad de tecleo o al autocorrector (e incluso a Siri, Alexa, o a cualquier otra inteligencia artificial que pueda servirnos de chivo expiatorio).

Sobra decir que el empleo de la comunicación escrita —y, en particular, del correo electrónico— para tratar de lidiar con los conflictos da pie a un inmenso abanico de oportunidades de acabar dejando a un lado el juicio y de llevar nuestras emociones en la dirección equivocada. Por no mencionar que, para más inri, todo lo que enviamos se mantiene ahí; no existe un botón de borrado absoluto. En el mundo digital, no hay nada que sea cien por cien confidencial. Así pues, comprométete desde aquí a no enviar jamás un correo electrónico ni por enfado ni por miedo ni por impulso; si te encuentras en medio de una situación tensa con alguien a quien tienes que enviar un mensaje (o incluso si solo es porque sientes la imperiosa necesidad de hacerlo), recurre a la técnica del borrador:

1. Escríbelo, sí, pero hazlo en la carpeta de *Borradores* y no introduzcas ninguna dirección de correo en el apartado de *Para*.

2. Cuando hayas acabado de teclear, no pulses *Enviar;* guarda el borrador y minimiza la ventana (o incluso cierra la pantalla de la laptop o desenchufa el monitor de la computadora, si es de escritorio). Y si quieres, nada más que por pura diversión, exagera este paso para que sea lo más dramatizado del mundo; tal vez esto te ayude a salir un poco del bucle de emociones contraproducentes.

3. Muévete. Camina por el barrio, ve a la montaña, al gimnasio, tira algunas canastas. Hacer ejercicio te vendrá bien, aunque solo si (a) dura al menos treinta minutos o (b) es lo bastante intenso como para liberar endorfinas.

4. Regresa a tu computadora. Relee el correo y cambia cualquier tipo de intervención pasivo-agresiva o que pueda resultar ofensiva o con demasiada carga emocional. Siempre resulta útil contar con la opinión imparcial externa en caso de ser posible.

5. Una vez llegues este paso, ya habrás conseguido calmar tus emociones y serás consciente de no estás tomando ninguna decisión irracional. Así que... ¡Adelante! Pon la dirección de correo y dale *Enviar*.

Doc G y su mujer tienen una especie de competencia que consiste en ver quién de los dos tiene que lidiar con el conflicto más fuerte en el trabajo. El ganador elige el restaurante de su siguiente cita. Por supuesto, Jim, como mediador, debe presentarse en lugares llenos de gente furiosa; sin embargo, su mujer es enfermera de urgencias en turno nocturno, y esas salas de espera no son precisamente fiestas en las que te reciben con confeti. Así que, sí, han sido varias veces las que ha podido comerse un buen entrecot a la luz de las velas a lo largo de su matrimonio. No obstante, queremos hablarte de una en concreto en la que fue él quien se llevó el premio.

Fue contratado para llevar a cabo una formación con el personal directivo de un instituto no muy grande al este de Texas. El distrito en el que se encontraba era conocido por cargar con la reputación de haber sido escenario de varios conflictos que tendían a escalar — es decir, que solían acabar en llamadas frecuentes a la policía y hasta al FBI—. La formación tenía una duración de ocho horas e iba a tener lugar el día 2 de enero, antes de que los alumnos regresaran de las vacaciones de Navidad, y el superintendente había enviado un comunicado que exigía, en un tono bastante severo, la asistencia de todos los miembros del consejo escolar, de la dirección y del personal administrativo y docente, y amenazaba con retener el sueldo de aquellos que no obedecieran.

Doc G viajó hasta allí el día de Año Nuevo y reservó una habitación en el hotel Holiday Inn Express local (para que veas que tú también podrías ser mediador). No había nadie. La recepcionista tenía la nariz enterrada en una novela de Stephen King y se limitó a poner la tarjeta en el mostrador sin levantar la vista. Y… brrr. La habitación estaba helada y la cama (que encima estaba sin hacer) se hundía. Aun así, decidió que no pasaba nada; en el colegio lo recibirían mucho mejor, seguro. Puso la alarma para que lo despertara a primera hora.

A las siete en punto, se encontraba abriéndose paso por el estacionamiento del instituto. Se fijó en que había una cadena en la puerta del edificio. *Dios*, pensó. *¿Habrá tenido lugar algún incidente aquí?* Se dispuso a dar una vuelta y le echó un vistazo a un par de ventanas; lo único que vio más allá era oscuridad. No obstante, hacía doce grados de temperatura, así que regresó al auto, puso la calefacción y esperó.

Se suponía que la formación comenzaba a las ocho, pero nadie dio señal de vida alguna hasta las ocho y cuarto, cuando la directora del instituto apartó la cadena. Doc G se presentó y le dijo que estaba deseando conocerlos a todos. Ella puso los ojos en blanco. Después, lo dirigió a una sala auxiliar bastante mal ventilada —debido a que no tenía ventanas— en la que habían colocado varias mesas y sillas de plástico; al parecer, «temporales». Fue entonces cuando Doc G le preguntó si tenían wifi y alguna pantalla en la que mostrar la presentación. Aquello hizo que soltara una carcajada. Después, solo hubo silencio.

Si ahora se detiene a pensarlo, fue la única vez que la escuchó reír en todo el día.

Para cuando llegaron las nueve y media, ya se habían presentado todos los participantes a excepción del entrenador del equipo de fútbol; no lo hizo hasta pasadas las diez. Y vaya si lo hizo, sí, llevándose la atención de todo el mundo al tomar asiento en la parte más alejada del frente que pudo encontrar y cruzándose de brazos. La forma en la que apretaba los labios reflejaba más que de sobra su opinión sobre tener que estar allí.

Decir que el día fue «poco productivo» sería quedarse corto de la forma más cordial posible. El informe *post mortem* que hizo Doc G iba encabezado por la palabra DESASTRE en negrita. Todos los asistentes habían acudido en contra de su voluntad y se habían visto obligados a estar hacinados en esa caja de zapatos ignífuga que era la salita, en la que, por supuesto, no había espacio suficiente para llevar a cabo ejercicios en los que pudieran participar. Y ni siquiera había podido contar con medios tecnológicos para ir rompiendo la monotonía de la charla.

Ninguno de sus chistes hizo efecto (si es que alguien los llegó a escuchar). Doc G pidió que dejaran los teléfonos móviles en el auto y todos se negaron en redondo. Estaba seguro de que en esas ocho horas se envió un número récord de mensajes; aparte, el entrenador se tomaba descansos frecuentes para ir al baño y tardaba en regresar, lo que hacía sospechar que no se trataba de eso lo que hacía. Sin embargo, cuando estaba presente, movía la cabeza y refunfuñaba para mostrar su desaprobación hacia cada uno de los temas que se mencionaban. Por supuesto, en cuanto percibió el mínimo indicio de que la formación llegaba a su fin, se puso en pie y se marchó.

El resto de participantes no tardó en seguir su ejemplo y, como si se hubieran unido a bailar la conga, comenzaron a abandonar la salita mientras Doc G se dejaba la voz en intentar hacerles llegar las últimas consideraciones. Nadie aplaudió. Solo le dedicaron un triste «gracias». Mientras recogía, el superintendente apareció por la puerta. No había asistido a la ponencia, claro, pero le preguntó cómo había ido.

—Hmm... No demasiado bien, me temo. He tratado de hacer que se involucraran, pero no ha servido de mucho.

—No pasa nada. Puede dar una extensión de la formación en abril; volveré a requerir su presencia. Nos veremos para entonces.

Y tras eso, se dio la vuelta y se fue.

¡Madre mía!

Enero, febrero y marzo se sucedieron en un abrir y cerrar de ojos y, cuando quiso darse cuenta, se encontraba de camino a enfrentarse a la segunda ronda. No obstante, se había preparado. Se instaló en el gimnasio del instituto y colocó dos pantallas portátiles con Bluetooth para poder poner la presentación. Dispuso asientos plegables y preparó tanto su colección de videos graciosos como los folletos de vivos colores que había impreso para poder repartirlos. Y, además, *snacks* para todos.

De nuevo, la gente entró arrastrando los pies a las nueve y media. De nuevo, el entrenador de fútbol no llegó hasta pasadas las diez. No obstante, esa vez, cuando interrumpió la ponencia con su entrada a lo John Wayne, preguntó si podía decir algo.

Algo nervioso, Doc G respondió:

—Por supuesto.

Y se preparó para recibir cualquier tipo de comentario punzante que pudiera soltarle.

—Cuando hizo la anterior sesión, en enero, salí de ella pensando que jamás había perdido tanto el tiempo en mi vida. —Doc G puso una mueca dolorida—. Pero, entonces, el viernes siguiente recibí un correo de parte de una madre que se quejaba de que habían echado a su hija del equipo y de no sé qué tonterías más. Ni siquiera iba dirigido a mí. Se lo había enviado a todo el claustro de profesores y a mí me había puesto en copia. Aparte, ni siquiera era verdad lo de su hija. De hecho, es una de las mejores del equipo. La cuestión es que, encima, se ponía a criticar todo lo que se le ocurría sobre la escuela y decía que quería reunirse de inmediato con el consejo escolar, con el superintendente y conmigo. No sabes las ganas que tuve de ir a ponerle los puntos sobre las íes. De hecho, poco me faltó, pero acabé sentándome de nuevo ante la computadora y me puse a escribir. Y ¿sabes qué? me vino a la mente lo que comentaste de la técnica del mensaje en borradores y pensé: *Pues mira, sí, me vendría bien salir a correr*. Así que me fui a casa, salí a correr y, cuando volví, le enseñé a mi mujer el correo que había escrito. Me fui fijando en el tono del mensaje que había mandado la madre y en el mío. Y estaba clarísimo: mi perfil es el del competidor; lo que había escrito iba punto por punto con la descripción que nos diste. Y entonces me di cuenta de que el perfil que mayor compatibilidad tendría con la madre sería el del analizador. Así que reescribí el mensaje basándome en eso. Aunque, eso sí, me echó una mano mi mujer.

Y sonrió. Entonces, concluyó diciendo:

—La madre me respondió a la media hora y, sorpresa, ya estaba todo solucionado. Te lo juro. En media hora. Todo esto de la mediación funciona de verdad.

Después de eso, se hizo amigo nuestro.

Por no mencionar que nos dio el mejor regalo que nos podía haber dado: demostrar que, si buscamos la sencillez de los principios de este libro, podemos llegar a marcar una diferencia gigantesca y ayudar incluso a las personas que de primeras se muestran más reacias a escucharnos. Y no, no es necesario que sigas al pie de la letra todo lo que te estamos mostrando; a veces basta con encontrar una o dos técnicas que te sirvan.

Y, bueno, también es la prueba de que la técnica del borrador funciona.

INVERTIR EN LAS RELACIONES

Durante nuestras formaciones, solemos pedirles a los asistentes que alcen la mano si han discutido con su pareja alguna vez. Hasta la fecha, la respuesta ha sido un «sí» global en el 100 % de los casos. Claro que es una prueba un tanto trampa: las parejas discuten; es algo universal. Se lo pedimos para que haya cierta sensación de igualdad entre los miembros del grupo, aunque también un poco por si algún día se nos presenta el caso contrario. Y lo cierto es que sería un tema de estudio fascinante (aunque si se escribiera un libro que lo contuviera sería aburridísimo; no tendría ningún tipo de drama que captara la atención del público, pero, en fin, nos estamos yendo por las ramas otra vez).

Por lo general, los miembros de una familia que se quieren por encima de todo tienen los recursos necesarios para alcanzar la solución de cualquier conflicto; el problema se encuentra en los casos en los que las emociones que ha provocado cierta situación se desbordan, lo que, por otro lado, resulta ser el contexto perfecto para emplear nuestro kit de herramientas para ajustar emociones.

Así pues, te presentamos la manera de ser el Muhammad Ali de tus relaciones sentimentales (aunque, eso sí, siendo conscientes de que una de las reglas principales de un buen matrimonio es no ir llevando nunca la cuenta de las veces que nos molesta algo del otro). La próxima vez que vuelvas a casa y te encuentres con «la mirada», prepárate para utilizar la técnica de validación y la del desvío. No des por hecho que sabes lo que le pasa a tu pareja, porque, si te equivocas, corres el riesgo de que se abra la caja de Pandora. Lo primero que tienes que hacer es: validar, validar y validar. Pregúntale qué le ocurre y hazlo en serio. Utiliza un tono de voz suave y calmado y, sin dejar de mantener el contacto visual, dale pie a que pueda expresarse. A partir de entonces, bajo ninguna circunstancia comiences a defenderte ni a rebatir lo que te ha dicho; al seguir estos pasos, le demuestras que la respuesta te importa de verdad.

Una vez haya sentido validación por tu parte es cuando podrás tratar de «cortocircuitar» el efecto de las emociones que han escalado mediante la técnica del desvío. Aunque, eso sí, ve con paciencia. No quieras correr. Asimila y valida de verdad todo lo que te acaba de decir y, cuando veas que el tono rojizo en el pecho de tu pareja ha aumentado, hazle, con la misma calma, una pregunta racional que esté relacionada con el tema de la discusión pero que creas que va a afectarle menos. Si lo haces correctamente, harás que se detenga y reflexione; la psicología ha demostrado que somos incapaces de mantener un nivel alto de ira cuando nuestro cerebro procesa distintos temas al mismo tiempo.

Sigue haciéndole más preguntas de desvío hasta que veas que sus sentimientos han disminuido, hasta encontrar el equilibrio con los tuyos; es entonces cuando puedes comenzar a proponer distintas soluciones para el tema principal (o los temas principales), ya que la sensación de que son un equipo bien unido habrá regresado y se habrá evitado la típica gran bronca de justo antes de dormir.

Aun así, ten en cuenta que ir cambiando de tema puede ser tan tentador como sencillo. Si pones en práctica la técnica del desvío antes de la de validación, o si lo haces de forma demasiado abrupta (sacando a colación algo que no tiene nada que ver), se hará obvio que lo que estás tratando de hacer es interrumpir la conversación y, por lo tanto, resultará contraproducente. De todas formas, pase lo que pase, no te tomes lo que se diga durante esa conversación como algo personal y no trates de aprovecharte del kit de herramientas para introducir tu punto de vista o tratar de cambiar la situación: mencionar de la nada a tu suegra y convertirla en tu chivo expiatorio no es emplear correctamente la técnica del desvío, así que, si de pronto tu pareja dice algo que te afecta de verdad, trata de recordar que lo que estás haciendo en ese momento es invertir en afianzar la relación. A veces, se tienen pérdidas justo antes de comenzar a recibir ganancias; no te vendas barato.

El uso del kit de herramientas no es —ni debe ser— la solución rápida. Todos los trucos que te estamos dando en este capítulo funcionan mejor cuando se abordan con la mentalidad de invertir tiempo y energía (y, además, humildad) para obtener una recompensa mucho mayor a largo plazo.

Piensa en la última vez que fuiste a esquiar o que visitaste un zoo o un parque temático. ¿Te llamó la atención el precio de las entradas? El zoo Franklin Park de Boston es un ejemplo muy típico. Mientras escribíamos este libro, la entrada para un adulto en un día de máxima afluencia y con un evento especial costaba treinta y cinco dólares, y un abono anual, sesenta. No hace falta ser Arquímedes para darse cuenta de que, si vas a visitar el zoo dos veces ese año, te será mejor comprar el bono. Dos o tres entradas de un único día para este tipo de parques cuestan más que el equivalente a trescientos sesenta y cinco, y es el precio estándar en Estados Unidos (Disney es un caso aparte, claro).

Hemos descubierto que gran parte de las personas que tratan de encontrar la mejor forma de abordar un conflicto causado por una diferencia de opiniones con un amigo, por desacuerdos relativos a las normas de su empresa o al verse acorralados por el típico familiar insistente en una cena, se sienten identificados con esta comparación: asumir un gasto mayor por adelantado acaba siendo mucho más barato a la larga que intentar «ahorrar» dinero con un único pago inmediato. En el caso de este tipo de parques es pagar por una suscripción en lugar de hacerlo visita por visita y, en el de los conflictos, es invertir tiempo en escuchar las emociones de la otra persona en lugar de apresurarse a resolver un problema en concreto. Las soluciones rápidas resultan satisfactorias durante un tiempo, pero acaban erosionando las relaciones porque se comienza a cometer el error de creer que «el fin justifica los medios», a ignorar las necesidades de nuestra pareja sin darnos cuenta y a dejar de aprovechar la oportunidad de reforzar la comprensión mutua.

Las estrategias que te hemos ofrecido en este capítulo te vendrán de maravilla si buscas solucionar un desacuerdo, pero, en realidad, te serán incluso más útiles para formar y nutrir relaciones, desde las profesionales hasta las románticas. Por eso, te animamos a que te tomes un minuto para pensar en las áreas de tu vida en las que puedes ponerlas en práctica de manera proactiva.

Ahora, gracias, Christian Bale, por recordarnos que en realidad nadie es perfecto.

Y en cuanto a ti, elige tu frase favorita porque sí, te «tocarán la fibra sensible», harán que «se te crispen los nervios», te harán «querer tirarte de los pelos» y los sentimientos se te «escurrirán de entre los dedos», pero tendrás las herramientas necesarias para encargarte de ello cuando ocurra.

5
Jugar con el otro jugador

La película *Apuesta final*, estrenada en 1998 y protagonizada por Matt Damon, Ed Norton y Gretchen Mol, es una rendija al sórdido mundo de las apuestas clandestinas, dominado por la mafia. En aquella época, cuando apenas comenzaba a usarse Internet, la legalidad de los juegos de apuestas se limitaba a los casinos de unos pocos estados. Aún no existían las aplicaciones que tenemos hoy en día y, aunque sí podías unirte a una partida de póquer en línea por pura diversión, si lo que realmente querías era ganar dinero, tenías que irte a Las Vegas, a Atlantic City o entrar en un sótano clandestino por tu cuenta y riesgo. Tal y como nos revela la voz en *off* de Damon al comienzo de la película: «Escucha, así es el juego. Si no distingues al primo en la primera media hora de partida, es que el primo eres tú».

La película acabó convirtiéndose en un clásico de culto, porque, además de enseñar un poco de historia y de permitirnos echar un vistazo al fascinante y tenso microuniverso de las apuestas, en el que acechan peligros como los depredadores y la adicción, nos concedió un regalo increíble: mostrar al público la psicología que se esconde tras los juegos de cartas de alto riesgo, que consiste en tomar decisiones en situaciones de gran conflicto interpersonal. De hecho, Damon en la película lo explica a la perfección:

«La clave está en jugar con tu adversario, no con las cartas».

Porque, sí, resulta muy tentador tratar de respaldar tu postura o explicarla cuando mantienes una discusión, al igual que lo es intentar abordar los problemas inmediatos y elaborar estrategias para conseguir que la situación vuelva a su cauce. Sin embargo, por muy buena intención que haya tras estos esfuerzos, no son puntos de partida eficaces si de verdad queremos poner punto y final a un conflicto, porque puede incluso desencadenar una reacción adversa que haga que la otra persona se niegue a enfrentar el tema. ¿Alguna vez te ha pasado que un ser querido ha acudido a ti, frustrado, para contarte sus preocupaciones y, cuando le has dado una sugerencia sobre cómo podría actuar, te ha dicho: «No quiero que intentes ayudarme, solo que me escuches»?

Todo esto es resultado de haber jugado las cartas —la mano que te han repartido o la que intentas ganar— en lugar de haber jugado con el propio jugador. *Jugar con el otro jugador* significa conocer a tu oponente y aprovechar su forma de ser y su perspectiva para lograr resultados positivos. En el póquer puedes llegar a perder con un *full house* y ganar sin tener nada. Las decisiones que toman los jugadores —tanto seguir apostando como subir la apuesta, pasar o retirarse— vienen dictadas por el elemento humano. Por lo tanto, si prestas atención a la forma de jugar de los demás participantes, podrás permanecer más tiempo en la mesa y acumularás más fichas, y si te fijas en su perfil, en sus manías y en los gestos que repiten y los usas como guía para poner en práctica las tácticas en lugar de apoyarte solo en las cartas, las posibilidades de éxito aumentarán. Las cartas que vas sacando no dependen de ti, sino del azar; la persona que se encuentra justo enfrente, no.

Con los conflictos pasa lo mismo; también los dicta el elemento humano. Y no es necesario tener ningún as bajo la manga (es decir, capacidad de negociación) para salir victorioso; si juegas con el otro jugador —siempre que prestes atención a la forma en la que los demás abordan las situaciones de conflicto y te adaptes en consecuencia— prosperarás frente al conflicto. En la Sección II, te iremos proponiendo una guía para aplicarlo a cada uno de los cinco perfiles de personalidad ante el conflicto, pero primero es importante que aprendas a ajustar tres aspectos fundamentales de las relaciones interpersonales: la confianza, el liderazgo y la energía.

GENERAR CONFIANZA

Tal vez desconozcas que a la Universidad de Rice se la conoce cariñosamente como «La Hiedra del Sur». Es una universidad pequeña que se encuentra en Houston, pero destaca por la inmensa competitividad académica; de hecho, presume de superar a Harvard en el porcentaje de estudiantes que han obtenido una puntuación perfecta en el SAT. Para ellos, sacarse triples grados y pasarse la noche en la biblioteca es el pan de cada día. Basta decir que, a menudo, los deportistas de élite (y cualquiera que valore la variedad de aptitudes) tienen dificultades para lograr encajar y llegan a sentir que no se aprecian sus cualidades. A causa de ello, los entrenadores tienen problemas a la hora de seleccionar a sus jugadores. No obstante, aunque los Owls de Rice han participado muy pocas veces en la postemporada de la NCAA, tanto en liga masculina como femenina, sí podemos destacar a Wayne Graham, que jugó en las Grandes Ligas de Béisbol bajo la tutela del legendario entrenador Casey Stengel y jamás se dejó intimidar.

Al cumplir cincuenta y cinco años, en 1992, Graham se animó a llevar las riendas, como entrenador, del equipo de béisbol de la Universidad de Rice, que contaba con un porcentaje de victorias del 33.9 % en setenta y ocho años. Logró convencer a José Cruz Jr. (actual entrenador en Rice) y Lance Berkman, que se convertirían en estrellas de la MLB, para que asistieran a la universidad y, en 1995, el equipo consiguió su primera clasificación para participar en los *playoffs* regionales de la NCAA. Y ya en 1997 consiguieron un pase a la Serie Mundial Universitaria en Omaha, Nebraska.

Sin embargo, Graham no se sentía satisfecho. Estaba convencido de que sus chicos, que eran del calibre de los de la Ivy League, podían competir en el nivel más alto sin comprometer su beca (de hecho, él mismo rechazó en su momento entrar en Harvard), pero había algo que estaba impidiendo que alcanzaran su máximo potencial. Así pues, puso su intelecto a trabajar y exploró distintas vías para tratar de mejorar el equipo. «¿Tal vez sea algo relacionado con los intangibles?», se preguntó. La química de equipo, la forma en la que se recuperaban tras las derrotas más duras, la presión de estar continuamente examinados con lupa por parte de los medios de comunicación… la lista de destrezas interpersonales que influyen en los logros deportivos es considerable.

Entonces fue cuando, a través del amigo de un amigo, se pusieron en contacto con Doc E. Y lo cierto es que a él le atrajo el reto; acababa de ayudar a la Universidad de Virginia a ganar su primer campeonato de béisbol de la ACC y su experiencia en el campo con los Big Green le venía bien, así que no le costó nada estar de acuerdo con la teoría del entrenador Graham. Por no mencionar que su visión de combinar la dureza mental a la antigua usanza con un enfoque al estilo de Ted Williams —no concentrarse solo en el juego, sino analizarlo en busca de mejoras y de comprender las dinámicas de cada partido y del equipo contrario— era atractiva. Graham disfrutaba enseñando a sus jugadores cómo manipular el comportamiento humano. Así que, al día siguiente, Doc E ya estaba haciendo las maletas para irse a Houston.

En la carrera armamentística que son las fases de selección de la NCAA (y nunca mejor dicho, teniendo en cuenta cuánto se esfuerzan por encontrar a un *pitcher*) no hay tiempo que perder. El entrenador Graham y Doc E coincidían en la forma de proceder: «Tú ve adelante; ya pensaremos el resto más tarde». Y tenían ganas de probar algunas estrategias que ninguno de los otros equipos clasificados entre los veinticinco primeros contemplaba. No se les había ocurrido presentar un plan de ataque oficial a los jugadores, pero, en fin, todos podemos ser víctimas de nuestro propio entusiasmo. Así que Doc E entró en una clase y, sin que nadie lo presentara, comenzó a saludar a los líderes de los Owls. Al parecer, al resto del equipo se le había dicho que era una reunión de capitanes obligatoria… a las nueve de la noche, la única hora disponible entre clases, exámenes, entrenamientos de béisbol, sesiones de gimnasio y tareas personales.

—Buenas noches, caballeros.

Comenzó, lo que le valió ganarse varias miradas confundidas.

—Soy el doctor Eliot. Sus entrenadores me han pedido que venga aquí a enseñarles ciertas habilidades psicológicas que podrían darles ventaja sobre sus oponentes en el campo.

Más miradas confundidas, aunque esta vez acompañadas de cejas arqueadas; claro que no precisamente cejas arqueadas del tipo «Oh, interesante».

—Empecemos por conocernos un poco —continuó—. ¿Quién quiere compartir un dato curioso sobre sí mismo?

Cri, cri.

—Oh, bueno, de acuerdo —dejó escapar—. ¿Qué les parece si empiezo comentándoles en qué vamos a trabajar durante la temporada baja y luego paso a responder cualquier pregunta que tengan?

Aquello sonó más a frase de transición que a verdadera pregunta. Durante un segundo, pensó que tal vez debería haber utilizado un lenguaje más cercano, alguna expresión más coloquial, porque lo cierto era que, a juzgar por su lenguaje corporal, no parecían demasiado dispuestos a escucharle. No obstante, siguió adelante.

Durante los siguientes diez minutos, vio cómo todos iban cruzando los brazos y poniendo los ojos en blanco. Se sentía cada vez más incómodo, y encima tampoco ayudaba el burrito que se había comprado en un puesto de comida callejero y que se había metido entre pecho y espalda; sobre todo, habiendo nacido en el norte y teniendo más bien lo que se dice poca experiencia con el Tex-Mex picante. No fue una noche de buenas decisiones, no. Sin embargo, cuando hizo una pausa para preguntas, el as del equipo alzó la mano a media altura.

—Sí, ¿por qué tenemos que estar aquí?

Se detuvo y echó un vistazo a sus compañeros.

—El año pasado estuvimos en las College World Series; sabemos lo que hacemos.

—Eso —añadió el primer base del equipo—. ¿Para qué c***** te necesitamos?

A Doc E le pareció que toda la habitación se tambaleaba. Los frijoles del burrito habían recorrido a toda velocidad su tracto digestivo y la palabra *incomodidad* no describía lo suficiente ni la acumulación de gases ni el ambiente hostil que se respiraba. Aun así, sabía bien lo que tenía que hacer.

—¿Saben qué? —dijo—. Tienen razón. Esta reunión estuvo mal concebida desde el principio.

Por supuesto, no era en absoluto lo que ellos esperaban escuchar. Tuvo que interrumpir de golpe el pensamiento de los jugadores. Sus expresiones faciales pasaron del total escepticismo a la curiosidad, aunque con cautela. Se activó el piloto automático de «escucha». ¿Qué diría a continuación?

—¿Quieren saber lo que pienso de verdad de todo esto?

El ambiente del aula entera cambió por completo.

Y fue entonces cuando lo hizo; lo soltó todo.

PRRRRRRRRRRRRRRRRRUM.

Probablemente aquel fue el pedo más sonoro y brutal que Doc E se había tirado en su vida. Fue entonces cuando escuchó la primera carcajada; ese tipo de risotada automática que escapa justo en el peor momento. Sin embargo, incapaz de resistirse, él también comenzó a reírse.

—No, no, hablo en serio, de veras. —Se escuchó otra risa y otra.

Y, entonces, la segunda detonación: PRRRRRRRRRRUM.

Hubo otra estridente oleada de aullidos. Doc E sonrió y levantó a pulso un pupitre. Lo colocó justo delante de ellos y se dejó caer sobre él.

Bueno, al menos rompió el hielo de golpe.

Fue entonces cuando el *catcher* se inclinó hacia delante y le dio una palmadita en el hombro.

—Me parece bien, Doc, pero salgamos de aquí antes de que muramos de asfixia.

Hubo nuevas carcajadas, cada vez más fuertes, que se escapaban por la puerta a medida que iban dejando el aula. Después le propusieron ir a tomar una cerveza. Para cuando el reloj marcó las dos de la madrugada, ya se había consolidado una rápida amistad, forjada en docenas de historias de béisbol.

Y, sí, puede que estés pensando: *No me siento cómodo con tener que tirarme pedos en público*. Y, bueno, no pasa nada; eso puedes dejárselo a los comediantes (y a mediadores maleducados). No es necesario hacerlo para forjar una buena relación. Sin embargo, sí requiere que haya una base de confianza para que las personas se sientan cómodas. Cuando nos sentimos cómodos, nos abrimos y tendemos puentes que llevan a la confianza, lo que nos da las herramientas que necesitamos para jugar con el otro.

Muchos de nosotros somos reservados con los desconocidos o con quienes no hemos llegado a profundizar, y levantamos escudos invisibles al sentirnos nerviosos, estresados o cuando no sabemos de qué forma van a desarrollarse los acontecimientos, como suele ocurrir en situaciones de conflicto. La cautela en este contexto acaba creando una barrera psicológica entre las personas y, si además se trata de un comportamiento inconsciente, resulta mucho más difícil derribarla. Para poder establecer buenas relaciones tenemos que eliminar esas barreras.

El primer paso para hacerlo es permitirse estar en paz mientras hablamos con la otra persona incluso cuando no estamos de acuerdo con lo que defiende o aunque no nos caiga bien del todo. Tenemos que encontrar la comodidad en cada momento y con nosotros mismos.

El evento del terremoto gástrico de Doc E funcionó porque le ayudó a deshacerse de la tensión que se había generado en el ambiente, y la sensación de alivio que causó también resultó ser contagiosa. Eso le permitió matar dos pájaros de un tiro: él se sintió de inmediato mucho más cómodo, al igual que lo hicieron —gracias al humor y al hecho de que, de esa forma, se apartaba de las dinámicas de poder— los jugadores del equipo de la Universidad de Rice.

Los seres humanos somos criaturas sociales; hasta el más retraído de los ermitaños tiene la necesidad innata de establecer conexiones con otras almas vivas. Y cuando nos sentimos cómodos con los demás, conectamos más fácilmente con ellos y viceversa: al sentir conexión con otra persona, nos sentimos mucho más cómodos.

Puedes pensar en la construcción de la confianza como la unión de dos estados: el de la comodidad y el de la conexión. Durante los capítulos 6, 7, 8, 9 y 10, te iremos enseñando las técnicas que existen para crear confianza con cada perfil de personalidad ante el conflicto. Aunque también hay estrategias universales:

- **Dispón un entorno agradable.** Cuando tengas que abordar una situación tensa o trabajar en grupo bajo presión, el espacio donde se desarrolle influirá en la sensación de comodidad que tendrá cada una de las partes implicadas. Así que, siempre que sea posible, busca un lugar tranquilo y silencioso, alejado del ajetreo. Conviene tener luz natural, aunque, si solo puedes recurrir a la artificial, usa una que sea brillante pero cálida. Huye de los fluorescentes. Por otro lado, escoge sillas mullidas y acolchadas y elimina cualquier tipo de distracción; si miras el móvil, si lo mantienes con sonido en el bolsillo o si lo pones a la vista sobre la mesa, la otra persona pensará que prefieres atenderlo a estar con ella, lo que reduce la sensación de conexión.

- **Forma equipo con tus compañeros.** La gente suele sentirse incómoda cuando se la encara directamente, ya que es una actitud de confrontación. Así que, si te sientas justo enfrente de alguien y te quedas mirándolo, lo más probable es que se remueva un poco (tanto emocional como físicamente). No obstante, puedes sentarte a su lado. Cuando nos sentamos a la mesa con alguien, se genera la sensación casi tangible de estar trabajando juntos; de que enfrentamos un problema en común en lugar de vernos el uno al otro como el problema. Si se da el caso de que el mobiliario disponible no permite sentarse hombro con hombro o si la relación aún es demasiado reciente —y, por lo tanto, la proximidad no resulta demasiado cómoda—, puedes al menos situarte en un ángulo oblicuo con respecto a la otra persona para aprovechar el aura de que son aliados, no adversarios.

- **Recurre a tu parte humana.** Si ya de primeras te sitúas en desigualdad de condiciones, será casi imposible desarrollar conexión, sentirte cómodo o lograr ambas cosas. ¿Alguna vez te has fijado en cómo se comporta la gente ante un famoso? Es, sin duda, bastante incómodo. Por no mencionar que, por lo general, nadie que le pide un autógrafo a alguien se marcha a su casa con un nuevo amigo íntimo. Aun así, hay algunas personas famosas (como, por ejemplo, Tom Hanks o Sandra Bullock) que tienen el talento extraordinario de hacer que los demás se sientan cómodos a su lado; ya solo con saludarlos parece que los conocieras de toda la vida. ¿Que cómo lo consiguen? Pues limitándose a ser ellos mismos, sin filtros: tropiezan, se manchan de mostaza o cuentan algún chiste estúpido que te hace recordar que son personas normales y corrientes. Aparte, hacen preguntas básicas como: «¿Y qué tal hoy?».

  Pues tú puedes hacer lo mismo. Deja de lado las formalidades, los títulos, las normas superestrictas o cualquier cosa que pueda situarte en un nivel diferente. Si proyectas humanidad, muestras a los demás que ellos también pueden hacer lo mismo.

- **Sonríe.** Es increíble cómo algo tan simple como una sonrisa puede llegar a ser tan eficaz (al igual que puede llegar a ser increíblemente difícil detenernos y tratar de curvar las comisuras de nuestros labios cuando algo ha activado nuestro detonante). De todos los gestos que existen, sonreír es el que más impacto tiene en nuestra fisiología y en nuestro estado de ánimo. Párate a pensar en la persona más positiva que conoces, en el Ted Lasso de tu vida; la que siempre parece estar feliz y que muestra sus dientes brillantes cada segundo del día. Cuando estás con ella, ¿cuánto tiempo eres capaz de mantener el ceño fruncido? ¿Cuánto tiempo puedes aguantar de mal humor si estás viendo actuar a Jason Sudeikis? Puedes imaginar cómo te sentirías junto a gente así y dejar que te invadan las buenas sensaciones o, por lo menos, sonríe cuando te encuentres en una situación de conflicto.

- **Usa la técnica del espejo.** Las neuronas espejo son las células cerebrales que dan poder a la sonrisa en los intercambios interpersonales. Cuando sonreímos a alguien, su cerebro está preparado para devolvernos la sonrisa. Haz la prueba; comprueba cuántas personas desconocidas te sonríen en la calle cuando lo haces tú al pasar por su lado. Este tipo de neuronas perciben todo tipo de expresiones faciales y son capaces de reconocer nuestra postura, el ritmo y tono de voz que usamos, la vivacidad y la franqueza con la que hablamos, o incluso la respiración. Por lo tanto, podemos conseguir que alguien muestre un gesto al hacerlo nosotros primero; esto es gracias a una técnica que recibe el nombre de técnica del espejo, porque funciona mejor cuando es bidireccional.

  En otras palabras, convoca al mismo tiempo tus propias neuronas espejo y las de la otra persona.

  - Para ello, en primer lugar, copia lo que esté haciendo la otra persona: si está un tanto echada hacia atrás de manera casual, adopta tú también esa postura, si está usando un tono de voz animado y comunicándose con gestos de manos, hazlo tú también, y si está hablando con voz suave... ¡exacto!, emplea tú el mismo tono. Aunque, atención, esto no es una copia burda. No se trata de «imitar» a la otra persona, porque podría parecer una crítica o burla, sino de adoptar, con sutileza, los mismos gestos que usa, un tono de voz y expresión similares a los suyos —los positivos, claro—, adoptar el nivel de franqueza que esté teniendo y hasta tomar prestadas algunas de sus elecciones lingüísticas. Y ya si quieres ir más allá, ajústate al ritmo de su respiración. Puede resultar algo difícil distinguirlo al principio, pero, una vez lo hagas, te sorprenderá lo afín que te sentirás a la otra persona.

- En segundo lugar, muestra optimismo, confianza, felicidad, calma o cualquier cosa que pueda producir bienestar en tus expresiones faciales, en tu postura, en el tono y ritmo de tu voz y también en los gestos que usas; las neuronas espejo de las personas con las que estás interactuando se activarán al percibir el patrón y, en poco tiempo, verás que comenzarán a reflejarlo. Y, de esta manera, ya que nuestro lenguaje corporal, nuestro tono y demás recursos influyen en gran medida en las emociones de los demás, también podrás conseguir despertar la sensación de comodidad en la relación.

∿ **Busca puntos en común.** Seguro que alguna vez, aunque fuera un rato, has estado con alguien que se dedicara al ámbito comercial y que te pareciera realmente bueno en su trabajo. ¿Te fijaste en lo que priorizó al estrecharte la mano (o al chocar los cinco, el puño o al dar un abrazo —las personas a las que se les da bien establecer conexión con otros siempre encuentran la mejor manera de hacer contacto sin superar los límites—) o lo que hizo justo antes? Lo más probable es que, además de dedicarte una sonrisa cálida y cercana, tratara de buscar algo que compartieras tú también: la relación con otra persona, alguna afición, una opinión en concreto, la preferencia sobre algo, un lugar del pasado o hasta una prenda de vestir que lleves en ese momento; lo que sea, pero que tengan en común: «¡Ay, me encantan tus Samba! Estuve en Adidas la semana pasada y me compré unas. ¿Qué tal te van?». A partir de ahí, ellos dejan que la conversación vaya fluyendo de manera natural, y se adaptan a tu nivel de franqueza. Para ellos, tener puntos en común con los demás es primordial, porque saben que hablar de ellos es una forma segura de encontrar el ingrediente perfecto para lograr establecer una conexión. Aunque, por supuesto, tampoco es una ciencia exacta. Así pues, si quieres ser un auténtico profesional, observa y escucha. Si no logras encontrar el punto en común, puedes intentar hacer una pregunta general como: «¿De dónde eres?», y aprovecha cualquier tipo de conexión que se te presente, por pequeña que sea. A menos que nunca hayas salido de tu casa, es bastante probable que encuentres un vínculo con cualquier lugar del planeta. «¡¿Qué me dices?! Yo tenía un amigo en el colegio que era de Milwaukee!» o «¿En serio? ¡Justo este verano me voy de vacaciones a Milwaukee con mi hija. Hasta hemos hecho una lista de los estadios de la MLB que vamos a visitar e iremos también al Miller Park».

- **Muestra aprecio.** Generar confianza es infinitamente más sencillo cuando te centras de verdad en conectar con las personas que te rodean y en hacerlas sentir cómodas; sobre todo, en situaciones de conflicto, que son incómodas por definición. Y para hacer ver que te importan los demás —o las personas con las que te gustaría entablar una buena relación— puedes mostrarles tu aprecio. Busca algo, aunque sea una cosa, que aprecies de ellos; algo que han hecho o dicho, un momento en el que hayas visto que se hayan esforzado por conseguir algo, un gesto que hayan tenido contigo o con alguien en el que hayas visto buena intención, algún valor que sepas que poseen... No importa cuánto signifique para ti de verdad, pero sea lo que sea, hazles saber que lo aprecias.

Disponer un entorno agradable, recurrir a nuestra parte humana, buscar puntos en común… ¿Quién iba a imaginar que un pedo podría conseguir todo eso? ¿Y qué fue de la confianza cimentada en dicha flatulencia? Pues, bueno, Doc E se pasó toda la pretemporada comprometido con afianzar la conexión con los jugadores. Asistió a sus entrenamientos, tanto sentado en el banquillo como colocado detrás del plato de *home* durante horas y horas, pese a la cantidad inmensa de cosas valiosas que podría haber estado haciendo con su tiempo, e incluso bajo la lluvia en los días de mal tiempo. Echó carreras de velocidad con —y por diversión, *contra*— ellos, de entre las que siempre recordará una en concreto: cuando tuvo que hacerlo con unos zapatos de vestir porque fue directo hasta allí después de una conferencia en el Centro Médico de Texas que se había alargado demasiado.

¿Podría Doc E haber hecho que todo fuera más rápido? Desde luego. Sin embargo, después de haber estado a punto de saltarse el paso de generar confianza, se sintió agradecido por haber tenido la oportunidad de pulsar el botón de reinicio; estaba decidido a hacer las cosas bien. Ser capaz de entablar una relación con éxito es casi siempre más valioso a la larga que «ganar» un conflicto o «solucionar rápido» un problema. Y, en este caso, fue mucho más allá: crearon un vínculo inquebrantable. ¡Si hasta se mandaron tarjetas superdivertidas por Navidad! Y, cuando los chicos volvieron al campus para comenzar la temporada del año 2000, ya estaban listos para ponerse manos a la obra; de hecho, varios de ellos comenzaron a confiarle a Doc E temas delicados y personales y hablarle de sus objetivos futuros. Sí, establecieron una muy buena relación; todo iba perfectamente encaminado.

El primer partido de la temporada tuvo lugar en el estadio Minute Maid Park, contra los Houston Astros, con tres rivales que se encontraban entre los diez primeros puestos. El equipo de la Universidad de Rice arrasó. El fin de semana siguiente, el equipo de Georgia Tech, que era el número uno del *ranking* y contaba con el fenómeno Mark Teixeira a la cabeza, se desplazó hasta allí para jugar tres partidos. Los Yellow Jackets regresaron a casa con marcador de 0-3, lo que dio inicio a una nueva sensación en la ciudad. Catorce semanas después, los Owls se alzaron con la victoria. Durante las temporadas siguientes, lograron doce campeonatos consecutivos, seis plazas en las College World Series en un periodo de ocho años, mantenerse más semanas que ningún otro equipo universitario en el número uno nacional durante la temporada y el broche de oro… hacerse con la primera victoria de la Universidad de Rice en un campeonato nacional de cualquier deporte: la División I de la NCAA de 2003. Además, también lograron batir un récord que aún se mantiene: el de ser el único equipo de la historia de la NCAA en tener tres miembros elegidos en la primera ronda del *draft*.

Recordar estos logros siempre le pone la piel de gallina a Doc E. Y, sin duda, el equipo tenía mucho talento. No obstante, los líderes no eran los que realmente tenían el control, sino el resto de jugadores, como Chris Klokhorst, al que llamaban Gritman, que medía metro setenta, o Craig Stansberry, que se convirtió en el primer jugador saudí de la Major League de béisbol. Aun así, lo más importante era la gran química que existía entre ellos, a raudales; nadie podía superarlos en lo referente a comunicación, comprensión mutua y altruismo. De hecho, en su último partido —con una ventaja de 14-2, con solo tres *outs* y el *pitcher* titular, Philip Humber, aún en el campo—, el entrenador Graham se dirigió a David Aardsma, el *closer* del equipo, que se encontraba en el banquillo desde el comienzo, para decirle que se pusiera el guante. Le estaba dando la oportunidad de hacer el último lanzamiento en un momento que sería histórico. Era todo un honor. Sin embargo, él se limitó a sonreír.

—No —dijo—. Este es el momento de Philip.

GUIAR A LOS DEMÁS HACIA LAS SOLUCIONES

Durante nuestras formaciones, siempre le pedimos a los participantes que traten de imaginarse a un gran líder. «Imagínenlo ante un ejército, ante sus empleados, ante los jugadores del equipo que encabeza, sus compañeros de trabajo o sus fans», les decimos. Y, después, hacemos la pregunta: «¿Cómo creen que lo hacen? ¿Cómo consiguen que los demás los sigan, a veces incluso sin detenerse a pensar antes de hacerlo? ¿Y cómo lo hacen en situaciones extremas, como justo antes de una gran batalla o al prepararse para operar una herida grave? ¿Cómo consiguen que sus compañeros se queden despiertos toda la noche para llegar a una fecha de entrega? ¿Cómo logran que se comprometan con ellos, que se sacrifiquen y hasta que lleguen a dejar de lado cosas que para ellos tienen gran valor sentimental?».

Después, tras darles margen para que reflexionen un rato largo, les hacemos una encuesta anónima en la que, por lo general, la mayoría de votos se centran en las siguientes premisas:

«Porque ellos mismos predican con el ejemplo».

«Porque dan recompensas generosas».

«Porque imponen castigos muy severos a quienes se quedan rezagados».

«Porque son carismáticos y persuasivos».

«Porque, bueno, son los jefes, así que... ».

¿Y cuál es el denominador común entre todas estas formas de liderazgo? Por un lado, el propio líder; *lo que hace*, el método que emplea para dirigir a los demás. Y, por otro, el hecho de que ninguna de ellas serviría para prevenir ni resolver conflictos. De hecho, estas cinco posturas son las que más tienden a crear tensiones en las relaciones y, por lo tanto, reducen la comunicación y aumentan la posibilidad de que tengan lugar roces.

Desde luego, quienes ocupan puestos de autoridad pueden obligar a los demás a hacer lo que ellos quieren, incluso cuando son acciones que van en contra de sus propios intereses: un sargento puede apoyar un arma en la sien de un soldado raso y obligarlo a combatir; los aumentos de sueldo y las promesas de beneficios pueden hacer que hasta el más vago se levante del sofá. Sin embargo, no por mucho tiempo, y solo mientras no haya una opción que resulte más ventajosa. El rendimiento de estos métodos de influencia tiene límite y deben ir utilizándose de forma continua si se quiere alcanzar el resultado deseado.

Es por esto que el liderazgo de éxito no gira en torno al líder ni tampoco a sus recursos ni a su poder. Solo se puede alcanzar un cambio duradero en el comportamiento de los demás cuando de verdad uno quiere comprometerse a hacerlo. En el ámbito científico, esto recibe el nombre de *motivación intrínseca*, porque no viene determinada por factores externos, sino que surge en el interior de cada uno. Las recompensas, los castigos, las palmaditas en la espalda, convertirse en un modelo a seguir, las amenazas, que mencionen tu nombre en los medios de comunicación, etc., todo esto pertenece a la motivación extrínseca; una fuerza que se aplica desde fuera.

Solo podemos confiar de verdad en alguien cuando está motivado de manera intrínseca, porque hará lo que dice, cumplirá su palabra. En cambio, cuando está motivado de manera extrínseca hay que supervisarlo y «dirigirlo», porque no está actuando realmente por voluntad propia. ¿Y qué tiene que ver esto con jugar con el otro jugador?

Cuando tengas una diferencia de opinión con un compañero de trabajo o un familiar o cuando hayas discutido con un amigo, no insistas. No intentes convencerlo de nada ni hacerlo dar su brazo a torcer. No lo escandalices ni lo asustes. No lo sobornes. No le hables de las obligaciones que tiene por su rango. Y, lo que es lo mismo: no trates de usar la motivación extrínseca; guíalo de forma correcta. Ve dirigiéndolo para que pueda encontrar soluciones buenas por sí mismo, porque lo desee de verdad, no porque tú quieres que lo haga o porque le estés pidiendo un favor. Ayúdalo a encontrar una razón, una motivación intrínseca. Y, mejor aún, ayúdalo a sentir que la resolución de un conflicto ha sido idea suya.

> «El tacto es la habilidad de decirle a alguien que se vaya al infierno de tal manera que esté deseoso de hacer el viaje».
>
> **—Winston Churchill**

En los próximos capítulos, al igual que hemos hecho con las estrategias para generar confianza, te enseñaremos cómo dirigir a cada uno de los perfiles Go-To de manera individual. Sin embargo, si se da el caso de que no hayas podido determinar ante cuál de ellos te encuentras, puedes contar con varias preguntas capciosas que te serán de ayuda para ir encauzando las motivaciones intrínsecas.

Lo que consiguen estas preguntas es que la otra persona sienta que tiene más poder, ya que requieren que tome una decisión, que dé instrucciones, que dirija una cuestión en concreto y, en definitiva, que tenga la sensación de llevar las riendas de una conversación. Conceden cierto sentido de autoridad, pero en realidad siguen una intención diseñada de forma que acaban yendo hacia la dirección que deseas.

Y, sí, somos conscientes de que esto te puede parecer diametralmente opuesto a la escucha activa. Sin embargo, lo que ocurre es que, cuando se activa el detonante de alguien, deja de pensar con claridad y se queda estancado en sus posturas y problemáticas. Si la has evaluado bien, sabrás cuál es su interés subyacente, a dónde necesitas llegar para resolver el conflicto, pero, por triste que sea, no puedes decírselo; en medio de una disputa, recibir instrucciones nunca es bien recibido. Por ejemplo, es mucho más fácil que alguien, cuando está enfadado, critique la comida que le ha preparado otra persona a que se queje de la que ha preparado él mismo.

De ahí que necesitemos usar las preguntas capciosas, para ayudar a quienes te importan a encontrar soluciones que sean beneficiosas para todos.

Te las presentamos. Hay cinco tipos:

- **De alusión:** Un tipo de pregunta que, por el lenguaje o el tono que usa, muestra un punto de vista concreto o alude a una respuesta específica. Por ejemplo: «¿Tú crees que deberíamos despedir a Bob, ese loco de recursos humanos?». Ese calificativo indica de forma subliminal cuál sería la respuesta «correcta». Esta pregunta también puede venir acompañada de expresiones faciales que muestren emoción. «¡Ay! ¡Qué atracción más divertida! ¿Nos montamos de nuevo?». Tras ella, será mucho más difícil que tu pareja o el amigo que te acompaña, incluso cuando no la haya disfrutado como tú, se niegue a seguir en la feria y montarse de nuevo.

- **De presuposición:** Un tipo de pregunta que adelanta un pensamiento, opinión o sentimiento y que, además, pide que sea expuesto. Por ejemplo, al decir: «¿Qué es lo que más te gusta de la nueva línea de productos?» se dirige la respuesta a apoyar un lanzamiento comercial. Con «¿Cuánto daño estaríamos considerando si presionáramos para que se pusiera en práctica la restricción de la política?» se transmite la idea de que es una mala iniciativa. Y al decir: «¿A qué restaurante te apetece más que vayamos a cenar el viernes: a Durgin Park, a Yard House Pub, que está por Fenway, o al sitio ese de marisco del que nos habló tu hermana?» mostramos que buscamos estar de acuerdo con una decisión.

- **De coerción:** En este caso, se formulan con una petición que confirma o rechaza una idea, propuesta o decisión que luego resulta complicado rectificar, como por ejemplo: «Apoyarás la nueva normativa, ¿verdad?». Las preguntas de este tipo son las más agresivas y, por lo tanto, deben usarse con moderación, porque, si no contamos con cierto grado de aceptación de antemano, pueden llegar a provocar el efecto contrario al que deseamos: que la otra persona se cierre en banda. Y, por supuesto, si quieres que alguien rechace por completo una idea, plantea una pregunta de coerción absurda; así obtendrás la respuesta que no quieres. «Susie no se molestará si cancelamos el viaje de este verano, ¿verdad?».

- **De interrelación:** Se hace una afirmación que contiene información irrefutable o algún sesgo, junto con una pregunta relacionada: «Los datos de la encuesta parecen indicar que un gran porcentaje de los aficionados está a favor de que los partidos de los sábados se jueguen más temprano. ¿A qué hora deberíamos programarlos?». Ahí, lo más probable es que no obtengas peticiones para mantener el *status quo*. O: «Cada vez que nos escapamos para desconectar volvemos con las pilas cargadas. ¿Qué te parece si faltamos a clase y reservamos una cabañita en Kiawah para el fin de semana que viene?». Es posible que tu amigo diga que no por el precio, la falta de planificación, el tráfico o cualquiera de las variables existentes, pero sí es probable que consigas tiempo para desconectar de otra manera y que siembres la semillita de la propuesta de ir allí de vacaciones en algún momento. Cuando uses este tipo de preguntas, asegúrate de que la afirmación principal sea objetiva al cien por cien; las referencias subjetivas pueden llegar a ser contraproducentes y provocar discusiones.

- **Oferta de opcionalidad:** Se le pide a la otra persona que elija entre dos opciones que consideras igual de satisfactorias. Al preguntar «Si tuviéramos que hacer una reforma, ¿qué preferirías? ¿Una cocina nueva o renovar el dormitorio principal?», haces que tu pareja comience a pensar sobre mejoras en la casa. «Podríamos aumentar la financiación que destinamos a I+D o quizás hacer crecer el departamento de *marketing*. ¿Qué te parece más conveniente?». Cualquiera de las elecciones sería útil si tu objetivo es invertir capital en la empresa. Sin embargo, también puedes darle cierto giro a esta estrategia si una de las opciones es algo que sabes que la otra persona va a rechazar.

Te ponemos un ejemplo bien directo: «¿Quieres que compre el papel higiénico que te irrita al limpiarte o mejor el afelpado?». ¿Qué más podemos decir? Naturalmente, con este tipo de preguntas siempre es posible que la respuesta sea «ninguno de los dos», pero, en realidad, estamos presentando una alternativa encubierta y, por lo tanto, las opciones que requieren reflexión previa funcionan mejor. Además, en ocasiones, también se puede emplear tres o más opciones, aunque solo si la cantidad de información no recarga demasiado a la otra persona.

Cuando uses las preguntas capciosas, trata de emplear el mismo lenguaje, fraseología y expresiones que usa la persona cuya lógica quieres seguir. Toma prestadas sus palabras, haz preguntas en sus términos y céntralas en ella. Usa «tú» y «usted» (o «nosotros», si estás tratando de potenciar el trabajo en equipo) en lugar de «yo» siempre que sea posible: «Prefieres A o B»; «¿Qué es mejor, A o B» o «¿Debería elegir A o B?».

Respira hondo; sabemos que hay mucho que digerir. Las preguntas capciosas requieren tiempo de reflexión y de leer entre líneas, y hacerlas bien es casi una habilidad en sí misma. Lo que marca la diferencia es la práctica y pensarlas de antemano. Nosotros consideramos que son más eficaces cuando se integran en el proceso general de la resolución de conflictos mediante los siguientes pasos:

1. Utiliza las técnicas de escucha activa del capítulo 3 para tratar de descubrir cuál es el interés subyacente de la otra persona. Aunque recuerda: puede estar oculto, intencionadamente o no, en medio de toda una montaña de posturas y problemáticas. Ten paciencia. Escucha de manera activa. Intenta no sacar conclusiones apresuradas ni corras a buscar soluciones a los problemas. Necesitas hacerte una imagen completa de lo que es fundamental para la otra persona y descubrir el porqué, y si eso requiere varios encuentros que te permitan cocinarlo todo a fuego lento, que así sea; aprovecha también esa oportunidad para crear una relación.

2. Una vez sepas cuál es el interés, piensa en posibles vías de acción o soluciones para el conflicto que creas que pueden ayudar a la otra persona a alcanzarlo, y en tu mapa mental coloca un pin en las dos o tres que te parezcan más útiles. Si ninguna te convence, sigue hablando (puedes pedir hacer un descanso o una pausa para comer si lo ves necesario).

3. Ve utilizando preguntas capciosas para ir guiando a la otra persona hacia las soluciones que has encontrado.

El santo grial de los conflictos es conseguir que la otra persona sienta que ha sido ella quien ha dado con/contribuido a llegar a/o sugerido la respuesta al problema —el camino indicado, el momento «¡Eureka!»—. Tú eres un miembro del pueblo sherpa y ellos son los exploradores que quieren clavar su bandera en lo alto del Himalaya; para que las preguntas capciosas surtan efecto, debes deshacerte de tu ego y estar dispuesto a trabajar sin llevarte el reconocimiento. Al igual que un verdadero sherpa, eres tú quien determina qué ruta es la más fiable para después dejar que tus «guías» piensen y presuman de haber sido ellos quienes han decidido tomarla.

Tenemos un truco que quizás pueda ayudarte, aunque no sea ninguna locura, ni mucho menos se considere una fórmula secreta: sácale jugo a las preguntas capciosas escribiéndolas en una pizarra blanca. Y si no tienes una en tu despacho o lugar de trabajo, cuando vayas a recurrir a ellas, busca una sala de conferencias que tenga una. Hace poco, durante una mediación de divorcio, Doc G recordó lo útil que podía llegar a ser este método.

Para sorpresa de nadie, resulta que el proceso de separación de una pareja estaba en un punto complicado. Llevaban nueve años casados y, a pesar de ello, no se conocían demasiado bien; el marido era un hombre preocupado por el dinero, hogareño y estaba bastante chapado a la antigua, mientras que a la mujer le gustaban los lujos, estar todo el día fuera y pasarse hasta altas horas de la noche conectada a redes sociales. Él insistía en que cualquier gasto que se hiciera con la tarjeta de crédito de su mujer era responsabilidad de ella, y ella, por su parte, quería quedarse con la casa, que le pagara una pensión para redecorarla y el Lexus SUV que acababan de comprarse.

—Por mí, que a partir de ahora duerma en esa chatarra que tiene como auto —dijo.

Aparte, había comenzado una campaña en Instagram para tratar de desacreditar tanto a él como a su empeño en medir con cuidado lo que gastaban. Mientras tanto, la trayectoria *online* de su marido se componía de una única publicación.

Una mañana, al amanecer, cuando ella dormía tras el trajín de la noche anterior, él le robó el teléfono, adivinó su contraseña (¡a la primera!) y subió un *post*:

«Nos obligan a acudir a mediación, aunque Shnookums dice que si lo único que se lleva a casa es su cepillo de dientes y sus valores, se lleva la mejor parte del trato». Y al final añadió toda una retahíla de emoticonos bastante inapropiados; eso se lo ahorramos.

Menos de seis horas después, Doc G los recibió a ambos en la sala de conferencias de su oficina; no había visto la publicación del marido, pero la mujer la había impreso y se la había llevado.

—Bueno, pues como lo único que quiere es su cepillo de dientes, creo que ya está todo hablado —dijo tras ponerle el papel en la mano que le había ofrecido como bienvenida—. Podemos irnos, ¿no?

—Veo que estás deseando acabar cuanto antes —dijo Doc G—. De hecho, apuesto a que ambos quieren acabar con todo cuanto antes; no quieren seguir atrapados en este pozo sofocante ni un minuto más del necesario. ¿Me equivoco?

Ambos negaron con la cabeza.

—¡Perfecto! —continuó diciendo—. Me parece una disposición maravillosa.

Después, acercó dos sillas para que se sentaran frente a la pizarra el uno al lado del otro.

—¿Les parece que comencemos con una evaluación de sus activos y pasivos financieros?

Ambos volvieron a mostrarse de acuerdo (aunque cada uno con intención de justificar su postura). El juzgado le había remitido a Doc G las actas de sus declaraciones, vistas y expedientes junto con la información de su estado financiero, pero ambos debían aprobar un plan para repartir sus bienes, derechos y obligaciones, que, en total, eran los siguientes:

50 000 dólares en efectivo.

175 000 dólares en una cartera de acciones.

25 000 dólares en joyas.

35 000 dólares de indemnizaciones pendientes por parte del anterior jefe del marido.

220 000 dólares de valor de mercado de su vivienda.

400 000 dólares pendientes de la hipoteca de su residencia principal estando al descubierto en 180 000 dólares (adivina en qué año).

65 000 dólares de deudas por compras con una tarjeta de crédito.

40 000 dólares restantes tras el préstamo del Lexus, que estaba a nombre de la mujer.

Durante los meses anteriores, ambos se habían lanzado a la cabeza todas las posturas y problemáticas imaginables: que no querían que el otro estuviera en casa, que quién le debía qué a quién, que si uno debía compensar la huella de carbono de su todoterreno, que si el otro le había arruinado la reputación, que si demandas relacionadas con un pagaré que habían hecho en una servilleta de cóctel (la mujer había prometido en su primer aniversario congelar óvulos, ya que su marido era estéril), o el valor monetario de los favores que se habían hecho a lo largo de los años, las disculpas públicas que se debían mutuamente, quién debía «ceder» primero… Era *agotador*. Y no solo para Doc G, como agente externo, sino también para ellos. Por suerte, no necesitó nada más que echarle un vistazo a las transcripciones del juzgado para encontrar el interés subyacente de ambos: querían liberarse de todas las responsabilidades que tuvieran con el otro, fueran las que fueran.

Ahora, repasa de nuevo el resumen de bienes y obligaciones. La pantallita de tu calculadora te está lanzando una posible solución, ¿verdad? Es un balance equilibrado. Si se quedaran con cualquiera de sus bienes (casa, auto o joyas), terminarían llenos de deudas. Aunque, por otro lado, si pagaran las que tienen, perderían todos los objetos de valor que estaban usando para culparse, juzgarse, reprocharse, hacerse la víctima y, en definitiva, para mostrarse en contra el uno del otro y, por lo tanto, seguir en conflicto. Una gestión sencilla, ¿no?

Pero por desgracia, la cabezonería humana no nos permite ver esas soluciones que, en otras circunstancias, habríamos abrazado sin dudar un instante. Las personas que se mantienen firmes en su decisión de hacer las cosas a su manera tienden a pasar de largo las salidas que conducen a la resolución de conflictos; continúan en su carril, sin querer usar la lógica y la razón. Por lo tanto, si Doc G hubiera sido franco y les hubiera señalado cuál era la vía más rápida, justa y equitativa que tenían disponible, habrían retrocedido por la misma razón por la que habían acudido al medicamiento: su falta de voluntad para dar el brazo a torcer.

Así pues, se dispuso a acercarse a la pizarra en blanco.

—Les voy a tener que pedir que me disculpen; se me dan fatal las matemáticas. Tengo que escribirme las cosas o si no acabo teniendo que contar con los dedos de las manos y de los pies… Y me apestan los pies.

Aquello arrancó sonrisitas, y lo cierto es que, teniendo en cuenta cómo se habían comportado hasta entonces, fue un alivio. Les devolvió la sonrisa en un ejemplo perfecto de la técnica del espejo.

—¿Les importaría echarme una mano? —Pasó a preguntar entonces—: ¿Cuánto dinero había en la cuenta conjunta?.

Escribió la respuesta en la pizarra.

—Y además tenían acciones, bonos y demás, ¿verdad?

Ambos asintieron.

—Y también una cuenta de inversión para la compraventa de activos financieros, ¿cierto? Perfecto. ¿Y cuánto dinero había en ella? —preguntó.

En todo momento, tuvo cuidado de conjugar los verbos en pasado; era consciente de que usar el presente podría reforzar la relación emocional con el dinero. Aparte, iba formulando preguntas capciosas de alusión para mostrarles que el dinero ya no era motivo de disputa. Después, escribió la cifra de su patrimonio neto justo debajo de la cantidad de dinero que tenían en efectivo. Fue repasando el resto de bienes gracias a las indicaciones que le daban mientras les hacía una pregunta capciosa con cada uno. Una vez acabó, trazó una línea, escribió la cantidad total y la rodeó con un círculo.

—Tenían también un par de tarjetas de crédito, ¿verdad? —les preguntó, aprovechando para devolverles el asentimiento que le habían dirigido—. ¿Cuánto dinero había en ellas?

Lo añadió a la pizarra en una nueva columna. Fue repitiendo el proceso con cada una de las deudas que tenían y haciendo las cuentas pertinentes hasta llegar al total. Entonces, trazó una segunda línea, puso la suma y volvió a rodearla; quedó justo al lado del total de activos que poseían. Qué casualidad.

—Debo reconocérselo —dijo, mientras miraba la pizarra y mostraba aprobación con su lenguaje corporal—. Fue acertado aceptar esta mediación. Si hubieran seguido dejándolo todo en manos de los tribunales, habrían tardado una eternidad; no hay nada que les guste más que alargar las cosas. O sea que las facturas habrían ascendido enormemente. ¿Cuánto calcularían que habría sido?

Fue intercambiando suposiciones con preguntas de interrelación. Ambos contestaron con cifras inmensas.

Pasó a hacer una media aproximada con sus respuestas y la escribió bajo el total de su deuda actual en rojo.

—Uf, pues cómo me alegro de que lograran librarse de pagar esta barbaridad.

Y, tras ello, lo rodeó con otro círculo.

—Gracias por ayudarme, por cierto —añadió mientras tomaba asiento y soltaba un suspiro de alivio. Su rostro mostraba felicidad—. Y por la paciencia con mi falta de aptitudes matemáticas.

Luego, esperó.

No fueron más que un par de segundos; el marido torció la cabeza y señaló:

—Oye, ambos números son iguales. ¿Por qué no usamos nuestros bienes para pagar las deudas?

—¡Oh, vaya! —exclamó su mujer, irónica—. ¡¿Cómo nadie se ha dado cuenta antes?! Pero te estás equivocando como siempre, tonto; es el número en rojo. Si tenemos que pagar eso, no nos conviene ni de broma.

Doc G intervino lo más rápido que pudo.

—Oh… Claro, pueden pagar las deudas de la segunda columna con el dinero de la primera y decirles a sus abogados que adiós, muy buenas. ¡Es estupendo! ¿Quieren que me encargue del papeleo y así ustedes se libran un poco de toda la parafernalia?

Ambos se mostraron de acuerdo. Caso cerrado.

A veces, por muy obvia que parezca la resolución de un conflicto y lo beneficiosa que pueda ser, no sirve de nada si una de las partes no está conforme con ella. Elaborar planes y proponer seguirlos es como intentar meter a la fuerza en un remolque a un caballo que se niega a entrar: son mucho más fuertes que tú, y puedes tirar con todas tus fuerzas, pero no lo conseguirás hasta que ellos decidan moverse. Tal vez alguna vez has escuchado el proverbio de «Puedes llevar un caballo al agua, pero no puedes obligarlo a beber», que quiere decir más o menos lo mismo. El objetivo no es lograr conducirlo hasta el agua; es ayudarle a darse cuenta de que tiene sed y mostrarle que lo que le permitirá beber está ante sus ojos. Céntrate en la otra persona. Juega con el jugador. Hazle sentir que las decisiones que toma son suyas.

IMPULSO VERSUS DOMINÓ

Nuestra misión es conseguir que los conflictos sean lo menos duros posible (y nos atreveríamos a decir incluso que sean divertidos a veces), pero, por muy fáciles de aplicar que parezcan nuestros trucos, por mucha confianza que consigas generar o por mucho que logres motivar a alguien de forma intrínseca, solucionarlos puede llegar a ser complicado. Puede llegar a absorber muchísima energía. No obstante, muchas veces descubrir la manera de gestionar nuestra energía —y ayudar a otros a gestionar la suya— es lo que nos ayuda a acabar con los conflictos y, para conseguirlo, tenemos que tener en cuenta el ritmo al que avanzamos; es un paso crucial a la hora de jugar con el otro jugador. Cuando dos oponentes mantienen un ritmo de juego inadecuado y distinto al del otro, se quedan sin energía, y al sentirse agotados, sobrecargados o abrumados, el conflicto aumentará (y nunca va a disminuir).

Uno de los temas más populares en nuestros cursos para empresas es la fórmula que hemos descubierto para lograr establecer el ritmo adecuado de una interacción de manera eficaz. La llamamos *impulso versus dominó*. Y, como guiño a la importancia de jugar con el otro jugador, al hablar de alcanzar el ritmo que consideramos adecuado, hablamos de *jugar con impulso* o *jugar al dominó*.

Jugar con impulso consiste en ir acumulando poco a poco pequeñas victorias para llegar a una mayor, a la verdadera resolución. Para ello, primero hay que identificar e ir eliminando, golpe a golpe, los problemas más pequeños: nos deshacemos de las cortinas de humo y de los temas irrelevantes para, a continuación, pasar a las cuestiones relevantes, que conforman la raíz del conflicto —lo más fácil de tratar, arreglar y dejar resuelto—, que te darán cierta sensación de progreso, de ir ganando velocidad, que es lo que quieres que sienta la persona con la que estás teniendo el conflicto. De ahí lo de *impulso*. A continuación, se va subiendo por la pirámide hasta que se alcanza y aborda el tema más importante.

¿Conoces a alguien que siempre empieza su lista de tareas pendientes por las que menos tiempo consumen? Pues estaba jugando con impulso. Y es útil para las personas que se abruman con facilidad o que echarían un vistazo a los planos de un rascacielos y dirían: «Vaya, qué verdadera hazaña».

Si la interacción que estás llevando a cabo es con alguien que se agota pronto, que abandona sus tareas antes de tiempo o que no le gusta asumir demasiadas ni tener grandes responsabilidades, tendrás que ir más despacio, empezar por algo pequeño e ir dosificando su energía. Hazlo también si pecan de precavidos, si necesitan poner a prueba sus ideas antes de comprometerse con algo, si eluden los temas complicados, si prefieren tener una charla insustancial a discutir las cosas en profundidad o si insisten en investigar sobre algo antes de dar su opinión. Además, jugar con impulso también funciona con las personas más competitivas: las victorias rápidas y fáciles dan sensación de triunfo y de progreso.

El impulso es ideal para analizadores, colaboradores y acomodadores.

Por otro lado, jugar al dominó consiste en dirigir el golpe a los cimientos para que el resto de la casa se derrumbe por su propio peso. Primero se identifica la cuestión principal y se afronta directamente. Todo lo demás puede esperar. Se dejan a un lado los problemas «satélite» y los esfuerzos se dirigen a lo más importante, y una vez resuelto lo primordial, lo siguiente…, bueno, ya no parece tan importante. Y se va haciendo así de forma sucesiva, abarcando cuestiones que se van resolviendo por sí solas gracias al esfuerzo que se ha hecho de antemano. Por eso nos parece tan acertado llamarlo *dominó*; toda la situación se convierte en una bola de nieve que cae rodando hasta lograr una solución rápida.

Cuando estudiabas, ¿tenías algún compañero de clase que siempre terminaba sus trabajos antes de tiempo, a veces incluso el mismísimo día que los mandaban (y luego, mientras tú te pasabas la noche en vela para enviar el proyecto en el último minuto, él estaba tan tranquilo tomándose una piña colada)? Pues es de los que juegan al dominó. Y es muy útil para las personas impacientes.

Resulta, de hecho, casi una bendición para aquellos que detestan tener muchos temas en mente, los que están demasiado ocupados como para preocuparse por los detalles más pequeños, los que odian que las cosas se alarguen hasta el fin de los tiempos y para quienes, al encarar labores que no los satisfacen, emplean la táctica de «cuanto antes acabe, mejor». Además, es perfecta para los que arrancan la tirita de golpe, los que no dudan en aceptar un reto y para quienes flaquean en caso de prórroga. Por lo tanto, lo es para evasores y competidores.

~

Las relaciones que mantenemos a lo largo de nuestra vida son extravagantes, íntimamente únicas y están en constante evolución. Las más profundas se ven envueltas en todo tipo de altibajos y requieren nuestra implicación emocional, aunque es algo que solemos estar encantados de ofrecer. Sin embargo, entre todas las conexiones personales que son importantes para nosotros y que queremos mantener durante décadas, esta implicación también supone muchos retos y nos ofrece múltiples ocasiones para poner a prueba nuestro temple y exponerlo a la enésima potencia. Nadie es perfecto. Somos susceptibles a las idas y venidas y a los engaños; nos ponemos nerviosos al darnos de bruces con situaciones incómodas y tenemos ocasiones en las que somos egoístas y no escuchamos lo que nuestros seres queridos están tratando de decirnos. Nos invade el estrés. Sentimos cansancio. Dejamos de ver más allá y, a veces, incluso de ser nosotros mismos.

A nivel individual, este libro trata sobre cómo descubrir la mejor versión de nosotros mismos, cómo aumentar la conciencia sobre uno mismo en los momentos en los que tendemos a ser menos conscientes: esos momentos en que dejamos de ser nosotros mismos, o en los que deseamos poder ver las cosas en retrospectiva antes de que sea demasiado tarde.

Por nuestra parte, esperamos que *Cómo llevarse bien con todo el mundo* te esté ayudando a conocer cuáles son tus detonantes y tu perfil de personalidad ante el conflicto, a comprender los de los demás, a reconocer cuándo perdemos de vista nuestro interés subyacente o cuándo lo mantenemos oculto entre cientos de posturas y problemáticas; a mitigar tus emociones cuando escalan hasta el punto de comprometer el uso de tu lógica y razonamiento y a olvidarte de ti mismo y resistir el impulso de centrarte solo en las cartas —es decir, en el conflicto— una vez te descubras en el medio de uno. Si consigues perfeccionar tu habilidad en alguna de estas cuestiones, lograrás superar cualquier obstáculo. Tendrás sangre fría mientras los demás se desploman a tu alrededor. Y lo que es casi más importante: estarás a prueba de engaños; serás consciente de que siempre habrá quien trate de hacer trampas en el juego y aprovecharse de ti en situaciones de conflicto.

A nivel grupal, por otro lado, este libro trata de enseñar cómo el resto de personas actúan, reaccionan y manejan las distintas situaciones cuando se salen de su zona de confort, cuando dejan de ser ellos mismos. Y esperamos que lo uses como guía para ayudar a los demás a atravesar conflictos, a mitigar sus propias emociones antes de que se desborden, a alcanzar soluciones positivas y beneficiosas para todos cuando parezcan a punto de salírseles de las manos o, como le gusta decir a los participantes de nuestros seminarios que se dedican al deporte, «meterse en tu camino».

Y también esperamos que, mientras juegas con el otro jugador, utilices los conocimientos que has adquirido para fortalecer tus relaciones, forjar otras nuevas y revivir las antiguas. Al fin y al cabo, las carreras, las amistades y los matrimonios más exitosos son siempre resultado de una gestión de relaciones impecable. Y, para acabar, volvemos a poner como ejemplo a Matt Damon en *Apuesta final*:

> «Dime, ¿por qué crees que llegan los mismos cinco tipos a la mesa final en los mundiales de póquer? Siempre, ¡cada año! ¿Qué son? ¿Los tipos más afortunados de Las Vegas?».

Hay ciertas cosas que tú mismo puedes hacer para ser uno de esos jugadores a la hora de aumentar tus probabilidades de ganar ante el tablero de la resolución de conflictos. Ya sales favorecido solo con aumentar la confianza entre ambas partes, descubrir el interés subyacente del otro e identificar el ritmo adecuado con el que abordar la situación; sin embargo, puedes también personalizarlo para que vaya dirigido de un perfil de personalidad ante el conflicto concreto a otro.

Cuando lo hagas, saldrás *muy* favorecido.

Sección II

6
El evasor

El golfista Tiger Woods se alzó con la victoria del US Open de 2008, en su centésima decimotercera edición, tras haber recorrido el campo de Torrey Pines South Course cojeando a causa de dos fracturas y un desgarro del ligamento cruzado anterior, e incluso tras jugar dieciocho hoyos más en su quinto día de campeonato para lograr desempatar contra el tenaz Rocco Mediate.

K. J. Choi, el primer miembro coreano de la Asociación de Golfistas Profesionales de América (PGA, por sus siglas en inglés), ganó el Tampa Bay Classic en 2007 con siete golpes de ventaja mientras sufría un intensísimo dolor abdominal; a la mañana siguiente se encontraba en el quirófano para que le extirparan el apéndice, que estaba a punto de reventar. «Lo cierto es que durante el día sentía malestar y un dolor muy agudo», dijo más tarde a través de un intérprete. «Lo único que pensé fue: *Bueno, me centraré en ir hoyo a hoyo*».

El vértigo obligó a J. B. Holmes a retirarse del Campeonato de la PGA en 2011. No obstante, resultó ser más que eso: una afección del cerebelo conocida como «malformación de Chiari» que requirió una cirugía cerebral. Y, para colmo de males, resultó ser que J. B. era alérgico al adhesivo que emplearon para fijar la placa que tuvieron que colocarle en el cráneo y nadie lo sabía; un mes después de la operación tuvo que ser trasladado de urgencia en avión desde su casa en Kentucky al hospital Johns Hopkins en Maryland para que le hicieran una segunda intervención que, por suerte, le salvó la vida. La línea temporal de los acontecimientos fue: agosto, campeonato de la PGA; septiembre, primera operación; octubre, segunda operación; enero, de regreso al campo para jugar en el Farmers Insurance Open.

Desde los once años y durante su paso por el instituto, Stacy Lewis tuvo que llevar un pesadísimo corsé ortopédico que le cubría todo el cuerpo durante más de dieciocho horas, cada día y sin descanso. Tenía escoliosis severa; su columna vertebral estaba tan torcida que, a veces, incluso le dolía la espalda al toser y al reír, y otros movimientos, como tratar de tocarse los pies, le eran imposibles. También tenía problemas respiratorios, hasta el punto que llegaba a sentir que se quedaba sin aire de pronto. ¿Y sabes cómo pasaba las horas en las que podía estar sin corsé? ¿Descansando? En absoluto. Lo llevaba también por las noches para poder extender al máximo el tiempo que podía emplear para usar sus palos de golf. Por doloroso que fuera, adoraba jugar al golf, y tras siete años y medio de ardua terapia le permitieron despedirse del corsé... aunque solo para acabar en el quirófano y someterse a una fusión espinal que hizo que tuviera que perderse la temporada de golf de su primer año de carrera. Sin embargo, al siguiente, se convirtió en la campeona de la Southeastern Conference (SEC). Un año después, entre todos los percances posibles, sufrió una lesión de espalda; sin embargo logró recuperarse al final de la temporada y ganó el título de la NCAA. Nadie lo esperaba. A medida que fue pasando el tiempo, Stacy consiguió obtener doce victorias en el LPGA Tour, dos premios a la mejor jugadora de golf del año, el Rolex a la mejor deportista del año y, cinco años después de convertirse en profesional, el número uno en la clasificación mundial.

Son todos casos extraordinarios e inspiradores, desde luego, y representan apenas algunos de los tesoros que guardan los archivos de la historia del deporte a nivel mundial. Lo que compartían los ejemplos anteriores era una capacidad increíble de mantener la concentración incluso en situaciones complicadas; la de lograr sortear cualquier tipo de distracción, pormenor, información externa y las fluctuaciones de nuestro rendimiento en determinados momentos; la capacidad de buscar internamente una respuesta correcta y la de ir a por todas aunque el resto de los problemas asomaran la cabeza. Y, por supuesto, que todos eran de jugadores de golf.

Lo que nos lleva al porqué tras nuestra decisión de usar *golfista* como sobrenombre para el perfil de personalidad ante el conflicto del evasor: debido a los puntos en común que tiene con la manera de ser de las personas que —al igual que Woods, Choi, Holmes y Lewis (y cientos de otros más)— logran hacer un *birdie** incluso desde la peor de las posiciones.

Es probable que, tanto si juegas al golf de vez en cuando con tus amigos como si te dedicas a ello de forma profesional, hayas tenido días en los que el campo parece plagado de hierba alta y densa que lo dificulta todo. Y sentimos decírtelo, pero leer este libro no te ayudará a superar ese obstáculo, lo que sí podemos recordarte es que, en el mundo del golf, es mucho más fácil afrontar los problemas cuando les restamos importancia, cuando logramos convencernos de que en realidad nunca son gran cosa; cuando nos percatamos de que lo único que hay que hacer es asestar otro golpe.

Los psicólogos deportivos que cuentan con extensísimos currículos y con reconocimiento a nivel mundial, y que trabajan con los ganadores del PGA Tour, dedican un porcentaje muy alto de su tiempo de consulta a entrenarlos para que sean capaces de cambiar el enfoque con el que afrontan los conflictos que se les puedan presentar (por ejemplo, cuando cometen un fallo, cuando deben lidiar con un obstáculo, cuando tienen que jugar con mal tiempo o cuando hacen un *bogey*†). Les enseñan a centrarse, única y exclusivamente, en la labor de golpear la bola que tienen frente a ellos.

Y, para ello, les aconsejan, de la forma más resumida posible, que en situaciones de presión no sobreanalicen lo que tienen delante; que no se

---

* *N. del T.*: En golf, «hacer un *birdie*» indica que se ha conseguido completar un hoyo con un golpe menos del par establecido (es decir, el número de golpes ideal para completarlo).

† *N. del T.*: En golf, «hacer un *bogey*» indica que se ha conseguido completar un hoyo con un golpe más del par establecido.

vayan por las ramas durante las negociaciones con sus *caddies*, que no intenten compensar los errores pasados y que no traten de abarcar demasiado ni de «arreglar» las cosas (sobre todo, las relacionadas con la mecánica del juego). Que finjan que no está ocurriendo nada malo. «No te llevará más que unos segundos. Elige una estrategia sencilla (tanto con el palo como con el *swing*) y que hayas practicado miles de veces; fija la mirada en un único objetivo e imagina la manera en la bola llega hasta allí. Y, después, golpea sin dedicarle un solo pensamiento más a nada ni a nadie».

¿Te resulta familiar? Vuelve al capítulo 2. Examina de nuevo la parte dedicada al perfil del evasor y busca coincidencias entre esta metodología y la forma en que las personas que pertenecen a este perfil enfrentan los conflictos personales y profesionales. Te resultará útil por un par de razones: en primer lugar, porque te ayudará a comprender mejor este Go-To (sobre todo, sus puntos fuertes) y, en segundo lugar, porque es un ejemplo perfecto de que pensar que todos son iguales es una forma de ver las cosas bastante desacertada.

No todas las personas que juegan al golf pertenecen a este perfil y viceversa. De hecho, recuerda que lo único que marcan los Go-To es la manera en la que se reacciona ante el estrés y los enfrentamientos. En realidad, si llamamos a los evasores *golfistas*, al igual que con el resto de sobrenombres que les damos a los perfiles, es porque nos ayuda a delinear sus características, a darles un marco de referencia funcional, a facilitarnos la misión de identificarlos y a hacer que la relación que establecemos de cada uno de ellos con las personas de nuestro entorno sea más divertida y eficaz. Al fin y al cabo, cuando se trata de conflictos interpersonales, lo que de verdad cuenta son las distintas características de cada perfil, no el nombre que se les da.

Para ello, y para que no parezca un tema que no queremos abordar, creemos que deberíamos tratar el sentido «clínico» del nombre de este estilo de personalidad ante el conflicto; el de *evasor*, que es científicamente más ilustrativo que el de *golfista*. Aun así, estamos seguros de que entiendes por qué a veces evitamos el anterior. La gente suele asociar la evasión como un comportamiento negativo, ya que, a largo plazo, resulta contraproducente para nuestro bienestar, como cuando dejamos de lado nuestras responsabilidades, cuando no vamos con la verdad por delante o cuando tratamos de no cruzarnos con uno de nuestros suegros. Sin embargo, la evasión, tal y como se relaciona con este Go-To, no tiene nada que ver con eludir responsabilidades ni ignorar obligaciones; la analogía más adecuada, tal vez, sería «esquivar baches».

Los evasores se esfuerzan por mantener el auto en la carretera sin que los pequeños escollos del camino les impidan avanzar. Consideran la mayoría de los conflictos como una distracción que los aleja de sus objetivos y, por lo tanto, conviene evitarlos. Van dejando que sean los demás quienes se encarguen de rellenar los huecos o, si puede ser, prefieren dejarlos como están. Desviarse no es difícil, al fin y al cabo. Por lo tanto, dejar de lado los problemas es la decisión más acertada a la hora de gestionar su propio tiempo y energía. En su opinión, claro.

No obstante, cuando los baches se hacen tan grandes que acaban por entorpecer el tráfico, se activan sus detonantes y dejan de evitar el problema de inmediato. De hecho, si de ellos dependiera, alquilarían un calentador de asfalto, cogerían un rastrillo y un pisón y se pondrían manos a la obra, sin molestarse siquiera en ir a buscar unos guantes. Y casi que mejor apartarse de su camino.

Los evasores, al igual que el resto de Go-To, tienen sus puntos fuertes y sus puntos débiles, y todos ellos pueden usarse en nuestro beneficio. A veces, ser un evasor o tener uno en tu equipo es una ventaja.

Por ejemplo: acaban de instalar un sistema de lectura de huella dactilar en la fábrica en la que trabajas, pero tiene un pequeño «bache»; debes quitarte los guantes para entrar. Es invierno. En Minneapolis. Y eso no es todo, el escáner deja de funcionar cuando se congela. Decides avisar al departamento de sistemas informáticos para que lo reinicien; es un proceso que dura veinte minutos durante los cuales debes esperar en el exterior y congelarte, ya que las tarjetas-llave que usaban antes han sido destruidas y el departamento de sistemas informáticos no está autorizado para controlar quién entra. No, la leche de la máquina de café que hay en la salita de descanso no es lo único que hierve: todos tus compañeros expresan su frustración.

Las quejas llegan al director de operaciones de la empresa, que trabaja, al igual que el resto de la cúpula directiva, en la sede que se encuentra al otro lado del río, en Saint Paul (qué oportuno). No obstante, y pese a que hayan sido sus actualizaciones de seguridad las que hayan creado el problema, hace oídos sordos, y la única respuesta que han recibido los intentos de comunicación de tu equipo se ha materializado en una circular compuesta por tres líneas de texto:

LA SEGURIDAD ES NUESTRA MAYOR PRIORIDAD

Comprometerla JAMÁS va a ser una opción

Tolerar las pequeñas molestias es la clave de la excelencia

¿«Pequeñas molestias»? Ya entiendes los comentarios que has escuchado hacer a tus compañeros de trabajo. Y, bueno, ¿tú qué haces? ¿Dimites por principios? ¿Le echas la bronca al director de operaciones como si fueras Billy Martin, el legendario entrenador de los Yankees, y él un árbitro? ¿Intentas convencerlo de que cambie de actitud? ¿Le inundas el buzón del correo electrónico? ¿Te diriges directamente al director general? ¿Te limitas a callarte la boca y a ser otro «miembro del equipo» más? Por suerte, ya tienes un ejemplar de *Cómo llevarse bien con todo el mundo*, te has dado cuenta de que tu director de operaciones es un evasor y sabes que nada de eso va a funcionar.

Todo el mundo considera que la gente que tiene este perfil es la «culpable», el «problema», y si tú también lo pensaras, acabarías perjudicado; no lograrías reparar el bache. No, en este caso es mejor sacar tu carné del baile e invitar a la fiesta a todos los puntos fuertes que tienen los evasores. Programa varias reuniones a las ocho de la mañana en la sede de Minnesota con el pretexto de hablar de una serie de operaciones cruciales que deben hacerse en las instalaciones de la fábrica; de esa forma, el director se verá obligado a asistir (aunque por esencia y no por exigencia). Y… ¡vaya! ¡Qué casualidad que justo coincida con las previsiones meteorológicas de temperaturas bajo cero! No harán falta más que una o dos mañanas para que comience a echar un vistazo (o más bien a ir descongelando, ja, ja) a las listas de «sistemas y proveedores de seguridad» de las páginas amarillas.

¡PREPARA EL GOLPE!

Los evasores están en su salsa cuando se enfrentan a tres tipos de conflicto en concreto: (1) desacuerdos banales o de poca importancia, (2) problemas que se desarrollan con lentitud y que empeorarían si se abordaran de forma prematura y (3) confrontaciones complejas o situaciones de emergencia que requieren una precisión y eficacia extraordinarias para encararlas.

El primero es producto de la tendencia que tienen a mantenerse al margen de los conflictos y, por defecto, como evitan las discusiones, los roces y las riñas insignificantes, no contribuyen a agravar los problemas más pequeños. Por lo tanto, si alguna de las partes de un conflicto que podría resolverse por sí mismo es un evasor, terminará rápido. Y, sí, puede que no sea una «habilidad» de los evasores en sí misma, pero desde luego que podemos obtener beneficios de ella.

Una vez más, hay que tener en cuenta que los Go-To son estados de la personalidad que emergen cuando se activa un detonante, en situaciones de tensión en las que la lógica y la razón flaquean. El verdadero don de los evasores reside en que, cuando ocurre, logran mantener sus prioridades, se aferran a sus objetivos, ignoran las distracciones, relegan a un segundo plano las cuestiones menos importantes y son capaces de acallar el ruido de su mente. Para muchas personas, hacer eso en un momento crítico es muy complicado. Así pues, si hay alguien en tu oficina que siempre hace montañas de un grano de arena, ponlo a trabajar con un evasor; se encargará de poner en práctica su creatividad para reunir al equipo, potenciar la comunicación y asignar tareas para lograr neutralizar cualquier posible falta de productividad.

El segundo tipo de conflicto se beneficia de la casi eterna paciencia de los evasores, que resulta muy útil para afrontarlo si el problema no es una bomba de relojería; es decir, si requiere cierta maduración y un cocinado a fuego lento para alcanzar consenso y que todos puedan comprenderlo. Por desgracia, es común que los conflictos interpersonales parezcan que también son así, y no vemos que realmente están a punto de estallar, así que te aconsejamos que solo recurras a los evasores para abordar este tipo de conflictos cuando estés seguro de que no están condenados a desbordarse (a escalar).

Por otro lado, al tercer tipo podríamos llamarlo también el de *los conflictos de incendio de grasa*, porque son tan graves y tan urgentes que el tiempo y la energía que se debe invertir en ellos se consumen a toda velocidad. No obstante, cuando las partes implicadas ya no sepan qué más decir y se den cuenta de que, si siguen discutiendo, todo se irá al traste, puedes recurrir al evasor del equipo. Cédele las riendas de la situación por completo. Bajo presión, su ingenio es una verdadera bendición, y no tardará en actuar con la agilidad y precisión de un cirujano. Aunque, claro, solo si los demás no se entrometen ni interfieren en su labor; detestan las interrupciones. De hecho, suelen ser uno de sus detonantes, lo que anularía cualquier ventaja que pudiera aportar la participación de ellos.

Debes ser estratégicamente proactivo; es decir, ser capaz de identificar cuándo se ha dado una de las circunstancias anteriores, si uno de los participantes es un evasor y (a), de ser así, dejar que el conflicto se desarrolle, siendo conscientes de que están implicadas las personas adecuadas, o (b), en caso contrario, proceder de una de las siguientes maneras:

- En caso de que tú mismo te encuentres envuelto en el conflicto, desempeña el papel del evasor.
- Si el conflicto se ha producido en el seno de un proyecto grupal, suma a un evasor al equipo.
- O bien, puedes proceder sin la ventaja de contar con los puntos fuertes de un evasor y tratar de determinar cuál es el Go-To de la persona a la que se le ha activado el detonante y ha comenzado el conflicto (y proceder según el capítulo que aborda dicho Go-To).

En lo que se refiere a la primera propuesta, si en tu estado natural no eres un evasor, puedes seguir un par de sencillos pasos para, al menos, acercarte a serlo de manera efectiva:

1. ¡Resiste los impulsos! ¿Recuerdas cuando estabas en el instituto y te gustaba alguien? ¿Te acuerdas de lo que hacía que se alejara de ti? Que insistieras demasiado, por supuesto. Y, sí, es más fácil decirlo que hacerlo, pero el punto clave para ser un evasor es no implicarse. Ignora las insinuaciones. No respondas a los correos agresivos. Activa la respuesta automática de «no disponible». Y, simplemente, di no a todo lo insustancial, a lo que te robe tiempo.

2. Crea un plantilla para seguir la evolución del conflicto y ve rellenándola. Los evasores suelen jugar al dominó, así que lo mejor es ordenar las distintas cuestiones de mayor a menor importancia. Empieza tachando el tercio inferior y, para el resto, ve fijando fechas en las que deban estar resueltas. Después, vuelve a ordenarlas según cuánto hayan tardado en solucionarse y, de nuevo, tacha el tercio inferior y dedícate solo a lo que queda.

CÓMO HACER QUE UN EVASOR VUELVA A SU CALLE

Por muy en consonancia que estés con los puntos fuertes de los evasores, es posible que en algún momento tengas que colaborar con uno de ellos y que te encuentres en una situación en la que la tarea que tengas entre manos coincida justo con sus puntos débiles. Como, por ejemplo, en momentos en los que se requiera comunicación frecuente y extensa, en los que no se pueda trabajar en solitario, en los que deban seguirse unas directrices muy estrictas o en los que sea primordial tener una gran amplitud de miras. Un entorno con estas limitaciones puede llegar a activar sus detonantes hasta el punto en que pueda convertirse en un lastre tanto para alcanzar el objetivo como para la familia, la misión de la empresa e incluso para él mismo.

Aun así, llegado algún punto, tendrás que tratar con él (o ella) cuestiones relativamente triviales. Las iniciativas a escala mundial, por ejemplo, requieren de un mecanismo formado por millones de piezas diminutas en continuo movimiento y, por mucho que un evasor quisiera hacerlo, no puede ignorarlas. O puede darse el caso de que uno de tus seres queridos pertenezca a este perfil. Imagínate que se encuentra en medio de una relación un tanto farragosa, en la que no se han establecido límites claros y en la que no dejan de recriminarse mutuamente responsabilidades y de arrastrar cuestiones pendientes. Así pues, como están deseosos de salir de ese pozo lo antes posible, se frustran e impacientan, y eso les provoca el impulso de escapar. Y sabes bien lo que ocurre al intentar trepar por una superficie resbaladiza: te escurres, vuelves a deslizarte hasta el fondo y te das en el trasero.

Entonces, regresando a la analogía del golf, ¿cómo hacemos que un evasor vuelva a la calle? Pues bien: hagas lo que hagas, no recurras a un analizador; es el estilo de personalidad que más choca con el suyo, su peor pesadilla. Los analizadores avanzan con cautela, recopilan información con gran meticulosidad, inspeccionan cada ángulo y pisan el freno al menor indicio de presión de tiempo. Y, cuando se activa el detonante de un evasor, lo que quiere es eliminar el conflicto de su lista de tareas pendientes... *para ayer*. Aparte, a los analizadores les encanta investigar. Las preguntas abiertas son sus favoritas, y tanta indagación vuelve locos a los evasores. *Bla, bla, bla,* pensarán. *Qué ganas de perder el tiempo*. Porque, sí, no hay nada (ni a nadie) que odien más que lo que (o a quienes) les hace perder el tiempo.

Por otro lado, si resulta que tu propio Go-To es el del analizador, tienes dos opciones: (1) aprovechar el momento más oportuno para retirarte y poner en el *ring* a otro compañero de tu equipo; preferiblemente, a alguien que sea acomodador. Los acomodadores encajan a la perfección con los evasores porque ninguno de ellos quiere verse envuelto en un conflicto si no es necesario y, por lo tanto, buscarán la forma rápida de deshacerse de ellos. Si se diera el caso de que no fuera posible, no obstante, el acomodador empezaría a mostrarse interesado en el problema en cuestión, y lo haría sin esperar nada a cambio y sin actitud competitiva ninguna, mientras que el evasor se centraría en abordar directamente el tema. En consecuencia, el evasor aceptaría su solución; no chocarían entre sí. Sería la unión perfecta. Aunque, como alternativa (2), podrías buscar la cabina telefónica más cercana y convertirte en la mejor versión de Clark Kent de la que fueras capaz: ponte la capa de acomodador y deja atrás tu otro yo para dar rienda suelta a sus puntos fuertes.

Pero ¿y si no te sientes cómodo haciendo de acomodador? ¿Y si no tienes la suficiente práctica con su enfoque a la hora de gestionar conflictos interpersonales o si no puedes integrar a un acomodador en un conflicto concreto en el que esté involucrado un evasor? ¿Qué puedes hacer?

Pues, resaltando una de las claves principales de este libro, jugar con el jugador. Al conocer cuál es el Go-To de una persona, sabes también cuál es su detonante —qué es lo que lo pone nervioso, lo que lo altera—, y hacer lo contrario calmará los picos emocionales que experimenta. Al fin y al cabo, jugar con el jugador significa abordar los conflictos no como si fuera una batalla entre tú y la otra persona, sino como una interacción en la que las palabras que usas y tus acciones influyen en lo que ellos mismos dicen y hacen. Al igual que Casey Ryback, en las películas de *Alerta máxima*, aprovecha la fuerza que ejercen —el deseo ferviente que tienen de alejarse de las situaciones incómodas, de lo que los frustra, de regresar a aquello que calma sus emociones— para redirigirlos.

> «Hay algunas cosas que solo pueden lograrse si damos un salto hacia la dirección opuesta».
>
> **—Franz Kafka**

Para los evasores, que los conflictos acabasen desapareciendo por sí solos sería como hacer hoyo en uno y, si logran resolverlos en poco tiempo, o si no tienen que involucrarse lo más mínimo, como hacer un par. Por otro lado, lo que acaba haciendo que se retiren (mentalmente) es el uso de tonos condescendientes, enfrentarse a un negociador demasiado duro, ver que sus esfuerzos no están dando resultados, las reuniones interminables y tener que seguir reglas demasiado rígidas. Practicar aikido con un evasor, por lo tanto, consiste en (a) ayudarlo a ver que su instinto de huida solo empeorará la situación mientras (b) se le muestra que tu plan es capaz de solucionar el conflicto, lo que le permitirá volver a centrarse en las metas que considera más merecedoras de su tiempo.

Para lograrlo, podemos servirnos de su capacidad de concentración. Elige un problema y juega al dominó: ve centrándote en la cuestión más importante y fundamental y no esperes que los evasores acudan a ti ni que surja el momento oportuno en el que puedas «enseñarles» cómo seguir tus pasos; eso solo alimentará su instinto y comenzarán a dirigirse hacia el lado contrario. Como reza el antiguo dicho, «no puedes ganar una batalla de miradas contra la esfinge». No obstante, nosotros, a lo largo de los años, hemos descubierto una secuencia de tres técnicas que ha resultado ser muy efectiva:

1. **Conviértete en un cohete.** Avanza rápido. No te andes con rodeos ni pierdas tiempo enviando correos y reorganizando el trabajo. Déjate de cháchara y ve directo al grano, sin tonterías. Hazles saber, de forma clara y directa, que el objetivo —el único objetivo— es resolver de inmediato el conflicto y que tomar las medidas necesarias hará que se ahorren tiempo. Además, muestra que estas dispuesto a dejar todo con tal de hacerles el favor de quitarles el problema de encima.

2. **Aprovecha el vaivén de la marea.** Independientemente de lo elegante que sea tu forma de actuar, es probable que los evasores intenten poner trabas y posponer el momento de abordar el problema. No importa; mantente en tus trece y, de nuevo, evita usar el correo electrónico si es posible, ya que tienden a ignorar los mensajes. Sin embargo, no es tan sencillo hacerlo cuando la otra persona se presenta ante tu puerta. La clave aquí está en insistir. Repite, en cada interacción que tengas, que la táctica que le sugieres seguir va a ser capaz de solucionar el conflicto (y, por tanto, que tú te marches). Algunos ejemplos para que puedas seguir la oscilación de la marea serían:

   Tomar la ola 1. Comenzar diciendo algo semejante a «Mi prioridad es respetar tu tiempo, así que ¿necesitas que haga algo en específico para que tú puedas ____________________?».

   Tomar la ola 2. «Espero que estés teniendo una buena semana. ¿Qué tal va ______________? ¿Necesitas mi ayuda para agilizarlo? ».

   Tomar la ola 3. «Sé que estás ocupadísimo, así que dime cuándo te viene bien que nos veamos para acabar de una vez por todas con ____________________? Yo a mediodía puedo sin problema». Y como lo que menos le gusta a un evasor es tener que reunirse con alguien, nos llevará directo a...

3. **Inclina la balanza del enfado.** Tras haber seguido el paso de las olas, te encontrarás metido de lleno en el camino de los evasores; por lo tanto, la única opción que les queda es enfrentarte a ti o pasar a enfrentar el problema. Por lo general, siempre analizan qué es lo que les llevaría a perder más tiempo, así que, para lograr inclinar la balanza de su enfado, hazles ver que tratar contigo va a suponerles mucho más que arrancar la tirita y afrontar el conflicto (lo que, además, también hará que tú desaparezcas de su vista).

EL RESTAURANTE DE POLLO

Una vez, Doc G tuvo el honor de llevar el caso de una pareja de recién casados que había denunciado a una cadena de comida rápida de pollo muy conocida. Lo que había comenzado siendo una típica luna de miel acabó siendo de todo menos eso (a menos que estés incluyendo las payasadas de Chevy Chase haciendo de Clark Griswold en la película de *¡Socorro! Ya es Navidad*). De hecho, el incidente estuvo a punto de no llegar siquiera a la mediación, lo que nos parece una moraleja perfecta de lo que podría ocurrir cuando no se logra manejar bien un conflicto con un evasor.

La cuestión comienza con el hecho de que una mujer y su marido habían ido posponiendo dos años el viaje de sus sueños, desde que se habían casado. Eran almas trabajadoras, estaban ultracomprometidos con su profesión y eran comedidos con sus gastos. Jamás derrochaban o dirigían su dinero a caprichos extravagantes. No, vivían dentro de sus posibilidades y siendo muy conscientes de cuáles eran, así que estaban deseando permitirse soltarse un poco y variar. Así pues, Las Vegas, la Ciudad del Pecado, era el destino perfecto para llevar a cabo su «parón de responsabilidades».

De camino al aeropuerto, como querían reservar el dinero que llevaban —y que nunca habían gastado en lujos— para los espectáculos y casinos del Strip, hicieron una parada en el «corral de comida rápida» más famoso de Estados Unidos (no nos atrevemos a revelar el verdadero nombre de la cadena). Les pareció que sería mejor que pagar los exorbitantes precios del *duty free*. El restaurante estaba relativamente vacío, pero, aun así, recibieron una ovación y varios «¡que vivan los novios», ya que habían decidido disfrazarse, él con esmoquin y ella con su vestido de novia, para revivir el día de su boda.

Sonrieron, pidieron la comida y se sentaron, pero entonces la mujer decidió levantarse de nuevo e ir al baño. Al cabo de unos segundos, se escuchó un grito capaz de helar la sangre:

—¡AAAAAAAAAH!

De un golpe, el marido movió la mesa y sus sillas y corrió hacia el baño, seguido por otros cuatro clientes más. Y allí, en el suelo, se encontró a su esposa, agarrándose el brazo sobre un enorme charco.

—¡Ayúdame a levantarme! —gritó.

Él se inclinó hacia delante para tomarla del brazo.

Aquello hizo que volviera a gritar.

—AUUUUUUU.

—Ay. Lo siento, cariño.

Se acomodó mientras uno de los otros clientes se acercaba y le ayudaba a levantarla por el torso. El vestido estaba empapado y tenía una mancha enorme… y amarilla. El olor era inconfundible: se había resbalado en un charco gigante de pis.

Justo en ese momento, entró el encargado del restaurante, y podría haber sido uno de los miembros de la familia Addams que había descubierto recientemente la gomina. Lo que, curiosamente, también apareció en ese momento fue un cartelito de «suelo resbaladizo» justo en la entrada del baño. Era bastante evidente que, al darse cuenta de lo que había ocurrido y aprovechando el revuelo, se había apresurado a buscarlo y llevarlo hasta allí. Además, había sacado del almacén el registro de limpieza del baño, falsificado la firma de uno de los empleados y vuelto a colgarlo en la pared, donde se suponía que debía estar. Sin embargo, no era precisamente el lápiz más afilado del estuche y las cámaras de vigilancia lo captaron todo.

Una verdadera ganga para la pareja, ¿verdad? La mujer demanda a la cadena de comida rápida por daños y perjuicios a causa de una negligencia grave y le dan millones de dólares de indemnización. No obstante, había cierto inconveniente... Era una evasora.

—Ay, señora —le dijo el encargado—. No sabe cuánto lamento que no haya visto el cartel. ¿Necesita algo? Cualquier cosa...

—Usted limítese a servirme la comida.

—Por supuesto. Ahora mismo.

Tras acompañarla de nuevo a la mesa, el marido le preguntó:

—Cariño, ¿no crees que deberíamos ir al médico a que te viera el brazo?

—¿Qué? ¡Ni de broma! No pienso perderme nuestro viaje a Las Vegas por culpa de un imbécil que no sabe fregar el suelo.

Llegados a ese punto, no solo se le había activado un detonante, sino que se le había multiplicado por dos —tanto por la caída como por la posibilidad de que el viaje que tanto tiempo había querido hacer se fuera al garete—. Claro que llevar un vestido de novia chorreando orina y hecho un asco tampoco ayudaba demasiado a mantener la compostura.

Por otro lado, su marido se encontraba en medio de la intersección crítica de la gestión de conflictos. ¿Cuál es la mejor forma para dirigirse a un evasor en un caso así? Pues lo que dijo fue:

—Claro, mi amor.

¡Oh, no! ¡Craso error!

Se fue hasta el mostrador, pidió que les pusieran la comida para llevar y se la comieron durante el resto del viaje hasta el aeropuerto. Al cabo de unas horas, salieron rumbo a Las Vegas y allí terminaron perdiendo diez mil dólares en partidas de blackjack. La tensión de ir soltando el dinero que habían ahorrado para su luna de miel, mezclada con todo el licor que había bebido, hizo que el marido dejara de preocuparse por el brazo de su esposa. Además, ella había tomado un par de analgésicos que le había ofrecido uno de los empleados del hotel en el que se hospedaban, que no parecía tener demasiados escrúpulos, y tampoco le prestó mucha atención. Al menos no hasta el vuelo de regreso.

Empezó a dolerle muchísimo. Se le acabaron las pastillas. Y su estado de humor fue cuesta abajo y sin frenos. Así que su marido hizo un segundo intento:

—Amor, creo que deberías ir al médico para que te eche un vistazo.

De verdad. Nuestro billete de avión incluye conexión wifi; si quieres, puedo reservar una cita en línea. Podemos pasar hoy de camino a casa.

Modo «cohete» activado. Empezó entonces a decirle que no creía que les llevara mucho tiempo e hizo hincapié en lo poco que le importaba hacerlo y en que ella ni siquiera tendría que ocuparse de los pormenores; que lo haría él.

—Prefiero pasar página —replicó ella—. Olvidarlo y centrarme en otra cosa.

—Pero es que no me gusta verte sufrir—insistió—. Como mínimo, hablar con una enfermera y que sea ella quien te dé un analgésico, pero imagínate que fuera grave. Lo último que quiero es que empeore y tengan que operarte.

Aquello vino seguido de un silencio.

Entonces, continuó, solo que en un tono un tanto más desenfadado:

—Aunque, ¿quién sabe?, a lo mejor hasta conseguimos que el restaurante nos indemnice por lo que ha pasado.

Hubo una nueva pausa que duró hasta que, por fin, la mujer dijo:

—Me lo pensaré.

Vaivén de la marea, seguido.

Pese a todo, él no se dio por vencido; ni siquiera el silencio que siguió aquella conversación lo disuadió. Fue sacando el tema a medida que pasaban los días, aunque siempre con interés genuino y tacto, lo cual resulta útil para suscitar un posible acuerdo y sin mostrar condescendencia. De esa forma, plantó en la mente de su mujer la idea de la compensación monetaria junto con la de un posible empeoramiento de su brazo, lo que también acabó derribando la ficha más grande del dominó: el reciente descenso que había sufrido su cuenta bancaria, ya que, por mucho que el dinero que habían gastado en sus vacaciones hubiera estado reservado de antemano —por supuesto— y que fueran muy conscientes de sus gastos, les dolía igual.

Aun así, él tampoco dejó que el dominó se tambaleara demasiado. Acabó sentándose ante la laptop y entró en el portal de pacientes de su médico de cabecera. No lo ocultó en ningún momento y, de hecho, fue clamando en alto lo fácil que era.

—Mira, haces clic aquí y aquí —narró mientras navegaba por la página—. Y aquí. Clic. Fin. Te he pedido una cita de quince minutos con el doctor Gil, por si tienes ganas de ir, y ya paro de molestarte. Descansa un poco, cariño. Y mientras, aprovecho e investigo un poco sobre abogados especializados en resbalones y caídas; sería genial que encontráramos a alguien que fuera muy bueno en estos casos. Y si les parece que el nuestro les encaja, yo mismo me encargaré de darles lo que necesiten para la demanda y así tú puedes centrarte en ponerte bien.

—De acuerdo —asintió ella. Después, apoyó la mejilla en su hombro, se recolocó la manta y cerró los ojos.

Balanza del enfado, equilibrada.

Consiguió encontrar el punto perfecto entre mostrarle la sencillez de ir a hacerse una radiografía y la energía que le consumía su atención continua, hacer lluvia de ideas sobre las posible formas de proceder y formular distintas sugerencias. Además, le comunicó en todo momento que sería él quien asumiría la carga emocional y el tiempo que supondría el tema de la demanda y que trabajaría con los abogados para evitar cualquier conflicto futuro que pudiera crearse a raíz de ello.

Así pues, una vez consiguió mantener a raya la parte evasora de su esposa, ambos se presentaron ante el doctor Gil. Las pruebas mostraron que tenía una fractura en el brazo y, en menos de veinte minutos, ya lo llevaba escayolado. La mujer decidió pedir la baja en el trabajo; como buena evasora, no quería tener a todos sus compañeros presentándose en su despacho para preguntarle qué le había pasado ni mucho menos que se molestaran en mandarle flores y deseos de mejora. Lo que hizo fue aprovechar para retomar un cuadro que había estado pintando hace tiempo y que quería terminar.

Su marido, mientras tanto, localizó a un buen abogado y puso la demanda, aunque, para aquel entonces, la cadena de comida rápida tenía margen suficiente para cubrirse las espaldas. Su abogado aprovechó el Go-To de la mujer —su actitud evasiva inicial y su deseo inmediato de salir de la zona de conflicto (el restaurante)— para desacreditar su historia al argumentar que parecía considerar mucho más importante su luna de miel que su salud. Además, las cámaras de seguridad no llegaban hasta los baños, y ninguno de ellos había sacado el teléfono para hacer fotos que sirvieran de prueba. Por desgracia, para un jurado (y, bueno, también para la revista *Dateline**), el impacto de una foto en alta resolución de una mujer con un vestido de novia cubierto de pis y tirada en el suelo de los baños de un restaurante habría sido mucho más revelador. Por no mencionar que la pareja tampoco se llevó el recibo de su pedido, que mostraría la fecha y hora en que se había hecho, así que la empresa del restaurante se aprovechó de ello para declarar que la lesión debía de haber tenido lugar en Las Vegas y adjuntó las cuentas del casino y los bares en los que estuvieron. Por otro lado, presentó un requerimiento judicial para proteger su reputación y exigió que la mujer fuera llamada a declarar.

Ahí tenemos otro de los detonantes de los evasores: tener que enfrentarse a situaciones de negociación severas y directas. Lo primero que dijo la mujer fue: «No quiero que me metan en una sala con todos esos buitres», que era justo lo que la empresa del restaurante quería: asustar tanto a su parte evasora que le pareciera que retirar la demanda era la opción más atractiva. Y, de hecho, ella estaba dispuesta a hacerlo. Sin embargo, su abogado puso una excusa para poder retrasar la redacción de desistimiento el tiempo suficiente como para que tuvieran que presentarse a la audiencia preliminar y, por suerte, la jueza fue capaz de ver tras la cortina de humo que había extendido la empresa del restaurante.

Fue entonces cuando determinó que el caso pasara a mediación y se lo asignaron a Doc G. Ambas partes tenían mucho que perder. La ineptitud del encargado del restaurante, la posibilidad de ir en busca de los testigos de lo ocurrido y la perspectiva de que el caso se hiciera viral en redes significaban que, incluso ganando el juicio, la imagen de la cadena sufriría un duro golpe. Y, por otro lado, la recopilación de pruebas, las declaraciones interminables y la acumulación de los costos de la defensa

---

* *N. del T.*: En este contexto, se refieren a la revista estadounidense del mismo nombre, que pertenece a la cadena televisiva NBC y que, en la actualidad, se centra principalmente en historias de crímenes reales. También tiene formato de programa de televisión.

eran más que suficientes para agotar a la parte evasora de la mujer. Además, existía el riesgo de que el jurado no creyera su versión luego de que se llevara la comida, disfrutara de sus vacaciones, actuara como si no le sucediera nada en el brazo y más tarde tratara de recuperar las pérdidas que le había supuesto su visita a los casinos de Las Vegas.

El trabajo de Doc G, como figura neutral externa, consistía en ayudar a ambas partes a llegar a una solución de mutuo consenso y, al final, llegó a un acuerdo por valor de 100 000 dólares. La cadena de restaurantes de pollo logró proteger su imagen, pero la suma de dinero que pagó fue lo bastante grande como para lograr promover la realización de exámenes internos de cumplimiento del reglamento sanitario. Por su parte, los recién casados revirtieron la suerte de su luna de miel y lograron evitar que la parte evasora de la mujer se precipitara al abismo, aunque perdieron un tiempo de oro por culpa del mal manejo del estado del Go-To de la mujer durante el momento en el que mayor estaba siendo la influencia de su detonante. Más tarde, su abogado le comentó a Doc G que, si hubiera podido ponerse en marcha el mismísimo día del resbalón en el baño, habrían podido negociar un acuerdo de hasta dos millones de dólares como mínimo.

De las muchas enseñanzas que se pueden extraer de este caso, la que nosotros más destacamos es que gran parte de la resolución de conflictos radica en conocer cuál es el momento perfecto para abordarlos. Sí es cierto que el marido dio con la estrategia correcta para hacerlo y eso los salvó de acabar en la ruina, pero como no prestó atención al ritmo y no se adaptó a la forma en la que evolucionaban los detonantes de su mujer, perdieron una cantidad de dinero que les habría cambiado la vida.

Cuando se da un caso de conflicto con un evasor con el que trabajas o tienes una relación, debes actuar lo antes posible, porque cuanto más tardes, mayor será su tendencia a huir del problema. Si no priorizas una tarea en concreto, lo más seguro es que no la cumpla, pero si no puede dejarla de lado, tratará de afrontarla lo más rápido posible. Querrá que esté fuera de las listas de su agenda. Es justo ahí donde se encuentra la alineación de sus intereses, así que ve adelante y trata de alcanzarla.

Y ahora, un consejo de nivel profesional: uno de los mejores regalos que puedes hacerles a los evasores de tu entorno para prevenir conflictos es mantener tu radar alerta para detectar sus detonantes. Cuando veas que se acerca uno, actúa de inmediato; no trates de calmarlo. En el caso que acabamos de presentarte, esto equivaldría a haber sido consciente de que el pico de emoción de la mujer en el restaurante y su brusca reacción ante el encargado eran parte de la tendencia de huida de su Go-To en pleno apogeo. Ese habría sido el momento ideal para jugar al dominó, convertirse en cohete, dejarse arrastrar por la marea e inclinar la balanza del enfado.

~

Recapitulemos: las personas que pertenecen al perfil de personalidad ante el conflicto evasor prefieren actuar por su cuenta y apartarse de las situaciones tensas. No les gusta que las controlen ni que les impongan normas estrictas. Si de ellas dependiera, jamás asistirían a reuniones ni a sesiones destinadas a la planificación de proyectos. Detestan perder el tiempo. Se comunican poco, por lo que es habitual percibir que apenas prestan atención (e incluso que ignoran) a los demás. Si pueden, evitan las discusiones, los debates, los roces y los enfrentamientos en todo momento; si no, se esforzarán al máximo para lograr deshacerse del problema cuanto antes. Los puntos clave para tener éxito en una negociación o un conflicto con un evasor son:

- Ponerse en movimiento sin andarse con rodeos.
- Aprovechar el tiempo y la energía al máximo.
- Centrarse en un objetivo.
- Jugar al dominó.
- No dejar que un gran problema se agrave, pero si es un asunto de poca importancia lo mejor es dejarlo pasar.
- Ser persistente (no te lo tomes como algo personal si te ignoran).

Por lo general, lograr superar un conflicto con un evasor es una batalla de voluntades, debido a que, al querer evitar los problemas, se resistirá a abordarlos de primeras; tienes que conseguir que se lance a la piscina, además de comprometerte a nadar a su lado. Además, si eres el responsable de intervenir en las batallas de voluntades (o de prevenirlas) —es decir, si eres el jefe o si eres tú quien se encarga de organizar el equipo o un grupo social— ten en cuenta a quién emparejas con quién. Por ejemplo, los evasores encajan de maravilla con los acomodadores, pero, en caso de que haya un proyecto o se encuentren en una situación en la que puedan surgir tensiones, evita emparejarlos con un analizador. Aparte, ser consciente de a qué perfil pertenecen los distintos empleados y los directivos puede marcar una diferencia importante si se busca reducir el estrés de un entorno en concreto. De hecho, hacer de «casamentero» entre los Go-To puede llegar a potenciar las ventas.

Y esto lo sabemos porque, hace un tiempo, una famosa empresa de construcción de helicópteros contrató a Doc G para que diera una formación a sus altos ejecutivos, y se encontraba hablándoles del perfil del evasor cuando, de pronto, el director de ventas lo interrumpió:

—Vaya. ¡Si estás describiendo al hombre que tengo de jefe de ventas de la división rusa! Por lo general, trabaja muy bien, pero últimamente está... como estancado. Y la cuestión es que cuento con él para cerrar un acuerdo gigantesco, pero nada, que no deja de poner excusas. Eso es que está evitando, ¿no? Significa que ese es su perfil. Pues no sé cómo abordarlo. Me quedo corto diciendo que el comprador es una de las personas más poderosas del mundo. ¿Qué hago?».

Doc G casi se relamió. Pasó a dejar de lado los PowerPoints de la sesión y se puso manos a la obra. Y es que resulta que el comprador era un competidor...

7
El competidor

Lo cierto es que, si echas en el caldero de conflictos dos empresas multimillonarias, un CEO de fama mundial, un hombre que dice a todo «sí, señor», un puñado de oligarcas rusos, el dueño de una franquicia deportiva profesional también muy conocida, un agente comercial con un coeficiente intelectual fuera de serie y el resumen de cuotas trimestrales, comienza a borbotear pero bien. Madre mía, ¿en qué se había metido Doc G?

Cuando embarcó en el vuelo que lo llevaría a su destino, estaba emocionado. Tenía muchas ganas de impartir esa charla; el tema era «construir culturas de equipo sólidas». Las diapositivas, ejemplos y ejercicios que había preparado hablaban de cómo evitar las disputas que se dan en el día a día de las empresas que se dedican a exprimir al máximo tanto la productividad de la empresa como la de sus empleados, y estaba listo para dar todo tipo de consejos sobre cuestiones como potenciar la comunicación abierta. Sin embargo, de pronto, comenzó a sentirse como si estuviera en una reunión clandestina durante la Guerra Fría.

Porque ahí estaba, en *Moscú* —si hasta veía la Plaza Roja y el Kremlin tras la ventana de la sala de conferencias del Four Seasons Hotel—, y el jefe de ventas internacionales (al que llamaban Hogs) de una empresa que no solo construía helicópteros para llevar a cabo transacciones comerciales, sino también aviones de ataque para las principales potencias mundiales, le estaba pidiendo consejo para conseguir que un operativo ruso —ups, queremos decir «jefe de ventas de la división rusa»— le diera la vuelta a la negociación que estaba en curso con uno de los ciudadanos más ricos de Estados Unidos (el presidente de un imperio tecnológico que vende *softwares* a gobiernos de todo el mundo). Era aterrador.

No obstante, también le concedió la oportunidad de facilitar la cooperación internacional entre ambas empresas y de convertir el conflicto en una colaboración. Sí, sabemos lo que están pensando: justo el propósito de este libro. Y Doc G se metió de lleno.

—¡Bueno, pues veamos! —dijo, tras ponerse en modo escucha activa y acercar la silla a sus espectadores con la intención de aumentar el ambiente de equipo al estilo del capítulo 5—.Pónganme al día.

Así pues, Hogs comenzó a hacerlo. Al parecer, apenas unos años antes, él mismo había sido el encargado de elegir al que era el actual jefe de ventas de la división de Rusia y Europa del Este, su puesto subalterno. Según le contó, el joven, Yevgeny, era todo un emprendedor; tenía resistencia para trabajar durante largos períodos de tiempo sin detenerse y asimilaba los conceptos técnicos a la velocidad de la luz. Además, tenía un don para detectar los detalles de las necesidades de los clientes, con lo que lograba prescindir de los intermediarios y conseguía que dirigieran la atención a otros elementos de la compra de helicópteros, los más atractivos. Por lo tanto, había ido ascendiendo a toda velocidad en el seno de la empresa y ni siquiera había necesitado supervisión: sus cifras de ingresos constantes habían sido más que suficientes. En cuestión de unos meses se encontraba vendiendo helicópteros a magnates del petróleo, artistas de rap y estrellas de cine.

Al cabo de un tiempo, le habían concedido el título de director más joven de la historia de la empresa en la división rusa, que era una de las más importantes, así que, cuando su jefe recibió la llamada del CEO estadounidense, también ultrarreconocido, la decisión fue inmediata: asignarle la misión a Yev. Y sabía que no tenía experiencia en ese mercado, pero confiaba en él, porque ya lo había visto tratar con el tipo de hombres con los que sabía que tendría que negociar: los que tenían un ego más grande que toda la empresa. Aparte de que los directivos estadounidenses preferían los *jets* privados a los helicópteros, y a eso se dedicaban los veteranos de su división.

El problema era que, además de eso, un mes antes le habían asignado al vicepresidente de esa misma división la misión de firmar un contrato de ocho cifras con el propietario de uno de los equipos de la NFL y todo había salido mal. Muy mal. De hecho, el interesado había hecho público su descontento; por no mencionar que habían acabado firmando el acuerdo con la empresa competidora. Por supuesto, Hogs no estaba dispuesto a volver a pasar por lo mismo, así que había mandado a Yev a San Francisco, donde estaba teniendo lugar la CES (la megaconvención anual de innovación electrónica).

Era allí donde tenía que acudir a la reunión de presentación con el altísimo magnate estadounidense. Supuestamente. En su lugar, se encontró con su asistente. He aquí el hombre del permanente «sí, señor».

—¿Dónde está su superior? —le preguntó Yev.

—En su *suite* —respondió—, preparándose para su discurso de esta noche.

—Ah, o sea que está aquí, pero no tiene tiempo para reunirse conmigo.

—Sí, pero no se preocupe. Estoy completamente autorizado para llevar a cabo la negociación.

Claro que el detonante de Yev ya se había activado.

—A mí esto me parece una pérdida de tiempo. Estamos a punto de comenzar a construir a medida el helicóptero más espectacular del mundo. Si a su jefe no le interesa lo suficiente como para presentarse aquí, no hay nada más que hablar.

Y con eso se levantó y se fue.

Tenía entre manos otras negociaciones; de hecho, con tres oligarcas rusos, y estaba acostumbrado a que lo agasajaran y trataran como a un rey. Al fin y al cabo, cuando un comprador de ese nivel le echaba el ojo a algo, no escatimaban en gastos para hacerse con ello. Además, no querían que nadie se entrometiera en sus negocios, por lo que no perdían el tiempo con «diálogos comerciales», lo cual era perfecto para él —para su parte evasora—. Al llegar a su habitación del hotel, se percató de que tenía cientos de mensajes pendientes. Eran del asistente.

«Me parece que ha habido un malentendido. Soy el encargado de llevar a cabo esta compra».

«Por favor, regrese y así podremos negociar».

«¿No está recibiendo mis mensajes?».

«¿Y qué se supone que tengo que decirle yo ahora a mi jefe?».

«¿Sabe? Cuando hago una pregunta, lo mínimo que espero es una respuesta».

«¿Acaso tiene idea de con quién está tratando?».

«¡Responda!».

Solo leerlo hizo que le empezara a doler la cabeza, así que ni se molestó en contestar. Le parecía que seguirle el rollo a ese don nadie (palabras textuales de Hogs) le haría entrar en un bucle infinito. Además, sabía que le pasaría la información a su jefe, pero sin darle los detalles que sabía que no quería oír. Así que, mientras reflexionaba sobre aquella pésima gestión y consideraba lo eternos que se le harían los próximos días de negociaciones, sintió que la migraña empeoraba. Pensó que si volvía podría dedicar su tiempo a los contratos con los oligarcas, que eran casi más importantes, y que en comparación con ellos, un CEO estadounidense no era nada.

Así que borró los mensajes.

Después, sacó la maleta del armario y volvió a guardar su ropa. «Estoy seguro de que ni siquiera saben lo que quieren», se dijo en el proceso. «¿Qué clase de persona manda a su asistente a comprar un avión que cuesta un millón de dólares? Vamos, me juego lo que sea a que pretendía quejarse por cada centavo para después decirme que no les interesaba. Así que gracias, pero no».

Y, tras eso, pilló un taxi y se dirigió al aeropuerto. Cambió la ruta que tenía para pasarse por Helsinki y San Petersburgo, donde se reunió con el resto de sus clientes, y silenció las notificaciones; ni siquiera se molestó en revisar el correo electrónico.

Una vez llegó a casa, descubrió que tenía la bandeja de entrada inundada de correos del asistente. Encima, las visitas a los oligarcas habían acabado siendo todo fiesta y poco papeleo, por lo que le iban a llevar más tiempo del previsto. Estaba agotado; lo último que quería era tener que lidiar con las tonterías de un asistente ejecutivo que no entendía la indirecta. Por lo tanto, durante las siguientes semanas siguió ignorando los mensajes.

—Y el CEO ha decido ponerse en contacto por otro medio, imagino —intervino Doc G.

—¡Ah, sí —exclamó Hogs—. Justo ayer el asistente nos mandó un correo. ¿Cómo lo has sabido?

—Es el procedimiento habitual de los competidores. ¿Qué decía?

Hogs procedió a sacar el teléfono y se lo mostró. El cuerpo del mensaje estaba en blanco, pero había un elemento adjunto; se trataba de una carta en papel escaneada con el logo de EA y las iniciales del CEO. Decía:

Estimado señor:

Hemos tratado de ponernos en contacto en numerosas ocasiones con su asociado, pero, lamentablemente, no hemos recibido respuesta.

Nos gustaría poder concluir nuestro proceso de adquisición del helicóptero. Queríamos saber si hay alguien más en su equipo con quien podamos hablar o deberíamos llevar nuestro negocio a otra parte.

Reciba un cordial saludo,

Cal Entoby

Doc G soltó una risita.

—O sea que ahora mismo tienen a un evasor y a dos competidores con los detonantes activados, ¡maravilloso! ¿Saben? Hay formas mucho menos arriesgadas de llegar a este punto; al fin y al cabo, no sabían cuál era el perfil de personalidad ante el conflicto del CEO, pero, vaya, que si no hubiera sido también un competidor, se habría dirigido a otra empresa y santas pascuas. Así que, ¡enhorabuena!, acaban de abrir las puertas al paraíso de los emparejadores de los Go-To, porque no solo hay esperanzas de que el trato comercial salga adelante, sino que pueden negociar uno de primera.

Pasó entonces a explicarles que el perfil del competidor se caracteriza por su afán de alcanzar objetivos y por su agresividad en la forma de lograrlos. Lo que buscan es conseguir lo que se les pone entre ceja y ceja y hacerlo cuanto antes.

Para elegir el sobrenombre de este Go-To, recurrimos a una referencia al fútbol americano, ya que la velocidad y la fuerza con que las personas de este perfil se enfrentan a los retos recuerdan a la de un *linebacker* que encara a un *quarterback*: desde el momento en que comienza el partido, van a por todas y cargan con todo lo que tienen, sin detenerse, hasta que suena el silbato.

No obstante, este Go-To tiene bastante mala reputación; la gente considera que ser «competitivo» y «agresivo» es algo negativo, como ser insensible, intolerante, imponente o estar siempre en busca de pelea. Y es cierto que, al tratar con competidores, se puede tener la sensación de que te están atacando, pero no es en absoluto su intención; de hecho, su forma de reaccionar surge del deseo desenfrenado que tienen de afrontar de lleno cualquier discusión, escaramuza, pelea y controversia que se les presente para lograr aplastarlas lo más rápido posible. Para ellos, no es «ser un macho» ni ser «superiores»; es su deber.

¿Acaso has visto alguna vez, en un partido de la NFL, a un jugador defensivo de la Pro Bowl atravesar la línea de defensa para derribar a un *quarterback* y después tenderle la mano para ayudarlo a levantarse? No, ¿verdad? Pues esa es la esencia de este perfil en su máximo esplendor.

Los asistentes a la formación escucharon sus explicaciones y asintieron a medida que hablaba.

—El detonante del asistente se activó en el momento en que Yevgeny se fue, aunque no porque se sintiera menospreciado; los competidores no se toman las cosas como algo personal. Sus mensajes, por insistentes que fueran, no pretendían atacarlo, es solo que, cuando se les activa el detonante, se enfocan en conseguir su objetivo hasta el extremo. Hay algunos que incluso llegan a insultar, amenazar o decir palabrotas… Los competidores no tienen reparo alguno en usarlas, y lo cierto es que eso puede causarles bastantes problemas. Sin embargo, lo que debemos hacer los demás es centrarnos en lo que tratan de conseguir, porque lo que intentan es involucrarte para resolver el problema.

—¿Así que estaba intentando que Yev respondiera para echarle una bronca? —preguntó Hogs.

—Bueno, la verdad es que, teniendo en cuenta todo lo que lo ha estado ignorando…, sí, puede que esa fuera la forma en la que buscara abordarlo. Y de forma bastante agresiva, supongo. Lo cual, por cierto, nos concede una enseñanza muy importante: lo primero que debemos hacer al abordar un conflicto con un competidor es permitir que golpee un par de veces. ¿Conocen el legendario *rope-a-dope* de Muhammad Ali?

—¡Hombre, claro! —exclamaron los asistentes—. ¡Del *Rumble in the Jungle*, el combate que tuvo con George Foreman!

Doc G sonrió de oreja a oreja.

—Bien, pues, cuando nos enfrentamos a un competidor, hay que dejar que suelte toda su rabia. Eso hará que acabe calmándose y, a la vez, que tenga sensación de triunfo. Después, podrán pasar a sacar de entre todo lo que les haya dicho la prioridad clara que tenga y reformularla en una afirmación que contenga su propio objetivo. Y, al hacerlo, añadan algún que otro cumplido y…, fin, ya estarán listos para cerrar el acuerdo. —Y añadió—: Aunque, recuerden: la gente que pertenece a este Go-To no se anda con tonterías; buscan una solución inmediata. Así que désela.

—¡Esto es genial, Doc! —bramó Hogs—. ¿Te importaría si acabamos un poco antes? Me gustaría pasar por la oficina y hablar con Yev.

—Sin problema.

Era, de nuevo, una sesión doble, dividida en dos fines de semana y, aunque tenía ganas de hacer turismo, también estaba deseando que Hogs le contara las novedades cuando volvieran a reunirse. ¡Y vaya si lo hizo! En cuanto puso un pie en la sala de la conferencias el sábado siguiente por la mañana, lo recibió toda una horda de aplausos, y en el atril había una botella de vodka Imperial Collection Super Premium con un lazo rojo. Hogs se acercó a él y le cubrió los hombros con uno de sus grandes y fornidos brazos.

—Puedo suponer que alguien ha vendido un helicóptero.

—Como por arte de magia, amigo —dijo Hogs—. Le conté a Yev lo que nos habías enseñado sobre su perfil evasor y cómo al ignorar a los de EA los había molestado. Y también le hablé de los competidores: de cómo sus esfuerzos se intensifican proporcionalmente a su nivel de enfado y que les da por soltar bilis de todo tipo, pero que en el fondo lo que desean es acabar con el problema. Pero, vaya, que es un chico listo y lo entendió todo así. —Chasqueó los dedos—. Y nada, que se le iluminó la cara y me dijo «o sea que aguantar a ese estúpido pedante lleva menos tiempo que ponerlo en su sitio». Y, Doc, creo que has empezado a conocerme un poco, pero si hay algo que me gusta hacer, le guste a la gente o no, es abrazar. Así que le di un abrazo de oso y nos pusimos a elaborar nuestra estrategia.

—Me tienes en ascuas.

Así que Hogs continuó:

—Pensé que si accedía a su petición de asignarle un nuevo agente de ventas, sentiría que ganaba esa parte, pero, claro, habría que comenzar el proceso desde el principio: hacer la presentación, una nueva comprobación de antecedentes, volver a pasar por su proceso de autorización de seguridad, etcétera, etcétera, etcétera. Y sabíamos que, sin eso, el jefe no iba a soltar nada de dinero, pero llevaría semanas, casi un mes. Y los competidores no llevan nada bien la espera, ¿no es cierto? Así que pensé en ir en la otra dirección: acelerar el proceso. Eso les daría una victoria también. Aparte de que nada nos aseguraba que la amenaza de buscar otro vendedor fuera un farol y, después de lo de la NFL, no pensaba arriesgarme. Así que usamos la técnica de Ali, Doc. ¡Y no veas tú como aguanta Yev! ¡Vamos, como si sus abdominales estuvieran hechos de hierro! Llamó al asistente, le agradeció la carta y se quedó callado. Y nada, que el asistente se puso como una fiera; le habló de sus décadas de experiencia junto a «la persona más respetada de todo Estados Unidos» y le dijo lo estúpido que había sido por no lanzarse de cabeza a la primera oportunidad de aprender de él, todo esto seguido de media hora de machaque sobre la decepción de su jefe por no haber podido salir del CES en un flamante helicóptero con el logo de líder internacional en reducción de la huella de carbono. Sí, sí, como oyes. Y además mencionó que su jefe había querido establecer una asociación a largo plazo con nosotros para poder distribuir alimentos en países desfavorecidos. ¡Pero es que es fuerte, Doc! ¡Era justo lo que nosotros pretendíamos proponerle! Yev esperó a que terminara y después le comentó lo mismo, pero ya con los términos de cierre de venta: un modelo de serie a precio personalizado, con una tarifa de entrega urgente y una opción de adquisición de modelos extra con vigencia de cinco años. Cerró el trato por teléfono, Doc.

Después, hubo palmaditas en el hombro por toda la sala de conferencia y Doc G les sugirió que lo celebraran y que sacaran partido de las nuevas amistades que habían establecido. Lo cierto es que no continuó demasiado con la formación aquel día; en su lugar, se fue de Moscú con un acuerdo de retención.

LA CONEXIÓN DEL AMOR

La coordinación de los Go-To es una forma muy efectiva de prevenir los conflictos internos dentro de los equipos de trabajo en los que la sinergia grupal es primordial para alcanzar un objetivo. Además, las empresas también tienen que enfrentarse a conflictos externos: negociar acuerdos complicados, mejorar las alianzas que ya han establecido o solucionar problemas con los clientes. La empresa de helicópteros quería potenciar todo eso y, de hecho, se sintió fascinada al enterarse de que había determinadas parejas de perfiles que tendían a mejorar la relación con los clientes; sobre todo, al establecer una red de confianza y unión con ellos que potenciara la comunicación y la alineación de los intereses de ambas partes (que son los pilares fundamentales de las operaciones de compraventa). Y ese es el fin de las estrategias que te estamos mostrando en este libro. No obstante, cuando las aplicamos con clientes, usuarios, socios y todo tipo de agentes externos interesados, obtenemos un beneficio extra: generar interés genuino y desinteresado que nos permitirá obtener verdadero apoyo. Y de esta forma, podemos atraer más interés hacia nosotros y favorecer la creación de nuevas conexiones.

Lo que ocurre es que ese deseo no tiene que ver con el producto que vendes. No, es por ti. Es amor por la forma en que haces las cosas y por cómo tratas a los demás. Los seres humanos estamos programados para entablar relaciones que nos permitan sentirnos escuchados, comprendidos y valorados. Tenemos la necesidad biológica de conectar entre nosotros a un nivel profundo; no buscamos la superficialidad. Por lo tanto, cuando empleamos los mecanismos que nos permiten resolver las diferencias que existen entre nosotros —y así, escuchar, validar y apreciar—, también creamos los elementos que nos atraen unos a otros, los que establecen vínculos. De esta manera, satisfaces necesidades y obtienes reciprocidad.

No es de extrañar, entonces, que los Go-To que mejor encajan entre sí (lo que mostramos en el capítulo 2) suelan ser capaces de mantener amistades, relaciones en el ámbito laboral y matrimonios mucho más duraderos. Establecer uniones entre los perfiles de personalidad ante el conflicto (que es de lo que se encargan los conectores) no solo ayuda a solucionar disputas, sino que forja relaciones mucho más fuertes.

El mejor método es juntar perfiles que sean complementarios en cuanto a necesidad-reacción. Es decir, que sean capaces de dar al otro, por instinto, lo que necesita cuando se ha activado su detonante. Sabemos que la unión del competidor y del evasor del caso anterior puede parecer contradictoria: el competidor arrasa; el evasor evita. Un desastre en potencia, sí, pero solo si los detonantes del evasor no se han activado. Si lo están, querrá resolver el conflicto igual de rápido que los competidores; ambos detestan perder el tiempo, ambos renuncian de inmediato a su ego en favor de acabar con el problema, así que al evasor no le importará el lenguaje que use el competidor, por agresivo o crítico que sea, y no le costará en absoluto soportar los golpes y esperar pacientemente (que es otro de sus puntos fuertes), lo que, además, conseguirá que el competidor se sienta validado. Además, a los competidores no les gusta desviarse del plan que tenían de antemano, ya que les resulta un inconveniente a la hora de enfrentarse a complicaciones o sucesos inesperados y, por lo tanto, la creatividad de los evasores puede resultarles de ayuda para afrontar ese tipo de situaciones.

En la mayoría de los casos, la insistencia de los competidores será lo que active el detonante de los evasores, pero cuando se den cuenta de que no los dejarán en paz, terminarán abordando el asunto lo antes posible para lograr eliminarlo, que es justo lo que buscan los competidores; sus intereses están alineados.

Aunque no hay que dar por hecho que vaya a ser así siempre, porque si el evasor tarda demasiado en actuar, es posible que el competidor busque una oportunidad mejor y abandone la relación o que se aleje de ella por completo.

¿CÓMO SER UN PAYASO DE RODEO?

No obstante, si un evasor al que se le ha activado el detonante no se pone a tratar de solucionar el problema o si temes que esté demasiado cómodo ignorando la situación, ¿cómo juegas con un competidor?

En primer lugar, las advertencias: (1) no recurras a alguien con el perfil del analizador; no puede haber un peor compañero para los competidores, ya que se negarán a tomar una decisión rápida, lo que enfadará al competidor aún más, y pueden caer en una espiral negativa que podría ser irreparable. Y (2) no pidas perdón. Si las emociones de los competidores están a flor de piel y te disculpas, será como un tiburón que percibe sangre en el mar. Disculparse les provoca un nivel de agresividad adicional y aumenta aún más su incapacidad de usar la lógica.

Lo que puedes hacer, en su lugar, es ser un payaso de rodeo, al igual que el presentador Mike Rowe en *Trabajo sucio* que, en uno de los programas, se puso sin dudarlo delante de unos toros bravísimos. Por si acaso no has visto uno con tus propios ojos, los payasos de rodeo profesionales se visten con colores chillones y maquillaje llamativo y se ponen a correr por la plaza donde montan a los toros para tratar de llamar su atención. Y no pueden escapar; les pagan para que los persigan.

Los *cowboys* que se dedican a la monta de toros compiten para ver quién se mantiene más tiempo sobre el animal, y ninguno lo hace sin que haya cerca un payaso de rodeo. Al fin y al cabo, el tiempo que están sobre los toros son solo unos segundos; siempre terminan en el suelo y en ese momento no pueden ser más vulnerables. Por lo tanto, que un payaso de rodeo logre distraer al toro puede llegar a significar la diferencia entre la vida o la muerte (o, si no, de sufrir daños graves). Además, el público se entretiene con ellos. Aunque, en realidad, su trabajo es muy serio: tienen talento, son artistas en lo suyo y están plenamente conscientes de que lo que hacen determina el éxito del espectáculo. Así pues, en pos de la seguridad de todos, deben estar atentos y deducir hacia dónde quiere dirigirse el toro e intervenir en consecuencia.

Tratar de solucionar un conflicto con un competidor no es en absoluto distinto a ser un payaso de rodeo (quitando, claro, la parte de las mutilaciones y las cornadas… en principio; si se da el caso, llama al 911 inmediatamente). Por suerte, como le pasó a Mike Rowe, no hace falta tener experiencia previa (ni una nariz roja que suelte pitidos); lo único que necesitas es determinación y concentración y, por supuesto, seguir estos pasos:

1. **Baila con la reina Elsa.** Los competidores pueden tartamudear, gritar y hasta armar un verdadero escándalo. Cuando ese huracán se dirige contra ti, tu instinto biológico entra en acción: te proteges, tratas de bloquearlo o desviarlo, contraatacas o huyes. Sin embargo, cuando discutes con un competidor, siempre hay un detalle —pequeño, escondido en la conversación, pero al mismo tiempo centelleante— que contiene la clave para desarmar el desacuerdo. Tienes que identificarlo y aprovecharlo, no ignorarlo. Para ello, para vencer a nuestra propia naturaleza humana —y para recordarte a ti mismo que no es personal, que no es por ti, pese a que las palabras que te están dedicando sugieran lo contrario—, tienes que tratar de imaginarte la situación como si fuera el punto de inflexión de una película o un musical, la escena en la que se renuevan las fuerzas del héroe cuando lo han abatido. Llamamos a este paso *Baila con la reina Elsa* en honor a la película animada de Disney, *Frozen*, en la que la protagonista, Elsa, se libera de las «cadenas» que la atan al peso de la sociedad mientras canta «Let It Go» (interpretada por Idina Menzel, la consagrada reina de Broadway); una canción que no nos cansamos de cantar con nuestras hijas y nuestras sobrinas:

   I don't care what they're going to say;
   *Let the storm rage on.**

---

* *N. del T.*: He decidido mantener los versos de la versión original en inglés y no incluir ninguna de las traducciones en español de la película, ya que, como ocurre con algunas canciones traducidas, la métrica de la melodía obliga a alterar la literalidad de la letra. En este caso, reza algo similar a: «Me da igual lo que vayan a decir; que la tormenta arrase con todo», que se asemeja mucho más a la imagen que buscan transmitir los autores sobre la forma en que reaccionan los competidores en situaciones de conflicto.

La catarsis de la reina Elsa se manifiesta en forma de un majestuoso palacio helado, un hermoso símbolo de cómo podemos transformar el pico emocional de un competidores si dejamos que «lo suelten»*. Aunque no hace falta que te fijes solo en *Frozen*; puedes escoger la escena en la que protagonista de cualquiera de tus películas favoritas supera las adversidades. El objetivo de esta técnica es aferrarte a esa imagen para reorientar tu objetivo y cambiar tu postura combativa a la de payaso de rodeo y estar listo para dirigir la trayectoria del toro. Todos los bufidos que suelta y los pisotones que da contienen información valiosa que te permitirá tomar una decisión. Así que ponte cómodo y deja que el competidor lo *suelte* todo.

2. **Hazte con el oro.** Los competidores no se andan con rodeos; sus intereses subyacentes siempre van a estar presentes en medio de su verborrea, aunque es posible que se entremezclen con ella. Y, una vez más, no será de forma intencionada; nunca tratarán de ocultarte información ni engañarte. Así que, para descubrir sus intereses, el oro, lo único que tienes que hacer es ir a por él. Cuando hayan soltado todo lo que necesitaban soltar, se encontrará ahí, ante ti.

   Un excelente ejemplo de esto es la manera en que el padre de Doc G, Big Jim, se ganó el reconocimiento como uno de los jugadores más codiciados del equipo universitario de fútbol americano Baylor Bears. Jugaba de maravilla ya desde su primer año, pero, claro, se encontraba en la parte inferior de la clasificación... en la misma posición que ocupaba Mike Singletary, miembro del Salón de la Fama de la NFL, y todo un veterano del equipo por aquel entonces; todos los días lo superaba.

   No obstante, Corky Nelson, el coordinador defensivo del equipo, conocido por gritar a los jugadores para endurecerlos, se fijó en Big Jim. Comenzó a poner a prueba su fortaleza y lo machacaba en cada ejercicio y en cada entrenamiento como un sargento instructor durante un adiestramiento militar. Aun así, él nunca dijo nada; siguió acudiendo al campo

* *N. del T.*: El título de la canción en la versión de España es «¡Suéltalo!».

y soportándolo todo. Fueron pasando los meses y un día, después de un entrenamiento especialmente agotador, Nelson lo detuvo mientras el resto de chicos se dirigía a los vestuarios.

—¿Cómo es que nada de lo que te digo te afecta? ¿Cómo es que sigues como si nada?

A lo que él respondió:

—Una vez mi padre me dijo que hay que filtrar toda la mierda que te echan, buscar en ella algo que sepas que te va a servir y deshacerte del resto.

Aquello hizo reír a Corky Nelson y le prometió que cada día le daría una nueva perla de sabiduría. Él las fue atesorando todas y, poco a poco, fue mejorando su técnica deportiva hasta lograr llegar a ser titular. Y, desde entonces, han sido buenos amigos.

3. **Reenmarca la *Mona Lisa*.** Sigue bailando con Elsa y buscando oro hasta que las emociones de los competidores se hayan apaciguado; las señales más fiables de que lo han hecho son un tono de voz más bajo y un lenguaje corporal más relajado. Y es posible que su interés subyacente se haya manifestado antes, pero es importante que se sientan escuchados y validados. Una vez alcanzan esas «victorias psicológicas», pasarán a usar la lógica y estarán abiertos a cualquier sugerencia racional. Hemos descubierto que este paso es especialmente persuasivo. Lo denominamos Reenmarca la *Mona Lisa* por el altísimo nivel de exigencia que suelen mostrar los competidores. Además, suelen ser muy rígidos; les gusta que las cosas se hagan a su manera y punto. Su interés subyacente es como el cuadro de la *Mona Lisa*: valioso, inalterable y destinado a ser exhibido al público—. No puedes convencerlos de que se deshagan de él o lo guarden para más tarde.

   No obstante, a los competidores no les importan los medios mientras la obra se exponga, así que cámbiale el marco y colócala en un lugar que también te agrade a ti. «Me encanta la idea que tienes de ________________» es la fórmula madre de las frases que puedes emplear en esta técnica; solo tienes que rellenar el espacio en blanco con el interés subyacente que has identificado mientras bailabas con la reina Elsa y buscabas oro.

A continuación, añade el objetivo que quieres alcanzar, pero hazlo de manera que parezca fruto de sus ideas.

Por ejemplo, imagina que el competidor es uno de tus empleados con mayor experiencia e irrumpe en tu despacho, enfadado porque has decidido reasignar a su ayudante sin consultarle. Lo dejas pasar y escuchas todas sus quejas, pasando por alto su fanfarronería. Es evidente que su preocupación principal es no tener recursos suficientes para apoyar sus propias iniciativas. Así pues, reenmarcas la *Mona Lisa*: «Tienes razón. Además, lo que haces y has hecho siempre por la empresa no tiene precio. Entiendo perfectamente lo que pides. Necesitas a alguien que te asista para poder dar lo mejor de ti. Tal vez deberíamos contratar a otra persona que pueda adaptarse a ti desde el principio. ¿Se te ocurre alguien?».

Y entonces, al sentirse escuchado, apreciado y victorioso (al fin y al cabo, ha conseguido que le tengas en cuenta para decidir la nueva vacante), te da la mano. Conflicto resuelto. Y lo más probable es que también hayas conseguido fortalecer la relación entre ustedes: no era nada personal y le has mostrado que puede confiar en ti para solucionar los problemas con rapidez.

TIRONES DE PELO DIGNOS DE LA WWE

Nos consideraríamos unos completos negligentes si siguiéramos hablando de cómo lidiar con competidores sin contarles el caso de mediación que tuvo que llevar a cabo Doc G, una mezcla perfecta entre un combate de la World Wrestling Entertainment (WWE*) y una película del oeste de serie B. Una locura. En un principio, lo llamaron para tratar de solucionar una disputa entre dos familias formadas por dos madres solteras. Al parecer, el hijo y la hija adolescentes de cada una de ellas habían decidido fugarse después de que ambas se negaran a dejarles casarse. Y hasta se hicieron documentos de identidad falsa. La unión

* *N. del T.*: La World Wrestling Entertrainment es una empresa estadounidense de entrenamiento deportivo especializada en lucha libre.

duró cuatro meses y, de hecho, es posible que nadie se hubiera enterado de que había tenido lugar (ni siquiera las autoridades) si la madre de la chica no hubiera descubierto que no se encontraba en el colegio donde estaba internada; fue gracias a que la llamaron para preguntar sobre sus ausencias. Supo de inmediato qué había pasado. «¡Ese muchacho es un sinvergüenza y le ha comido el coco a mi hija!».

Se presentó en comisaría y lo denunció por secuestro.

La policía, tras llevar a cabo sus investigaciones, encontró el permiso de matrimonio falsificado que habían preparado y los rastreó hasta que dio con ellos en un motel de las afueras y los arrestaron a ambos. Llamaron a sus madres, que no se conocían, para que se presentaran en el calabozo y, apretujadas en una pequeña cabina de interrogatorio con el teniente de policía, se enteraron de lo que había ocurrido. En cuestión de unos instantes, se desató el caos: la madre del chico se puso en pie y se abalanzó sobre la otra. Se convirtieron en un torbellino de patadas, puñetazos, muebles derribados y uniformes azul marino que se apresuraban a sofocar la pelea.

Consiguieron separarlas, pero las acusaciones, las reclamaciones de derechos y las amenazas de demanda colmaron la sala y crearon una atmósfera de rencor sofocante.

—¡Me he gastado un dineral en un colegio al que mi hija no estaba asistiendo por culpa de tu hijo!

—¡Y por culpa *tuya* me lo han metido en la cárcel!

Y siguieron así un largo rato. En un intento por calmar la situación y para no tener que ocuparse del expediente del caso, el teniente se ofreció a retirar los cargos penales de sus hijos y a no emitirles ninguna citación a las madres, a cambio de que aceptaran poner una orden de alejamiento y llevar a cabo una mediación obligatoria para anular legalmente el matrimonio y eximir a ambas partes de cualquier reclamación por daños y perjuicios u obligaciones económicas.

Cuando Doc G abrió la puerta del centro de mediación, el primero en entrar fue el chico. No debía de pesar ni sesenta kilos, estaba empapado, llevaba el brazo en cabestrillo y no dijo palabra. La chica llegó poco después; tenía puesta una falda escolar de cuadros y le faltaba pelo en la parte superior de la cabeza. Su madre la seguía de cerca… con una escopeta recortada.

—No se preocupe —dijo y le hizo un gesto a Doc G para que se mantuviera en su sitio—. Estoy autorizada a llevarla.

¿A llevar una escopeta *recortada*?

Él le dijo entonces que, aun así, no estaba permitido el uso de armas de fuego en las reuniones de mediación, y ella, aunque a regañadientes, la dejó a un lado.

No mucho después de eso, el suelo del edificio comenzó a temblar: la madre del chico acababa de llegar y se encontraba recorriendo el pasillo, y no bromeamos cuando decimos que parecía un *nose guard* de la NFL. A su lado, Doc G era apenas un enanito del bosque.

Vaya con los competidores…, pensó.

Después, los acompañó a habitaciones separadas para encarar la situación mediante la técnica defensiva de tú a tú. Empezó con la chica y su madre y le sorprendió que fuera la chica la que comenzó a soltar una tremenda diatriba; él la animó a descargarlo todo, a dejarse llevar. Dijo que quería que metieran a su «suegra» en la cárcel ese mismo día, que la había agredido. Al parecer, había ido a su casa a devolver algunas de las pertenencias del chico, y puso especial énfasis al aclarar que «de forma educada». Al parecer, su madre se encontraba en el porche, con su pareja, ambos bebiendo cerveza. De hecho, varias latas vacías se acumulaban ya en el suelo.

—Intenté ser amable, pero ella, en cuanto me vio, bajó los escalones como un ogro, me agarró del brazo, me lanzó al suelo y me arrancó el pelo. Yo creo que estaba colocadísima; de coca o algo así. Y apestaba a alcohol. Me dio mucho miedo. Luego volvió a subir al porche, dando saltos de celebración y enseñándole a su novio el pelo que me había arrancado. Así que corrí hasta el auto y me fui. Esa mujer es una psicópata violenta que necesita que la vea un psiquiatra. No, que la encierren. Es un peligro para todos los que la rodean. Vamos, estoy segura de que también tiene la culpa de que su hijo tenga el brazo así. Me da hasta miedo estar en el mismo edificio que ella.

Doc G fue tomando notas mentales y puso en práctica la escucha activa hasta que sus emociones se hubieron apaciguado. Entonces, se dirigió a la otra habitación a seguir recopilando información. Para sorpresa de nadie, la madre del chico tenía un versión muy distinta de cómo se habían desarrollado los hechos:

—Esa niña se presentó en mi casa como si fuera la reina del mambo, pero yo sé que lo que estaba tratando de hacer era plantar su porquería en nuestra propiedad para inculpar a mi hijo y así poder hacerse la pobrecita delante de usted hoy. Pues no, no si puedo evitarlo. Así que me aseguré de detener a esa descarada cuando puso un pie en mi porche y la puse en su lugar.

—Gracias por su sinceridad —le dijo Doc G—. Aunque, ¿le importaría explicarme qué significa exactamente «ponerla en su lugar»?

—Ah, pues que le di una paliza y me llevé su pelo como trofeo. No va a conseguir sacarle una mierda a mi hijo, se lo digo yo.

Baile con la reina Elsa, completado. Al no escandalizarse con sus palabras ni discutir con ella ni contradecirla con la versión de los hechos de la chica, consiguió que se sintiera escuchada a medida que se desahogaba.

—Mil gracias por la aclaración —continuó—. Veo que conoce bien a su hijo y se preocupa por lo que es lo mejor para él. ¿Podría decirme qué es lo que le gustaría que ocurriera esta tarde tras la mediación?

Ella no dudó un instante antes de responder:

—Quiero que esa zorra mantenga las zarpas alejadas de mi hijo y que metan a la inútil de su madre en la cárcel para que no vuelvan a molestarnos. Y quiero que todo el mundo sepa que son unas estafadoras.

Oro encontrado. Al reunir y analizar los detalles, a Doc no le costó nada encontrar el interés subyacente de ambas partes. Era común, de hecho: poner fin al conflicto y seguir cada uno por su lado.

—Entiendo lo que dices. —La validó—. Tiene todo el sentido del mundo que tu principal objetivo sea que anulen el matrimonio lo antes posible para que ambos puedan continuar con sus vidas sin más rollos.

—Eso es.

Mona Lisa, enmarcada. Al fin y al cabo, toda la palabrería sobre la cárcel no era más que la parte residual de la activación de su detonante, así que Doc G reformuló toda su rabia en una sola frase, que se convirtió en la pieza de dominó que todos estaban deseosos de derribar: la de conseguir librarse de toda esa fea y desafortunada situación. Y lo cierto es que fue sencillo que ambas competidoras se pusieran de acuerdo después de aquello; al fin y al cabo, su mayor objetivo siempre fue acabar con el problema cuanto antes.

EL MÉTODO DE VINCE LOMBARDI

Como mencionamos en alguna ocasión, el perfil de los competidores suele considerarse muchas veces «malo». No obstante, queremos recalcar muy firmemente que no hay perfiles de personalidad ante el conflicto buenos ni malos; todos ellos tienen ciertas características que pueden complicar las interacciones con ellos cuando se activan sus detonantes, al igual que otras que te pueden resultar beneficiosas en ciertas circunstancias. Los competidores son personas muy comprometidas, que se centran muchísimo en alcanzar la fiabilidad mutua y que poseen una fuerza de voluntad inquebrantable, lo que contribuye a que sean unos entrenadores excelentes, al igual que Vince Lombardi, el famoso entrenador de los Green Bay Packers. Las personas que pertenecen a este perfil son expertas en motivar y sacar lo mejor de los demás. Además, si cumples tu palabra, te apoyarán siempre, y son unos aliados implacables. Así que, si te enfrentas a una fecha de entrega decisiva, querrás contar con uno en tu equipo.

> «No soy de los que se acobardan; no funciono así. Me gusta afrontar la adversidad de frente».
>
> **—John Wayne**

Hay tres tipos de situaciones en las que recurrir al Go-To del competidor puede marcar completamente la diferencia, así que pon a uno a la cabeza de un conflicto o asume tú las características de su perfil:

1. Cuando se debe llevar a cabo una negociación con un acomodador. Los acomodadores odian las confrontaciones y la agresividad, así que, para huir de ellas, se rendirán casi de inmediato. Antes de enfrentarse a un negociador radical y deseoso de alcanzar la victoria —es decir, a un competidor—, dejarán de lado la postura que han tomado y darán por hecho que han perdido. Hay quien puede pensar que manipular a un acomodador para que sucumba es «hacer trampa», pero lo que debemos hacer es fijarnos en el contexto y, entonces, determinar qué consideramos ético y qué no; considera qué es lo que está en juego para cada una de las partes y cómo se verá afectada la relación entre ellas.

2. Cuando el tiempo apremia. Los competidores son expertos en cortar por lo sano; si el final de una fecha de entrega te está respirando en la nuca, si la única solución para un problema es mantener una conversación tajante o si se ha producido una catástrofe y todo el mundo está bloqueado, confía en un competidor; te aseguramos que logrará resolverlo todo.

3. Cuando no te sirve usar la «zanahoria». Algunos expertos defienden el método de «primero la zanahoria y luego el palo». Es decir, que para gestionar conflictos es mejor empezar con amabilidad («ofrecer la zanahoria»); debemos ser comprensivos, colaboradores y cercanos y luego, si con eso no se ha logrado nada, pasar «a usar el palo», a hacer de «policía malo» de forma que la otra parte quiera que regrese el «policía bueno». Nosotros creemos que este es un consejo erróneo; ser un imbécil suele salir caro a largo plazo, la mayoría de las veces. Y, sí, es cierto que los malos se salen con la suya en ocasiones, pero siempre es a costa de su reputación y de sus relaciones con los demás y no queremos ganar la batalla y perder la guerra.

   Resaltamos esto porque otro de los estereotipos que se relacionan con los competidores es el del uso del «palo», porque se considera que se emplea para castigar aunque no es así. Si usas la zanahoria y no te da resultado, lo que necesitas para abordar el problema es la capacidad de ser directo, sensato y asertivo que tienen los competidores; conseguir que todas las partes se unan para resolverlo.

~

Vince Lombardi era un experto en identificar el talento oculto de los demás: la dedicación que ponían a lo que hacían, su fortaleza interna, sus agallas... Gracias a la capacidad que tenía de extraer cualidades de todo el mundo —ya fuera alto o bajo, musculoso o delgado, joven o viejo, de cualquier raza, religión y opinión—, se le considera uno de los entrenadores más inspiradores de la historia. No toleraba el odio, el miedo ni la ignorancia, y era capaz de conseguir que la gente dejara a un lado sus diferencias y trabajara unida. Sin embargo, su método no siempre resultaba sencillo de seguir.

Así que, si alguna vez te encuentras en uno de los casos anteriores y no tienes la suerte de contar con un competidor a tu lado, te tocará a ti ponerte en su lugar, pero no te preocupes, puedes seguir estos pasos:

1. Tira hacia adelante. Los competidores necesitan sentir que hay progreso. Puedes elegir tu dicho favorito: «Al que madruga, Dios le ayuda»; «Si vacilas, pierdes»; «No seas sabio de palabra, sino de obra»; «No hay mejor momento que el presente»; «El inicio es la mitad de toda acción». Si quieres ser como un competidor, valora los pequeños pasos de hoy por encima de los grandes logros de mañana.

2. Cómete el escenario. ¿Alguna vez has oído hablar de la expresión «parálisis por análisis»? Algunos entrenadores de éxito usan esta expresión para enseñar a los deportistas a dejar de lado las dudas y confiar en sus instintos. En la actualidad, el mundo del deporte está repleto de análisis a lo *Moneyball*, y es cierto que analizar es importante en ciertos casos, pero, en momentos de presión, pensar demasiado te paraliza, te ahoga.

   Para poder ser como un competidor en mitad de una situación confusa, complicada o de estrés, hay que encontrar algo en lo que creer y aferrarse a ello. De hecho, aunque sea contrario a la creencia popular, la verdadera confianza en uno mismo no consiste en tener todas las respuestas o ser el mejor en algo, sino en tener la capacidad de acallar tu mente, tomar decisiones firmes e ir adelante con todo. Puedes ser como la mujer de Doc G, una consumada enfermera de urgencia que consigue salir airosa de las situaciones más horribles porque siempre se coloca junto al paciente para decirle que todo va a ir bien y luego hace algo, lo que sea, que le haga ver que el proceso está en marcha.

3. Confía. El principio de la «parálisis por análisis» también se aplica al trabajo en equipo. En este caso, para ser un competidor, tienes que delegar y hacerlo con confianza. Reduce al mínimo las reuniones y cualquier tipo de gestión previa y abstente de comprobar de forma constante el rendimiento de los demás; actúa solo en caso de que veas vacilaciones en el seguimiento; ahí, sé rápido.

El perfil de personalidad ante el conflicto del competidor podría definirse como «un negociador que va a por todas, que no se detiene ni un instante y que aprieta el acelerador hasta la meta final». No obstante, esto no quiere decir que sean duros a la hora de tomar decisiones ni inflexibles con los límites establecidos, pocas veces dejan las cosas a medias. De hecho, más bien lo contrario, y suele molestarles que los demás abandonen un objetivo antes de que se haya alcanzado. Si quieres que tus colaboraciones con ellos sean beneficiosas, lo mejor es que mantengas a buen recaudo tu parte más susceptible y que priorices la solución rápida.

Aparte, recuerda que hay una buena razón detrás de la intensidad de los competidores; considérala un objeto valioso que puedes usar para acelerar la resolución de un acuerdo. Así que, como resumen, si quieres inclinar la balanza a tu favor cuando te enfrentes a un competidor al que se le ha activado el detonante:

- Dale un motivo para que crea que los problemas van a solucionarse pronto.
- No detengas, ralentices ni alargues demasiado el proceso.
- Ofréceles una victoria rápida en la interacción que mantengas.
- Deja que suelten todo lo que tengan que soltar.
- No te tomes lo que digan como algo personal.
- Céntrate en las cuestiones más importantes; juega al dominó.
- Si hay un número de normas que seguir, obedécelas.
- Cumple los plazos a tiempo.

∿ Expresa lo que de verdad quieres y cumple tu palabra. Y, sobre todo, hazlo hasta el final.

Por lo general, los competidores prefieren abordar los conflictos uno a uno; cuando se da un altercado o hay una controversia en el trabajo, lo último que quieren es estar en una sala de conferencias abarrotada de gente. Desde su punto de vista, son obstáculos que entorpecen las cosas; por lo tanto, tendrás más éxito si tratas las distintas cuestiones de tú a tú; son expertos en negociar. Sin embargo…, no se llevan demasiado bien con los analizadores, que detestan la frase que dice Jay Mohr en la película *Jerry Maguire*:

«No se trata de amistad, sino de negocios».

8

El analizador

Las tortugas marinas no se adaptan bien al clima frío. El sistema eléctrico de Texas tampoco, algo que nuestro país aprendió por las malas en febrero de 2021, cuando la corriente en chorro del Ártico se desvió de su trayectoria más de lo normal y llegó hasta el sur, lo que trajo consigo un vórtice polar que causó varias tormentas invernales consecutivas. Tomaron por sorpresa a todo el estado, que quedó asolado por los vientos huracanados y las temperaturas árticas. Las carreteras, edificios, líneas de suministro y estaciones de servicio quedaron cubiertas por una gruesa capa de hielo, y la red eléctrica colapsó; cinco millones de hogares se quedaron sin luz, algunos durante más de una semana. La escasez de alimentos y agua y la falta de servicios como la calefacción provocaron la pérdida de cientos de vidas, además de daños materiales por un valor aproximado de 195 000 millones de dólares. Está considerada la catástrofe más cara de la historia del estado.

Doc E, que justo se encontraba de camino a México para impartir un curso, se quedó tirado en algún punto de la Isla del Padre Sur. Y, ante la imposibilidad de cruzar el puente y el cierre del hotel en el que se había estado alojando, decidió enfrentarse a las inclemencias del tiempo. Por suerte, acabó encontrando un restaurante abierto junto a la playa. Fue casi un milagro. El dueño había encendido un generador y había preparado chocolate caliente por si acaso alguien se presentaba por allí en busca de refugio. Doc E entró y se sentó en un taburete. El televisor de la pared funcionaba vía satélite y acababa de empezar la película de *Jerry Maguire*. Aun así, se puso a hablar con el dueño. Era un hombre de unos cincuenta y tantos años, complexión fuerte y aspecto tranquilo.

Y apenas llevaban unos minutos hablando cuando tuvo lugar el primer giro dramático de la película: el personaje que interpreta Tom Cruise, y que da nombre a la película, es despedido de su agencia por parte de su protegido, Bob Sugar —interpretado por el actor y comediante Jay Mohr, que consigue dotar de un sarcasmo sutil a la par que contundente a Sugar—, quien pasa a robarle los clientes mientras él lo pierde todo. En cierto punto, Sugar, mientras alza el puño en señal de victoria, dice: «¿Cuento contigo o no? No se trata de amistad, sino de negocios». En ese momento, se detuvo la conversación que estaban teniendo.

—Odio esa frase —le dijo el dueño a Doc E.

Lo cual, por supuesto, hizo que le picara la curiosidad.

—¿Y eso?

—Porque el éxito radica en las relaciones. No se puede pasar por encima de la gente así, como si nada. —Señaló hacia la pantalla plana—. He tratado toda mi vida con tipos como Sugar; son unos aprovechados, pero es porque no entienden cómo funcionan las cosas.

Doc E se rio, aunque asintió con la cabeza.

—Sí, pero ¿qué vas a hacer?

Era una pregunta retórica y, aun así, él respondió:

—Bueno, no se les puede cambiar la personalidad, pero cuando tengan ochenta años y se sientan vacíos y no tengan ni familia ni amigos cerca, les va a costar bastante despertarse por las mañanas. Pero, vaya, que podrían divorciarse tres veces y seguirían sin entender nada. Por eso yo me mudé a esta isla; estaba harto de Wall Street y de intentar que los Bob Sugars del mundo comprendieran que los negocios no se basan solo en ganar todo el dinero que se pueda.

Se detuvo un segundo para rellenarle la taza de chocolate y luego continuó:

—Aunque es complicado, la verdad; incluso aquí, en este restaurante maravilloso… Tengo que gestionar a mi personal pensando que podemos invertir hasta el último céntimo en lo que quieren nuestros clientes, pero sin ignorar el balance económico. Es un equilibrio delicado. Y hay que lidiar con todo tipo de gente a ambos lados de la balanza.

Lo primero que pensó Doc E tras escuchar eso fue que se había encontrado con una persona muy considerada y fascinante. Además, veía que él estaba encantado de tener a alguien con quien charlar; al fin y al cabo, era el único cliente que tenía esa tarde. Aunque por su parte también agradeció poder escucharle hablar. Hacía mucho frío fuera.

Durante la hora siguiente, se quedó embelesado mientras el dueño del restaurante le contaba su historia. Resultó ser que, hasta su reciente jubilación, se había dedicado al mercado financiero de operaciones de gran volumen y, como había dicho, estaba harto del ego de la gente, de las prioridades sesgadas y, sobre todo, del conflicto constante al que se enfrentaba su empresa en cuanto a la distribución de recursos. Los socios solo querían llenarles los bolsillos a los accionistas mientras que los más jóvenes, que aún mantenían su idealismo intacto, querían que los beneficios se reinvirtieran en el negocio: actualizaciones tecnológicas, mejoras en el espacio de trabajo, financiación para una interacción con los clientes más frecuente y sólida, iniciativas ecológicas y otras retribuciones al servicio comunitario.

—Pero es que todas las discusiones acababan en mi escritorio —le contó—. Y ni siquiera sé por qué. Siempre era yo quien tenía que encargarse de solucionarlas. E intentaba que vieran la importancia de comprometerse con el trabajo y con aquellos que nos rodeaban y, aunque parecía conseguirlo, siempre era a regañadientes. Y luego, en realidad, las cosas no cambiaban. Así que, nada, decidí irme y abrí un restaurante en la playa.

Supo de inmediato cuál era su perfil de personalidad ante el conflicto: un analizador. Simpático y muy querido por sus compañeros de trabajo, recurrían a él para resolver los problemas. Escuchaba a todos y conseguía encontrar el punto medio que zanjaba las disputas. Sin embargo, que fuera tan metódico activaba el detonante de los evasores y competidores de su entorno (que suelen ser bastante habituales en el mercado bursátil), por lo que la resolución de un conflicto solía desembocar en otro.

Es un círculo vicioso bastante curioso. Los analizadores son expertos en el arte de dar y recibir, por eso son buenos negociadores, y las empresas y las familias recurren a ellos para que ejerzan de intermediarios (aunque rara vez sepan la verdadera razón por la que lo hacen). No obstante, sus puntos fuertes pueden ser también justo lo que desencadena el conflicto.

Como hemos visto en los capítulos 6 y 7, y como descubrió nuestro nuevo amigo de la Isla del Padre Sur, su ritmo lento, su afán por la premeditación y su disposición a sacrificar la productividad con el objetivo de minimizar la confrontación interpersonal los convierte en los peores compañeros de equipo de los evasores y competidores. Es mejor situarlos en un punto intermedio cuando se dé la situación de que lo primordial sea compensar las necesidades de una empresa y las de sus trabajadores (o la de un equipo y sus miembros); es decir, cuando se necesita encontrar un punto intermedio; cuando no sea necesario y baste con obtener victorias, déjalos en el banquillo.

El dueño del restaurante comenzó a hablarle de las similitudes que había ido encontrando en distintos sectores y de todas las tensiones que surgen al tratar de gestionar personal tanto en pequeños comercios como en las empresas de la Fortune 500. Los empleados acuden a sus jefes para hacerles sugerencias en relación con, por ejemplo, algún problema que han experimentado al interactuar con los clientes o posibles mejoras que se les han ocurrido, y luego, si no se incorporan, se activan sus detonantes. Empiezan a sentir que no se reconoce su trabajo y se sienten mal consigo mismos, pero su forma de proceder es presentando quejas, y los directivos se molestan porque sus subordinados esperan que ellos ordenen hacer cambios en el presupuesto, independientemente de lo restringido o limitado que sea, sin llevar a cabo ninguna prueba de concepto ni análisis del costo de oportunidad. Y lo peor es que algunos dan por hecho que las quejas van dirigidas a ellos personalmente, lo que potencia su enfado y, por lo tanto, surgen conflictos.

—Oh, mira, aquí mismo. Mis inquilinos y los camareros me han sugerido que sirvamos nuestras propias cervezas, que nos deshagamos de la antigua zona de fumadores y la abramos para que podamos tener también terraza al aire libre, que reformemos los baños… Y sé que me lo dicen porque se lo han oído a los clientes o porque es lo que les gustaría que hubiera si ellos tuvieran su propio bar, y ninguna hoja de cálculo puede competir con su opinión y sus sentimientos. Tengo que humanizar las decisiones que tomo como empresa, pero también evaluar nuestras pérdidas y ganancias mediante factores cualitativos y, por supuesto, hacerles saber lo valiosa que es su aportación y mostrarles lo mucho que aprecio sus ideas incluso cuando al final les tengo que dar un no.

De fondo, en *Jerry Maguire*, el intento de regatear contratos estaba siendo un fracaso.

«Te estoy pidiendo un favor», le suplica Jerry a Wilburn, el entrenador de los Arizona Cardinals, que hasta entonces había estado esquivándolo. En la escena, Tom Cruise muestra de manera conmovedora la mezcla entre la desesperación profesional y la personal, ya que su personaje está pasando por una situación escabrosa y, aun así, sigue tratando de cumplir un trato. «Fui yo quien te presentó a tu mujer. Hemos pasado juntos las Navidades. Hazlo por la magia de la Navidad. Dennis…».

Sin embargo, el entrenador lo interrumpe: «Jerry, ya».

«Mira, te… Te estoy pidiendo un favor», insiste. «No lo hagas por mí. Hazlo por el pasado que compartimos».

«Sí. Sí que compartimos un pasado. Me fuiste subiendo los precios durante años; ahora te toca a ti pasar un tiempo al final de la fila». Wilburn pulsa el botón de desconexión del altavoz y cuelga el teléfono; es el retrato clásico de un analizador que hace que un competidor llegue a su límite. En ese momento de la película, el personaje que interpreta Tom Cruise se encuentra en una especie de crisis de los cuarenta y empieza a cuestionar el sistema de valores del mundo de los agentes deportivos, en el que «el dinero importa mucho más que las conexiones personales». Está luchando por volver a sentir amor por el deporte y por alcanzar unas metas más satisfactorias a nivel personal (búsquedas profundamente filosóficas, propias de los analizadores, que los competidores, como el entrenador Wilburn, considerarían demasiado lentas y poco productivas de inmediato).

De pronto, ambos escucharon voces que venían de fuera del bar. En la playa, el capitán de un barco pesquero, Henry Rodríguez, había atracado en el muelle. Se había ido acumulando también un pequeño grupo. Los reunidos llevaban las mismas camisetas encima de la ropa de invierno y aplaudían mientras tiraba del cabo de amarre.

—¿Qué estará pasando? —preguntó Doc E.

—Están rescatando tortugas marinas —le explicó el dueño del bar—. Empezaron ayer, cuando las temperaturas comenzaron a superar los grados bajo cero. Henry es toda una leyenda por aquí; suele llevar a los turistas a pescar y a ver delfines, además de que si ve que hay algún surfista en problemas o que estalla una tormenta, siempre es el primero en venir a ayudar. De hecho, es gracias a él y a su gente que pude abrir el bar, así que siempre hay una bebida caliente y un rincón para ellos a cuenta de la casa.

Doc E ni lo dudó; se puso el abrigo y se encaminó hacia el muelle, entusiasmado por la idea de ser testigo de los puntos fuertes de los analizadores en vivo y en directo: la capacidad de tomar decisiones firmes basadas en el análisis de las necesidades de las situaciones y actuar en consecuencia, la de evitar que haya factores que intervengan en ello y conseguir reunir a los demás en torno a una causa.

En cuanto llegó al grupo, pudo distinguir las letras en sus camisetas:

YO SOBREVIVÍ AL
ATURDIMIENTO POR FRÍO
DE LA TORMENTA INVERNAL
DE FEBRERO DE 2021

Todos eran vecinos y formaban parte de una organización de voluntarios que recibía el nombre de Sea Turtle, Inc. Se habían unido para ayudar a la causa. El casco del barco de Henry estaba repleto de tortugas; sus caparazones lo llenaban por completo.

Al ser criaturas de sangre fría, dependen de la temperatura del océano para mantener el calor corporal, así que, cuando el agua baja de los diez grados, se quedan catatónicas; no pueden nadar y su cuerpo flota hasta la superficie, y si el aire exterior no logra hacerles entrar en calor relativamente rápido, acaban muriendo. Los biólogos marinos llaman a este fenómeno «aturdimiento por frío».

A Doc E le pareció que se trataba de un cometido valioso y él mismo se puso manos a la obra. Ayudó a levantarlas con carretillas de mano y, después, a transportarlas desde los muelles hasta los autos que habían traído los voluntarios. Cada una pesaba entre cuarenta y cinco y cien kilos; eran adorables criaturitas. Las llevaron al Centro de Convenciones de la Isla del

Padre Sur, donde habían dispuesto docenas de piscinas inflables. Y lo cierto es que la inicial angustia de la tormenta invernal acabó dando paso a toda una oleada de júbilo. Doc E se encargó de trasportar a algunas tortugas más y después de repartir bebidas calientes y cientos de abrazos.

Según la Oficina Nacional de Administración Oceánica y Atmosférica, los voluntarios de Sea Turtle, Inc. lograron rescatar a cinco mil trescientas tortugas lora, la especie de tortuga marina menos común y también la más amenazada. Desde aquí, queremos dar una ovación a Henry Rodríguez, otro fantástico analizador. Como se ha visto, los detonantes de los miembros de su perfil se activan cuando ven que alguien está en peligro o que intentan aprovecharse de ellos (y sí, ese «alguien» incluye por igual amigos peludos y con aletas).

> «Pase lo que pase, sé bueno con los demás. Creo que uno de los mejores legados que puedes dejar es el de ser buena persona».
>
> **—Taylor Swift**

EL MÉTODO DUNCUM

Lo que hemos aprendido de líderes como el dueño del restaurante, Henry Rodríguez y de muchos otros, es que a veces abordar los conflictos de forma directa y por nuestra propia mano ayuda a fomentar la cooperación y a conseguir el apoyo de personas con intereses diversos. A los analizadores esto se les da muy bien: siempre tienen en cuenta todas las perspectivas y se toman su tiempo para recopilar los puntos de vista de todos y sopesar los intereses de cada una de las partes. Por ello, cuando no hay límites de tiempo y estas tratando de resolver una situación compleja, no hay mejor opción que el analizador.

Pero ¿y si te encuentras en esas condiciones y no eres un analizador (o no tienes un compañero o alguien de confianza que lo sea a quien recurrir)? A corto plazo, te podemos dar estos dos consejos:

1. No intentes construir ladrillos sin arcilla. Te parecerá obvio, ¿no? Pues créeme que te sorprendería (o no) la cantidad de gente que toma de-

cisiones importantes sin tener evidencia que las respalden. Una de las cosas que mejor hacen los analizadores es dejar a un lado el instinto; son depredadores de información. Así que, cuando necesites convertirte en ellos, haz lo mismo: ¡antes de actuar, recopila información, información, información!

2. Finge ser Nariyoshi Keisuke Miyagi; es decir, el señor Miyagi, el sapientísimo *sensei* de las películas de *Karate Kid*. Los analizadores tienen un carácter como el suyo y se toman su tiempo para reflexionar de forma concienzuda y rigurosa. No hacen las cosas a toda prisa. «Paciencia, pequeño saltamontes». ¡Paciencia, paciencia, paciencia!

No obstante, a largo plazo, te recomendamos seguir el método de John Duncum, el mentor de Doc G. Duncum tenía el don de hacer que se materializaran las características del perfil de los analizadores en sus clientes. La primera gran fortuna que logró amasar fue en el sector inmobiliario, tras la Segunda Guerra Mundial, cuando se encargó de desarrollar Waikiki Beach en Oahu. Como podrás imaginar, en aquella época, la tensión entre Japón y Estados Unidos era palpable. Sin embargo, él estaba decidido a unir ambas culturas y pensó que potenciar la diversidad en los equipos de trabajo del proyecto sería la oportunidad perfecta para poner su granito de arena en el proceso de curación del mundo. No lo hizo por todo lo alto; en absoluto. Fue poco a poco, acercándose a sus empleados y dándole importancia tanto a mantener una comunicación abierta como a la inclusión y al respeto. Además, no solo midió el éxito del proyecto mediante la estabilidad de los cimientos de los edificios, sino también la de las relaciones que fue forjando.

Un premio arquitectónico dio paso a otro y comenzó a correrse la voz de que los miembros de su equipo de trabajo tenían una química entre ellos bastante poco usual. Un día, recibió una llamada del presidente de Toyota, Taizo Ishida. La empresa acababa de pasar un período de huelga que había hecho que dimitiera el anterior presidente, Kiichiro Toyoda, que hasta entonces había estado al frente del imperio automovilístico que había creado su familia. El patriarca, Sakichi Toyoda, que había sido criado por un agricultor, tenía la firme creencia de que la gente debía ganarse la vida a base de educación y trabajo duro, y ninguno de sus hijos ni nietos pasaron a trabajar directamente para la empresa; todos tuvieron que demostrar su valía tanto en la escuela como en otras profesiones antes de unirse a ella, y desde los puestos más bajos.

Sin embargo, el mando había pasado a Ishida de un momento a otro y sin seguir el proceso tradicional de ascenso de los Toyoda, y sabía que conseguir la aprobación de sus planes, que además eran bastante poco convencionales, sería complicado. Además, no solo necesitaba mantener limpia la reputación de los Toyoda, sino que también había disensiones en el seno de la empresa debido a varios factores: el escepticismo generalizado hacia la innovación, el hecho de que el consejo de administración tenía en altísima estima a Kiichiro y, por lo tanto, había adquirido una gran responsabilidad al tomar su puesto y, en último lugar, el temor de los miembros más nacionalistas a llevar el negocio más allá del Pacífico.

Él era consciente de que necesitaba ampliar su capacidad de liderazgo y había oído hablar de un empresario estadounidense que había logrado superar todo tipo de obstáculos raciales y fomentar un negocio sin conflictos. Así pues, como estaba deseoso de conocer el proceso y a John le interesaba conocer la cultura samurái, surgió una bonita amistad.

Comenzaron a embarcarse en viajes frecuentes por el Pacífico en los que hablaban de filosofía, moralidad, humanidad y del *kaizen*, un método de gestión emergente que abogaba por la mejora continua a través de la participación colaborativa de todos los miembros de una organización. Las duras restricciones de recursos durante la guerra habían plantado sus semillas que se regaron con los intentos de reconstrucción tras el conflicto. Se basaba en centrar la atención en los recursos que ya se tenían y en confiar en las capacidades y la fuerza de las personas en lugar de apoyar su crecimiento en motores materiales y financieros; una forma de abordar las limitaciones muy propia de los analizadores.

Duncum había estado experimentando con esta ideología en su empresa y, motivado por su deseo de adelantarse a los conflictos y evitarlos, ideó una estrategia para llevar a cabo lo que él llamaba «el *kaizen* turboalimentado». Tenía tres pasos:

1. Motivar a los miembros mediante reuniones periódicas entre grupos de trabajo. Para ello, reunía a distintos representantes de cada unidad de la organización en conjunto; por ejemplo, en un hospital, juntaba a un responsable financiero con un técnico de laboratorio, un responsable de servicios alimentarios y un médico.

2. Prolongar las reuniones hasta identificar un conflicto de procedimiento —tanto ya existente como potencial— en el seno de la organización.

3. Pedir a los miembros que elaborasen —y acordaran— un mínimo de tres planes factibles para solventar o prevenir el conflicto.

Fue repitiéndolo cada mes y les dio a todos los miembros la oportunidad de contribuir a la gestión conjunta de la empresa en tiempo real mediante el uso de una plataforma, de forma que pasaron a ser no solo simples trabajadores, sino también parte de la dirección. Así consiguió acceder a las distintas preocupaciones y problemas a los que se enfrentaban antes de que pudieran agravarse. Además, pudieron darle ideas ya consensuadas para ayudar a mejorar la empresa.

A Ishida le encantó la técnica. Vio en ella diversas aplicaciones que podía incorporar a la industria del automóvil y que encajaban con su deseo de integrar la capacidad intelectual en los procesos de fabricación y en la venta; sobre todo en lo referente al mercado internacional. Tenía la intención de abrir varios concesionarios en Estados Unidos que estuvieran abastecidos por las centrales de su país antes de que acabara la década de los cincuenta. Así pues, para conseguirlo, se dedicó a diseñar un sólido sistema de comunicación basado en el *kaizen* que dio un vuelco a la industria automovilística japonesa, que hasta entonces se había caracterizado por sus continuas riñas internas. Y, por los servicios a la nación, recibió el título de «Gran Banto»; un honor que solo se concede a comerciantes de mayor prestigio.

Por su parte, Duncum acabó siendo el propietario de varios concesionarios de Toyota y siguió ajustando su metodología de trabajo para poder implementar también en ella los puntos fuertes de los analizadores. Al fin y al cabo, es el Go-To ideal para el *kaizen*, ya que uno de sus principios fundamentales es la paciencia. Los analizadores no se apresuran nunca y hacen todo lo posible para reunir la máxima cantidad de información antes de tomar una decisión. Y, bueno, hace poco, el heredero de Toyota, Shoichiro Toyoda —cerebro de la marca Lexus y presidente de la Federación Empresarial Japonesa— obsequió dos auténticas espadas samuráis del siglo XV a John.

ESCAPAR DEL CONFLICTO A BASE DE INTERCAMBIOS

Julio llegaba a su fin y la batalla por la victoria en las Grandes Ligas de Béisbol estaba al rojo vivo. A tres días de la fecha límite para realizar intercambios de jugadores y con un margen que alejaba a casi una docena de equipos de los *playoffs* y que anticipaba el fin de sus carreras deportivas, los intentos por «alquilar» al mejor de los bateadores estaban alcanzando límites insospechados. Además, si su equipo quería llegar a la postemporada, tenía que superar a otros seis equipos, incluidos dos rivales de división. El mánager, al que todo el mundo adoraba y al que sus jugadores llamaban Skip, acababa de terminar una rueda de prensa tras la sexta derrota consecutiva que habían sufrido, una de catorce *innings* y jugando en casa. Los periodistas lo interrogaron sobre las pocas posibilidades de conseguir un puesto de comodín*, su reciente mala racha, los rumores que habían circulado acerca de su despido y la posibilidad de que la franquicia traspasara a su principal jugador a uno de sus rivales.

Y él, sin pelos en la lengua, había dicho que el jugador (al que, para no romper la confidencialidad, llamaremos «Alce») no se iría a ninguna parte y que vestiría con orgullo los colores de su ciudad hasta el día que se retirase. Entonces, se había puesto en pie, hecho una furia, y se había dirigido hacia los ascensores, rumbo a la planta de operaciones. Aunque diez minutos después…

* *N. del T.*: En béisbol, los equipos *comodín* (*wild card*) son los tres de cada liga con mejor récord de victorias después de los campeones de cada división; deben enfrentarse entre sí por el pase a la postemporada.

—¡¿Estás bromeando?! —dijo Skip dirigiéndose a Pobo, el presidente de operaciones de béisbol.

Pese a que había cerrado la puerta de su despacho, no hubo nadie en toda la planta que no lo escuchara; los que trabajaban allí solían quedarse hasta tarde tras los partidos, analizando las grabaciones y desglosando las estadísticas, aunque, por supuesto, dejaron lo que estaban haciendo para enterarse de lo que estaba pasando.

—¿Y qué? ¿Tu idea es intercambiar a Alce, hacer como si fuera decisión mía y que todo el equipo pague los platos rotos? Pues, mira, siento decírtelo, pero te aseguro que Alce no va a renunciar a la cláusula que le impide el traspaso sin hablarlo antes conmigo. Así que adelante; a ver qué pasa.

—Lo siento, Skip, pero esto es lo que hay. ¿Ves las lucecitas parpadeantes de mi teléfono? ¿Sí? Son mensajes de todos los equipos de la liga; cientos y cientos de propuestas para llevar a cabo el intercambio. Y todavía no he tomado ninguna decisión, pero tengo que pensar en la situación que estamos viviendo, en todas las derrotas, en la aportación del banco…

—¡Y una mi****! —lo interrumpió el entrenador—. Lo que estás haciendo es tratar de cubrirte las espaldas; eres tú quien está en la cuerda floja y estás tratando de ponerme en el punto de mira de los medios de comunicación para que se me lancen encima y los *fans* me acusen de mentiroso cuando eres tú el que ha decidido dejar ir a su héroe.

—Sabes perfectamente que no es así como hacemos las cosas aquí.

—Ah, ¿no? ¿Entonces no piensas intercambiar a Alce?

Pobo apretó los dientes.

—Tal y como te he dicho, no he tomado todavía ninguna decisión.

—Bueno, pues que sepas que la prensa ya lo va diciendo por ahí, y no tengo ni idea de dónde salen los rumores, pero no me has incluido en ninguna de las negociaciones. No tienes ni idea de lo que pasa en los vestuarios. Todavía nos queda una oportunidad para poder enfrentarnos a nuestros mayores rivales y, aun así, tú te empeñas en aferrarte a tus perfectísimas estadísticas, haciendo ecuaciones de probabilidad y calculando cuánto te cuesta cada carrera impulsada que anota Alce. Vamos, seguro que ya te has hecho tu formulita de prevención de riesgos que te ha dicho que las matemáticas no cuadran, pero te digo yo que vamos a estar en los *playoffs* y que va a ser Alce quien nos lleve hasta allí.

—Sé realista, Skip…

—Ah, no, no, no. Eso sí que no —lo interrumpió de nuevo el entrenador—. Si es que ya lo sabía. Estás tratando de llegar a un acuerdo, ¿verdad? Solo que no sabías cómo decírmelo. Es eso, ¿no?

—No. Aún no hemos concretado nada. Pueden pasar muchas cosas en los próximos tres días. Aunque, eso sí, seríamos tontos si recibiéramos una buena oferta y la ignoráramos. Y ahora, por favor, tengo que ponerme a trabajar.

Se dirigió a la puerta del despacho y le hizo un gesto para que saliera.

Skip, por su parte, quería replicar, encontrar algo, cualquier cosa, que pudiera hacerle entrar en razón, pero sabía que era mejor no hacerlo; conocía bien esa mirada y no era la primera vez que escuchaba esa última frase. Significaba que ya no tenía nada más que hablar; que había llegado al límite de su tolerancia. Así pues, regresó al ascensor y bajó hasta la sede del club.

Era casi la una de la mañana y solo alcanzaba a ver una tenue luz que provenía de la zona de lavandería; escuchaba las secadoras zumbar, llenas de uniformes. Todos los jugadores se habían ido ya a casa y el *clubbie** se había quedado dormido sobre la mesa con un crucigrama del periódico a medio terminar.

Fue entonces cuando a Doc E le empezó a vibrar el teléfono; estaba en su casa y el sonido lo despertó. Echó un vistazo a la pantalla y, al ver de quién se trataba, sonrió y contestó:

—¡Ey, Skip! ¿Cómo te va?

—Doc, qué bien que te pillo despierto. Tengo un problema. Pobo quiere intercambiar a Alce; cree que, si no, no va a tener oportunidades de jugar en la postemporada. Me ha dicho que está considerando distintas opciones, pero que aún no ha puesto ningún contrato sobre la mesa. Aunque, vaya, sé que nadie dejaría pasar lo que los otros equipos están

* *N. del T.*: El *clubbie* es la persona encargada de mantener el vestuario (*clubhouse*) en orden y de asegurarse de que los jugadores tienen todo lo que necesitan.

ofreciendo por él, y más si eso significa que Alce deje de jugar. De cualquier forma, ya se ha ido a casa y…, bueno, puede que yo que me haya pasado un poco de la raya con Pobo. La he cagado bastante, la verdad, y ahora se le… ¿Cómo lo llamabas… detonantes?; sí, eso, que se le ha activado su detonante y toda la situación es un desastre. ¿Qué puedo hacer?

Imagínate estar ahora en los zapatos de Doc E. ¿Qué harías tú para ayudarle?

Pobo era un analizador; un cazador de información que debía enfrentarse a la evaluación de una transacción pendiente de la que a cada segundo llegaban más y más datos. Además, aunque intentaba servirse de su capacidad para rebajar tensiones, varias de sus relaciones —relaciones estrechas y arraigadas en el tiempo— estaban en peligro, tanto la que tenía con los accionistas de la empresa como la de los jugadores y entrenadores, los aficionados, los medios de comunicación y con el resto de ejecutivos de la dirección de la liga. Eligiera el rumbo que eligiera, alguien se enfadaría. Era consciente de que Skip priorizaba por encima de todo la química del equipo, pero, además, había inmensas sumas de dinero en juego y el tiempo se le echaba encima (es decir, uno de los principales detonantes de su perfil de personalidad ante el conflicto).

Cuando se activan los detonantes de los analizadores, su tendencia a llevar a cabo una investigación exhaustiva aparte y a deliberar (ambas maravillosas formas de proceder… cuando el reloj no está avanzando) puede conducirlos a adoptar posturas obstinadas; si creen que no cuentan con todos los datos relevantes o si la otra parte no se muestra dispuesta a ceder, comienzan a negarse a negociar y a buscar soluciones, y es posible que se cierren en banda si piensan que la otra persona tiene el ego demasiado hinchado o si los presionan para que se den prisa por terminar. En su afán por ser justos y contemplarlo todo desde distintos ángulos, también pueden llegar a irse por las ramas y perder de vista el panorama general. O la falta de límites, por ejemplo —si hay un problema y no está bien diferenciado de la persona que lo presenta—, puede entorpecer el juicio y hasta paralizar la capacidad de tomar una decisión.

Recuerda que las personas con este perfil tienen un deseo innato de llevar el control y creen de verdad que su forma de proceder es la mejor manera de contentar a todo el mundo; por eso ver a la gente improvisar es uno de sus detonantes (lo cual nos parece hasta tierno). Por suerte, contamos con una serie de técnicas bastante efectivas para ayudarlos a salir adelante cuando se encuentran con una de las situaciones anteriores. Y es posible que veas que ya con un par de ellas lo consigues, pero te invitamos a que las consideres lámparas mágicas puestas en fila, listas para que las frotes una a una.

1. **Aligérales la carga.** En casi el 100 % de los conflictos, existe la posibilidad de que la relación entre las partes acabe mejor que antes de abordar el problema. ¿Que cómo es eso posible? Pues bien: salvo en los casos de lucha a muerte entre gladiadores, ambos acaban entendiéndose mejor tanto si el problema se soluciona como si no, o si acaban estando de acuerdo o en desacuerdo, e incluso si cierran una negociación o si deciden separarse. Así que, cuando trates con un analizador, ten como prioridad comunicarle dos cosas:

   La primera, separa el problema en cuestión de su relación; no son ustedes el enemigo, sino aquello que tienen que solucionar. Enfréntense a ello juntos, codo con codo.

   La segunda, prométele que, pase lo que pase, su vínculo se afianzará, aunque solo sea un poco.

   Ambas consiguen aligerar la carga del conflicto y facilitan su resolución.

2. **Ayúdales a examinar bien las pruebas.** A los analizadores les encanta recopilar información y abogan siempre por escuchar a los demás; aprovéchalo para comprender en profundidad el problema que ha causado el conflicto. Recuerda el capítulo 3, cuando te hablábamos de que la base del conflicto comprende posturas, problemáticas e intereses; las posturas son los elementos superficiales de una disputa, lo que se muestra, lo que uno quiere; las problemáticas son lo que se emplea para justificar la postura, y los intereses, que suelen ser invisibles al principio, son los porqués, la motivación que hay detrás de lo que se quiere, y pueden satisfacerse sin necesidad de llegar a un acuerdo en la postura que toma cada uno.

   Por ejemplo, imagínate que estás con tu pareja y están discutiendo sobre la ventana, porque tú la quieres abierta, pero tu pareja no. Esas son las posturas de cada uno. Pero resulta que, al centrar la conversación en los intereses, descubres que lo que pasa es que no quiere que haya corrientes de aire mientras que tú necesitas un poco de aire fresco. Pues ya lo tienes; blanco y en botella, leche: abre una ventana en una habitación contigua dejando que pase el aire, pero que la corriente de aire no llegue al sofá.

3. **Recoge todas las gotas que caigan.** Cuando ambas partes saben cuál es el interés subyacente de la otra, por lo general, la respuesta al problema suele aparecer de inmediato. Sin embargo, si no se da el caso, se puede hacer una lluvia de ideas. Con los analizadores es necesario buscar varias vías para llegar a un destino. Les gusta deliberar, así que dales la oportunidad de elegir; muéstrales distintas opciones y ayúdales a acabar con la idea de que solo existe un camino ideal.

   Importante: para que este paso funcione, es fundamental que no se proceda a evaluar cada idea que se proponga. Puedes establecer la norma de que no se juzguen. Saca lápices o rotuladores borrables y anota todas las ideas sin valorar su viabilidad, asequibilidad o eficacia. A los analizadores les encanta hacer listas, así que lo mejor es llenar el bloc de papel o la pizarra de opciones. No es una competencia de «a ver quién tiene la mejor idea».

4. **Prepara otro pastel.** Por desgracia, la mayoría de personas, cuando se activan sus detonantes, quedan atrapadas en lo que se denomina «negociación distributiva» o «juego de suma cero», aunque en especial les pasa a los analizadores. Ven el pastel y se centran en encontrar la forma de repartirlo. En este tipo de procedimiento, para que una parte obtenga algo, la otra tiene que renunciar a otra cosa; si un comprador recibe un mejor precio, el vendedor gana menos dinero. Los analizadores se muestran siempre en contra de esto; a sus ojos, todo lo que no sea un reparto cincuenta-cincuenta redondo es injusto. Sin embargo, existe otra forma de abordarlo: la *negociación integrativa*.

   En la negociación integrativa, el objetivo es expandir la perspectiva que se tiene sobre el pastel (y la utilidad de cada una de sus porciones) o hacer uno nuevo (es decir, integrar más formas de abordar un problema para que ambas partes salgan beneficiadas). Por ejemplo, tu vecino está molesto porque tu perro sale al patio trasero por las noches y se pone a ladrar, e insiste en que lo mantengas dentro de casa. Sin embargo, tu mujer es alérgica a su pelo. Podría parecer que estás en un callejón sin salida, pero, de pronto, descubres que los hijos de tu vecino adoran a los animales y que les encantaría que el tuyo jugara con ellos por las tardes. O imagina que estás cenando con tu familia y queda un trozo de pizza que tus dos hijos adolescentes quieren comerse. Si propusieras cortarla por la mitad, sabes que medirían cada milímetro para ver cuál de los dos trozos es más grande y eso daría paso a una pelea. No hay posibilidad alguna de evitarla, a menos que sumes a la ecuación el hecho de que ninguno de ellos querrá fregar los platos. Entonces, propón que quien se quede con el trozo de pizza también lave los platos.

Por lo tanto, cuando tengas entre manos un conflicto con un analizador, puedes centrar la conversación en tratar de decidir cómo pueden acabar ambos en una mejor posición que la que tenían al principio. Por ejemplo: de dos ideas que se sacaron en el segundo paso, ¿cuál no podría lograrse si no se colabora? Esto no solo amplía aún más la lista de soluciones, sino que también muestra que ambas partes pueden salir beneficiadas.

Eso sí, debes estar presente tanto cuando trates de aligerarles la carga como cuando analices las pruebas, recojas todas las gotas o prepares un pastel diferente. Si intentas aplicar estas técnicas por un medio impersonal —como el correo electrónico—, los analizadores pasarán a consultar otro tipo de información, a alejarse o incluso molestarse, lo que empeorará las cosas. Si estás presente, dentro de lo posible, te será más sencillo controlar la situación. Con los analizadores no sirve el dicho de «divide y vencerás».

Además, te advertimos: no trates de engañarlos. Los analizadores tienen un sexto sentido para ver más allá del «cuento». La verdad no se les escapa de las manos y, además, comenzarán a sospechar de tus intenciones, lo que hará que las técnicas que acabamos de presentarte sean casi imposibles de llevar a cabo con éxito; al menos hasta que logres recuperar su confianza.

A Skip, el antiguo compañero del equipo de béisbol de Doc E, también se le había activado un detonante. Era un colaborador de manual y estaba molesto por la falta de comunicación, aparte de asustado por la posibilidad de perder su posición. Así que Doc dejó que se desahogara; de esta forma pudo sentirse escuchado y sus emociones se fueron mitigando. Lo cierto es que Skip era un entrenador apasionado, entregado en cuerpo y alma a sus chicos; le importaban tanto que en ocasiones podía llegar a ser incapaz de ver más allá y no considerar lo beneficiosas que podían ser para la liga ciertas decisiones de plantilla.

—Escucha —le dijo entonces Doc E—. ¿Sigues empezando los entrenamientos con juegos de calentamiento?

—Sí, claro —respondió Skip—. ¿Por qué?

—Piensa en cuando los divides en grupos, ¿qué les dices? Que se mantengan unidos al suyo, ¿no?

Skip soltó una carcajada.

—Aaaaaaaaah. Ya veo por dónde vas.

Entre risas, Doc E comenzó a hablarle de las técnicas que existen para jugar con el otro jugador cuando se trata de un analizador. Y le pidió que tomara apuntes.

—Ya no estoy en la universidad —se quejó Skip, bromista.

—No seas tonto. Hazlo. Tienes que mostrarle que estás en el mismo equipo, que estás de su parte y que comprendes cómo quiere jugar y estás dispuesto a seguirlo. Toma nota de sus ideas. De esa forma, le estarás diciendo que valoras las trescientas horas que ha tardado en llegar a esas conclusiones. Y ni siquiera hace falta que estés de acuerdo con ellas, pero necesitas que vayan fluyendo, unas tras otras, si quieres que comience a aligerar cargas, analizar pruebas, recoger gotas y preparar un pastel diferente contigo.

Estaba seguro de que lo estaba entendiendo. El tono de voz de Skip había cambiado por completo: volvía a sonar como siempre, alegre y cercano. Pasó a reconocérselo y a decirle que sabía que lo haría de maravilla y le pidió que lo mantuviera al tanto de lo que pasara. Claro que él era consciente de que los analizadores y los colaboradores suelen ser buenos compañeros, aunque, para ello, solo a uno de ellos tiene que habérsele activado el detonante; si les ha ocurrido a ambos, lo principal va a ser conseguir que se calmen sus emociones y hacer que vuelvan a poner el foco en las pasiones y objetivos que tienen en común.

La noche siguiente, Doc E puso el partido de béisbol en la televisión y disfrutó al observar a Skip realizar varios cambios en el *bullpen* para llevar un juego 0-0 hasta la novena entrada y después marchase con la victoria tras un *home run*. Skip esquivó todas las entrevistas.

El teléfono de Doc E sonó al cabo de un rato.

—¡Skip! —exclamó—. ¡Felicidades por esa victoria!

—Gracias, Doc. La verdad es que se siente bien volver a ganar. Aunque…, bueno, en realidad cuando hemos ganado de verdad ha sido esta tarde, antes del partido. Y… en serio, Doc, no te lo imaginas; vaya giro de ciento ochenta grados.

—Cuéntame.

—Me he disculpado. Fui a hablar con Pobo en el gimnasio, a la hora a la que sé que va a entrenar; por alguna razón, suele estar de mejor humor mientras hace *spinning*. Me puse en la bici de al lado y decidí no andarme con rodeos. Le dije que el día anterior me había pasado de la raya y que quería que supiera que, fuera cual fuera la decisión que tomara para el equipo, sabría que sería la correcta y que lo apoyaría. Le dije que odiaba el tema de los intercambios y que los jugadores fueran de un lado a otro durante estos días, que mi frustración no era con él. Y es cierto, pero lo pagué con él, así que le dije que sabía que no había estado bien y que lo sentía. Él me dijo que lo entendía perfectamente, pero que agradecía que hubiera ido a decírselo. Después, se acercó y me dio una palmadita en el hombro. Creo que lo necesitaba.

Carga aligerada. Al sentarse uno al lado del otro en las bicicletas, mirando en la misma dirección, consiguió cambiar la dinámica. Separó su relación de la decisión de hacer cambios en el equipo, le dejó claro que ese era el problema y no él y le expresó su deseo de colaborar para encontrar una solución, justo lo que lo analizadores necesitan para avanzar mano a mano.

Skip siguió hablando:

—Llevamos ya bastante tiempo trabajando juntos y sabe que soy un tipo apasionado. Aproveché que estábamos ahí para expresar lo mucho que adoro llevar el equipo y lo muchísimo que significa para mí mantener la lealtad entre nosotros, los lazos que hemos establecido. Todo el mundo sabe que quiero ganar, que quiero volver a izar la bandera de las Series Mundiales al igual que los demás, pero no por mí, sino por lo importante que es para los chicos y para la ciudad. Le pregunté a él qué era lo que más le importaba. O sea, dejando de lado los contratos, el dinero, los medios de comunicación, la fecha límite para hacer los intercambios y todas esas movidas. Y fue genial, Doc. Me di cuenta de que nunca antes nos habíamos sincerado el uno con el otro, y se abrió. Se abrió de verdad.

Pruebas analizadas. Ambos mostraron sus posturas —la de Skip, mantener a Alce en el equipo y Pobo, intercambiarlo para obtener mejores beneficios—, pero, en comparación con sus intereses subyacentes, eran irrelevantes. Lo que más le importaba a Skip era la creencia que potenciaba la liga: acudir a trabajar cada día en mitad de un ambiente en el que predominaba la lealtad y el cariño; ser parte de algo que tuviera como objetivo marcar las vidas de otras personas, tanto la del equipo, como la de quienes acudían el estadio y la de la comunidad del béisbol entera. Pobo también valoraba esas cosas, pero, en el fondo, seguía siendo un apasionado de la economía; lo que le entusiasmaba era llegar a acuerdos que disparasen la fortuna de la empresa, lo que permitiría que el quipo tuviera verdadero impacto, tanto dentro como fuera del campo y en su relación con los aficionados.

En realidad, ambos tenían el mismo interés: asegurar el bienestar de su comunidad, lo único que Skip estaba tratando de alcanzarlo mediante el propio juego mientras que Pobo lo hacía a través de operaciones financieras. Por suerte, lograron darse cuenta de que, aunque las cuestiones que tenían sobre la mesa (las nóminas tanto actuales como futuras, ganar los partidos, llegar a los *playoffs*, la opinión de la afición e incluso sus propios empleos) eran importantes, en realidad eran factores que debían impulsar gracias a su interés subyacente y no al revés.

Así pues, ambos se bajaron de las bicicletas, se pusieron la toalla al hombro, recuperaron sus botellas de agua y se dirigieron a la sala de reunión de los ojeadores, que estaba llena de pizarras en las que se mostraban distintas opciones de desarrollo de jugadores y de posibles intercambios. Ambos tenían el entusiasmo renovado y ganas de explorar distintas opciones y ver si se les ocurría alguna nueva. Además, acordaron no hacer juicios de valor con ninguna. Skip sacó un bloc de notas de su bolso y se pusieron a recoger gotas.

—Ponerme en su piel fue toda una experiencia —le dijo a Doc E—. Últimamente he estado demasiado centrado en lo que pasaba en el campo y nada más. Fue refrescante. Y bastante divertido, además. Y tuvimos una revelación. Vamos a reunirnos mañana por la mañana para darle vueltas a un concepto totalmente nuevo para la construcción de la plantilla. Nos llevará un tiempo; probablemente será para después de los intercambios, pero ya estamos comenzado a cambiar de perspectiva. Estoy contento.

Pastel nuevo, en el horno. Ambos ampliaron el alcance del desafío para sumar victorias no solo en los partidos, sino también en otras áreas y, sobre todo, en lo referente a cuestiones monetarias. Y, bueno, lo cierto es que el golpe final lo dieron con un movimiento en el último momento… al decidir incorporar a un nuevo jugador.

~

En resumen, los analizadores son personas afables, justas y siempre están dispuestas a colaborar y a mantener la paz. Están en continua búsqueda del equilibrio en todos los ámbitos de su vida laboral y no les importa hacer sacrificios y comprometerse para conseguirlo. Además, su máxima prioridad, antes de tomar cualquier decisión, es estar plenamente informados. Por esta razón, conectan muy bien con el perfil de los colaboradores, ya que suelen hablar hasta por los codos y no tienen reparo en responder la larga lista de preguntas que los analizadores les hacen. Aunque, por otro lado, son los peores compañeros de los acomodadores; la tendencia a la ambigüedad de estos, lo mucho que les cuesta revelar sus verdaderos intereses y su insistencia en evitar conflictos es lo que más activa el detonante de los analizadores.

Algunos consejos para solucionar conflictos con analizadores:

- No seas exigente con ellos.
- No te enzarces en batallas de egos.

- No les impongas fechas de entrega demasiado ajustadas sin fundamento para resolver un problema.

- No trates de engañarlos.

- No retrases el momento de abordar las distintas cuestiones (ni atrasando reuniones ni cambiando de tema para no tratarlas directamente).

Cuando se activan sus detonantes, las personas que pertenecen a este perfil pueden ser bastante tercas o incluso conformarse con tomar decisiones fáciles para contentar a los demás en lugar de buscar una solución que sea beneficiosa de verdad. Aparte, pueden llegar a irse por las ramas en sus investigaciones y perder la perspectiva, y son bastante propensos a difuminar los límites entre lo personal y lo profesional. Así pues, conociendo estos puntos débiles, ten en cuenta que:

- Quieren mantenerse bien informados, así que te será útil ayudarlos a recopilar datos y a comprender las distintas situaciones.

- Son muy comprometidos y valoran que los demás lo sean también; muéstrales que estás dispuesto a adaptarte.

- Se sienten más cómodos si pueden seguir su método propio y tomarse su tiempo, así que juega con impulso junto a ellos; ve anotando pequeñas victorias primero antes de pasar a las cuestiones más importantes.

- Una vez sientan que ya han podido analizar bien todos los puntos de vista y han tomado una decisión, es posible que se aferren a ella con uñas y dientes. Lo mejor será, por lo tanto, que te esfuerces por aportar tu granito de arena durante el proceso, antes de que lleguen a una conclusión.

Es bastante probable que, ahora que tienes toda esta información, y tras asimilar los pasos de las técnicas para salir de los conflictos «a base de intercambios», te parezca que los analizadores son personas razonables y cercanas. Y, por supuesto, si es tu perfil, estarás de acuerdo con los datos que te hemos dado. Sin duda, aprecias cuando los demás se esfuerzan por unirse a ti y adaptarse a tu afán de considerar todos los puntos de vista; además, te gusta trabajar con los colaboradores por su paciencia y capacidad comunicativa, pero... ¡ojo! Su paciencia y disposición a responder todas tus preguntas, tal y como vamos a revelar en el próximo capítulo, pueden ocultar segundas intenciones.

9
El colaborador

Jean-Claude Killy nació en Saint-Cloud, una de las ciudades de la periferia parisina, durante la ocupación alemana de la Segunda Guerra Mundial, y aunque desde siempre fue un niño inquieto, su madre no le permitía salir a jugar a la calle por miedo a los bombardeos. Su padre era piloto de Spitfire y se encontraba en el frente; sin embargo, tras la liberación de Francia y el fin de la guerra, la familia se mudó a Val-d'Isère, un pequeño pueblo en los Alpes. Allí, el pequeño Jean-Claude recibió su primer billete de ida hacia la libertad: un par de viejos esquís de madera de la tienda de su padre. Fue entonces cuando, como suele decirse, pasó a lanzarse de cabeza por cada calle que estuviera inclinada y cubierta de nieve.

Sin embargo, su libertad no duró demasiado. Su madre decidió abandonarlos y dejar a su padre con los pocos recursos que podía obtener un pequeño mercader para mantenerlo a él, a su hermana mayor y a su tercer hijo, que aún era un bebé. Como era un poco revoltoso, su padre lo mandó a un internado en el que volvieron a encerrarlo, esta vez entre monjas muy estrictas que despreciaban actividades como deslizarse por las montañas al considerarlas demasiado frívolas. Por supuesto, Jean-Claude lo detestaba; no quería quedarse sentado en clase y comenzó a escaparse. Era el pan de cada día: hacía autostop y se subía al primer camión que se dirigiera al lago o la colina más cercana, tanto con esquís de agua como de nieve; no le importaba. Una y otra vez, su padre lo recogía y lo llevaba de vuelta al colegio. No fue hasta que cumplió quince años que su padre se resignó a aceptar el hecho de que no habría forma de acabar con su espíritu y le permitió abandonar los estudios.

Apenas un año más tarde, pasó a formar parte del equipo nacional juvenil francés. Era rápido. *Muy* rápido. Sin embargo, pocas veces acababa las carreras; esquiaba de forma desenfrenada, extravagante y temeraria, pero elegante, y cautivaba a todo aquel que lo veía. Sus caídas eran espectaculares, aunque sus victorias, que hacían que sus *fans* aguantaran el aliento, lo eran todavía más. En una competencia, perdió las fijaciones de los esquís durante el descenso. En otra, a doscientos metros de la victoria, chocó contra un trozo de hielo comprimido y cayó de bruces; no obstante, ni siquiera una fractura de pierna lo detuvo: se puso en pie y llegó a la meta con un solo esquí y con mejor tiempo que cualquiera de sus contrincantes.

Jean-Claude hizo historia cuando ganó la primera Copa del Mundo de la FIS (Federación Internacional de Esquí) en 1967, victoria que volvió a tener lugar en 1968, año en el que también logró ganar tres medallas de oro en los Juegos Olímpicos de Grenoble. Fue el héroe del país anfitrión y subió al podio para hacerse con la triple corona en esquí alpino ante la inmensa ola de espectadores. Su trayectoria podría haber acabado ahí, como el vencedor que se marcha cabalgando en dirección a la puesta del sol, de no haber sido por Mark McCormack, el creador de la figura del agente deportivo. En esa época, la mayoría de los campeones olímpicos se retiraban tras un pequeño desfile en su ciudad natal seguido de una rápida caída en el olvido. El International Management Group (IMG), recién creado por aquel entonces, cambió todo eso.

McCormack era lo que cualquier aficionado al deporte se imagina al pensar en un agente: hablaba a toda velocidad, era supersociable, tenía el encanto de quien pertenece a la alta sociedad, se codeaba con las estrellas más reconocidas del mundo y disponía de una agenda de contactos que envidiarían muchos famosos. Al igual que a Jean-Claude, su ADN no le permitía tener un estilo de vida sedentario. Tras graduarse en Derecho en la Universidad de Yale, trató de ser abogado de empresa, y a los dos meses de entrar en Arter & Hadden (uno de los bufetes más antiguos y formales de Estados Unidos) comenzó a quedarse mirando por la ventana y a desear estar en un campo de golf.

«El derecho no me parecía tan apasionante», le dijo a Ray Kennedy durante una entrevista para *Sports Illustrated* en 1975. «Solo había hombres de ochenta años arrastrando los pies por el pasillo. Y, cuando uno de ellos moría, el resto se cambiaba de despacho. Sentía que tenía la vida programada; lo único que me interesaba de verdad era el golf».

IMG comenzó con lo que se conoce como el «apretón de manos de oro». El primer cliente de McCormack fue Arnold Palmer, sin contrato alguno más que palabra. Poco después, sumó a Gary Player y a Jack Nicklaus. Y, a partir de entonces, con él como pionero de la idea de hacer apariciones fuera del campo de juego, los eventos especiales, los patrocinios y el desarrollo de marcas, «el Rey», «el Caballero Negro» y «el Oso Dorado» revolucionaron el mundo del golf y cambiaron para siempre sus perspectivas financieras. Después se expandió al tenis, guiando las carreras de Chris Evert y Bjorn Borg. Entró en el automovilismo con el tres veces campeón del mundo de Fórmula Uno Sir Jackie Stewart, el Escocés Volador, sobrenombre que McCormack se encargó de consolidar.

En 1970, se interesó por el esquí. Jean-Claude, tras ganar la medalla de oro, no tenía intención alguna de regresar a su pueblo en las montañas y hacerse cargo de la tienda de su padre, así que no dudó en unirse a McCormack. La ABC había contratado a IMG para rediseñar la forma en que se presentaban los Juegos Olímpicos, así que impulsó una campaña para ampliar su repercusión; se centró sobre todo en la personalidad de los atletas, y Grenoble fue el primer evento olímpico trasmitido en color. El gran Killy se convirtió en un nombre reconocido en todo el mundo, algo que Mark transformó en ingresos de hasta dos millones de dólares. Sin embargo, en los años siguientes, la relevancia de Jean-Claude comenzó a decaer a medida que su participación en distintas competencias iba disminuyendo.

«Tuvimos que encontrar la manera de que volviera a las pistas de esquí, pero sin empañar su imagen de ganador», dijo McCormack. Y lo hicieron por todo lo alto, con *Killy Challenge*, un programa de televisión de carreras de eslalon paralelo con distintas celebridades en el que Jean-Claude les daba cierta ventaja y después los perseguía colina abajo con su famoso y salvaje estilo de esquí. Se unieron a la diversión figuras muy reconocidas, como Burt Reynolds, Farrah Fawcett, Joe Namath y muchos otros, aunque él siempre ganaba. Además, su magnética personalidad se iba expandiendo; todo el mundo quería formar parte del programa. Después de eso, su influencia continuó —entre la promoción de las bicicletas Schwinn y de Chevrolet— hasta bien entrada la década de los ochenta.

Tanto Jean-Claude como McCormack son ejemplos perfectos del Go-To del colaborador: personas extrovertidas y carismáticas, siempre rodeadas de gente y muy efusivas a la hora de comunicarse. Además, se les da de maravilla mantener relaciones estrechas, de las que perduran en el tiempo. Al igual que el agente deportivo clásico, los colaboradores son notablemente asertivos, y el nivel al que llegan para entablar y mantener amistades es insuperable. Le dan gran importancia al hecho de pertenecer a un grupo y al estatus dentro de él, y se esfuerzan por evitar conflictos interpersonales. Aparte, planifican muchísimo; dedican todo su tiempo a ello.

Por supuesto, la combinación de todas estas características da lugar a una serie de puntos fuertes muy destacables, ya que siempre están atentos a las necesidades de sus amigos, familiares y compañeros de trabajo. También son expertos en gestionar relaciones, así que si ser socios es para ti más importante que el propio negocio, júntate con un colaborador. Además, dado que son observadores, empáticos y muy inteligentes emocionalmente hablando, también son buenos en el ámbito comercial y en la gestión de personal (aunque, en realidad, son ideales para cualquier tipo de profesión).

¿Y cómo procedemos si cualquiera de sus puntos fuertes nos parecen requisitos importantes, tanto para establecer relaciones personales como para las relaciones laborales, o si queremos contar con ellos para tratar con ciertas personas o abordar un proyecto en concreto? Pues puedes seguir estos pasos:

1. Pon «comprender a los demás» en lo alto de tu lista de tareas pendientes. Los colaboradores, antes de tratar de abordar un conflicto o un desacuerdo, intentarán saber cuál es el Go-To de la otra persona y qué tipo de conflicto activa su detonante (de tareas, de proceso o relacional) y

pasarán a usar técnicas como la de la botella de agua y la del bolígrafo o la del duelo de miradas (si necesitas refrescar alguna de ellas, vuelve a los capítulos 1 y 2).

2. ¡Desvía la atención hacia ti! Cuando se encuentran en una situación de conflicto, los colaboradores tienden a no hablar de sí mismos; siempre que pueden, intentan dirigir la conversación hacia los demás y se centran en sus detonantes, no en los suyos propios. De hecho, es bastante común escucharles decir cosas del tipo: «Pero no te preocupes por mí; lo que de verdad importa es lo que pienses tú».

3. Dale más peso a la conexión interpersonal que al tema que ha causado el conflicto. El objetivo de los colaboradores siempre va a ser fortalecer la relación entre ambas partes y se esforzarán para comprender el punto de vista de los demás; para ellos demostrar empatía es fundamental para resolver conflictos.

LA BOMBILLA DE TRES VÍAS

Las personas con el perfil del colaborador pueden llegar a ser especialmente entrometidas; en ocasiones, demasiado. Su deseo de indagar en los pensamientos, sentimientos y opiniones ajenas puede llegar a resultar bastante molesto y hacer que los demás se pongan a la defensiva. La cuestión es que tratan de llevarlo todo al ámbito personal para que bajes la guardia. Cuanto más te cierres, más probable será que se activen sus detonantes y, por lo tanto, pasarán a ser más agresivos o más creativos aprovechando diferentes formas de comunicación y esforzándose por abrirse paso.

De los otros Go-To, el del evasor será el que reaccione de forma más brusca a esto; de hecho, evita a los colaboradores como si tuvieran una enfermedad contagiosa. Al fin y al cabo, son polos opuestos —evitación y persecución— y pueden llegar a sacarse de quicio, lo que hará que los problemas empeoren (y en muchos casos, de forma innecesaria). Así pues, si estalla un conflicto, intenta en la medida de lo posible encontrar una solución que no conlleve tener que emparejar a un colaborador con un evasor.

Aparte de sentirse incómodos cuando los demás mantienen las distancias, son demasiado reservados o los evitan, a los colaboradores se les activan sus detonantes cuando sienten que su estatus en un grupo o su pertenencia a él se ve amenazada, ya sea por otra persona o por las circunstancias. Aunque, atención, muchas veces consideran cosas diminutas —cosas que normalmente pasarían desapercibidas para cualquiera— como algo que está poniendo en peligro una de sus relaciones o su reputación. Los agentes deportivos, por ejemplo, se ponen muy nerviosos, casi neuróticos, ante la menor insinuación de hacer una captación de clientes. Por lo tanto es mejor no dar nada por sentado cuando se colabora con uno de ellos e ir manteniendo un contacto regular. Aparte de eso, no te sorprendas si aceptan soluciones poco convencionales o fuera de lo común para acabar con un problema si, con ello, logran fomentar sus vínculos interpersonales o hacer crecer su red de contactos.

Nos acordamos de esto hace poco, durante una de las mediaciones más extrañas de divorcio que hemos llevado a cabo. Se trataba de una pareja que había decidido separarse después de enterarse de que ambos mantenían relaciones extramatrimoniales. Querían evitar abogados, tribunales y cualquier gasto innecesario. Por suerte, no tenían hijos, pero sí deseaban evitarles el circo a sus allegados. Además, ambos eran colaboradores y, pese a que estaban molestos y dolidos por la situación, también albergaban cierta esperanza de acabar su unión en buenos términos, así que nos pidieron que intercediéramos.

Los colaboradores suelen alargar bastante las negociaciones; prefieren jugar con impulso antes que con la caída de fichas. Así pues, conscientes de esto, no apresuramos a la pareja y fuimos recopilando las cuestiones de menor importancia, que eran mucho más fáciles de obtener. Con cautela, volvimos a centrar la conversación en su situación, ya que su tendencia como colaboradores a evadir el tema los llevaba a preguntarnos acerca de nuestras experiencias y sugerencias. De vez en cuando, decían cosas del tipo: «No queremos molestar, ¿qué creen que deberíamos hacer?». Sin embargo, nosotros no podemos decidir por nuestros clientes; nuestro trabajo es ayudarlos a llegar a una conclusión que les resulte satisfactoria.

A medida que iba avanzando el proceso de mediación, descubrirnos que ambos llevaban ya más de un año viéndose con sus amantes; el marido, con una mujer que se llamaba Gertrude, y su esposa, también con una mujer cuyo nombre era… Gertrude. Sí, ambos se estaban acostando con la misma persona. No nos encontrábamos en una mediación de divorcio común, desde luego.

Hasta ese momento, habían sido excepcionalmente cordiales y solo había quedado un asunto pendiente: qué iban a hacer con la casa, que, según habían dicho, estaba en un barrio excepcional y se revalorizaría en los próximos años. No obstante, enterarse de que ambos compartían amante truncó el acuerdo. Ninguno de los dos quería vender la casa prematuramente, aunque tampoco podían permitirse comprar la parte del otro y obtener un margen de beneficio razonable. Y, aparte, ninguno estaba dispuesto a cederla; aun así, tampoco querían la molestia de administrarla como propiedad de alquiler, ya que no les gustaba la idea de que los inquilinos pudieran dañarla. Así pues, mientras contemplaban la posibilidad de que se quedara vacía hasta que se revalorizara, pero preocupados por su situación económica, ya que tenían que seguir pagando la hipoteca, Doc G decidió hacer una lluvia de ideas.

—Bueno, así que ¿quién va a vivir en la casa?

Ambos se quedaron perplejos; durante un instante se mantuvieron callados, sin saber qué decir, hasta que de repente, al mismo tiempo, y de forma espontánea y milagrosa, se volvieron el uno hacia el otro con el rostro iluminado y dijeron al unísono:

—¡Gertrude!

A partir de entonces, su lenguaje corporal cambió por completo; pasaron a *colaborar* en estado colaborador puro. Estaban deseosos de saber si ella estaría dispuesta a alquilar la casa, así que nos dirigimos a la sala de videoconferencias de nuestra oficina y la contactamos. Y lo que ya considerábamos merecedor del próximo Premio Nobel de la «Paz» alcanzó niveles estratosféricos: sí, no tenía problema para quedarse con la casa. Sin embargo, hubo entonces una pausa un tanto tensa.

—Aunque… una cosa —dijo—. ¿Cómo vamos a arreglar lo de las visitas?

Ella tampoco quería dejar de verse con ninguno de los dos, aunque tampoco sabía que estuvieran casados. ¡Y también era una colaboradora! No quería ponerle trabas al divorcio, pero veíamos que sus detonantes estaban a punto de activarse al ver peligrar su, digamos, «vínculo» con ambos. Para nuestra sorpresa, no tardaron en encontrar una solución: el marido viviría en la casa con ella durante las semanas impares y la mujer en las pares, y compartirían el costo de un servicio de limpieza semanal. Además, Gertrude firmaría un contrato de arrendamiento de tres años por solo el 50 %. Pasamos entonces a hacer el papeleo *in situ* y, después, nos invitaron a ir a cenar con los tres.

¿Fue un conflicto matrimonial horrible o un romance extraordinario? Dejamos que lo decidas por ti mismo. Lo único que sabemos es que cuando los colaboradores se centran en objetivos que implican a las personas que les importan, cuando se les incita a mostrar su parte empática y cuando se les permite abrirse poco a poco e ir buscando la solución a un problema de manera gradual, son personas supercooperadoras.

CONFLICTO FITNESS

Pero ¿y qué tengo que hacer para lidiar con un colaborador al que se le ha activado el detonante? ¿Y si no cuento con alguien como Gertrude para que venga a rescatarme? Pues invoca al analizador que hay en tu interior. Los analizadores son los mejores compañeros para los colaboradores porque nunca van a apresurarlos y saben que, en una confrontación, siempre hay más cosas en juego que lo que los colaboradores muestran (la punta de su iceberg); por lo tanto, no tendrán problema alguno en ser pacientes a la hora de tratar de descubrir sus intereses subyacentes.

> «La lentitud te da precisión; la precisión, rapidez».
>
> **—Mark Wahlberg (en la película *Shooter: El tirador*)**

Si tu perfil de personalidad ante el conflicto no es el del analizador, puedes adoptarlo, por ejemplo, buscando oportunidades en las que emplear estas tres tácticas:

- **Jugar sin portero.** Conversar sobre temas triviales se les da de maravilla a los colaboradores; es decir, cuando mantienen una conversación con alguien, pero sin tratar nada realmente importante. Además, siempre buscarán centrarla en ti en lugar de en sí mismos, siempre estarán poniendo sobre ti el punto de mira. Sin embargo, durante los conflictos no puedes limitarte a centrar la cuestión en una sola de las partes. En primer lugar, porque lo único que hará será potenciar el malestar de las personas a las que se les ha activado el detonante. Ya sabes lo que se dice: «no trates de embaucar a un embaucador». Y, en segundo lugar, te será imposible profundizar en los intereses subyacentes, por lo que no podrás resolver el conflicto de forma eficaz. Lo que debes hacer es sacar a relucir sus verdaderos sentimientos. ¿Cómo?

  Pues bueno, cuanto más hablen, más complicado les será mantener la superficialidad de las conversaciones, así que crea la impresión de que estás muy interesado en lo que dicen, tanto en palabras como con tu lenguaje corporal. Y hazte el tonto. Por ejemplo, mientras hablan vas diciendo: «¡Ay, ¿sí?! ¡Cuéntame más!». Llamamos a esta técnica «jugar sin portero», ya que es ofrecerles un tiro directo, como cuando se quita al portero en el hockey o en el fútbol americano; los estás invitando a pasar al ataque.

- **La técnica del bumerán.** Cuando se trata un tema candente con un colaborador, al principio intentará desviar, pasar a hablar de otra cosa o centrar la conversación en ti. Imagina la desviación como si lanzara un bumerán. Lo que tú quieres es que dé la vuelta completa y regrese a él, pero, para hacerlo, primero tiene que recorrer un largo tramo en arco. Por lo tanto, si cortas en seco la desviación o vuelves de pronto al tema complicado, el colaborador se escabullirá de inmediato e incluso puede que huya por completo, lo que hará que el bumerán no tenga ningún lugar en el que aterrizar.

  Así pues, deja que el bumerán se aleje; permítele cambiar de tema o centra en ti mismo la conversación durante un rato y, después, cuando veas que su tono y lenguaje corporal se han relajado, haz que regrese el bumerán. Si un colaborador se desvía, es señal de que estás alcanzando su interés subyacente.

~ **Recolecta tomates rojos.** Hay un antiguo proverbio que dice: «No recolectes tomates si aún están verdes», cuyo significado también puede extenderse a los colaboradores. Dado que pueden llegar a tomarse su tiempo para decir lo que sienten, piensan o quieren de verdad, por eso de que prefieren las negociaciones a fuego lento, puedes empezar evaluando su disposición. Sí, tener que pasarte semanas y semanas regando un huerto con un colaborador puede llegar a ser muy tedioso, pero lo mejor es no abrir la llave del agua a tope; con ellos, no sirve de nada acelerar el proceso de maduración. Espera hasta que los tomates estén rojos. Además, no dudes en concederte un momento para alejarte del tema si sientes que tus detonantes se están activando. Los colaboradores no se van a ir a ninguna parte; no hay prisa para arreglar las cosas.

Un ejemplo fantástico de cómo es resolver un conflicto con un colaborador viene de uno de los retiros personalizados para empresas que hicimos en Aspen. Lo cierto es que nos lo pasamos en grande organizando estas escapadas. Están dirigidas a grupos pequeños y tratamos de hacerlas divertidas y educativas por igual. Y son especialmente populares entre las empresas a las que les gusta recompensar a sus mejores empleados con experiencias lúdicas al llegar a fin de año. Para uno de los principales fabricantes de equipos de *fitness*, organizamos una especie de competencia deportiva con distintos juegos al aire libre, juegos tradicionales y hasta un concurso de lanzamiento al lago con cuerda. Las actividades tenían lugar por las mañanas y fueron muy animadas y entretenidas, las tardes las dedicamos al descanso y por las noches nos reuníamos en torno a una hoguera al aire libre. Estuvieron llenas de conversaciones maravillosas (al igual que lo fue la comida; por no mencionar que nos tomamos también alguna que otra copa); intercambiamos anécdotas mientras les hablábamos de liderazgo, trabajo en equipo y de una búsqueda sana de la excelencia.

La penúltima noche, nos pusimos a charlar sobre cómo podían trasladarse también los Go-To a propietarios de distintas instalaciones. Los participantes del retiro, como parte del compromiso que tenía su empresa de mantener una cultura de aprendizaje que daba prioridad a los empleados, ya habían hecho los test de Myers-Briggs, Eneagrama y StrengthsFinders.

De hecho, a principios de año habían asistido al curso de prevención de conflictos que impartimos. Pues bueno, una de las cuestiones que se les había quedado grabada a fuego era el tema de los detonantes activados; cómo el desarrollo de una iniciativa tanto con compañeros de trabajo como con clientes podía dar un giro de ciento ochenta grados cuando a alguien se le activaba un detonante y cómo gran parte del éxito empresarial dependía de hacer los ajustes necesarios para solucionarlo.

Una de las asistentes, la mejor gestora de cuentas de la empresa, que había sido jugadora de fútbol de élite en la universidad y que se caracterizaba por su mentalidad de equipo, nos contó que había entablado una buenísima amistad con los propietarios de algunos gimnasios con los que colaboraban —como Gold's, Anytime Fitness, YMCA—, y que conocer los Go-To le estaba ayudando a mejorar su relación con ellos. Según nos contó, había propuesto realizar la evaluación de sus perfiles como ejercicio de creación de grupo.

—Tengo en el móvil una aplicación con fichas de mis clientes —nos explicó—. Y en ellas tengo anotado el Go-To de cada uno. Así, cuando me informan de que ha habido algún problema en las instalaciones, de que se les ha roto una de las elípticas, de que alguno de los socios se ha quejado, de que hemos metido la pata con uno de nuestros pedidos, o si se ha retrasado un envío, lo que sea, puedo darme un segundo para echarle un vistazo y llamarlos más tarde. Y lo cierto es que me siento mucho más cómoda, más alineada con ellos, y hasta siento que afronto mejor los problemas. Me convierto en Catwoman: me lanzo sobre ellos, logro mitigar las emociones de todos y, fin, todo el mundo a salvo.

Después, con una sonrisita, pasó a hablarnos del conflicto que había tenido con el propietario de un fitness-spa de lujo en Nueva York. Al parecer, había comprado el edificio y había hecho una reforma enorme: derribó paredes enteras para triplicar la extensión de las salas del gimnasio e incorporó una cafetería, un bar de jugos, y hasta una zona entera dedicada al *mindfulness*. Dos años después y tras más de ocho millones de dólares invertidos, se había puesto a organizar la gran apertura y había cubierto todo Manhattan de anuncios publicitarios. El problema fue que llegó el día de la inauguración y aún no se había recibido gran parte de las máquinas.

—¿Te imaginas? Con una inversión así de grande y que nuestros camiones no aparecieran cuando debían…? —dijo—. Me puse en contacto con él en cuanto me enteré, y lo escuché tan tranquilo que ni se inmutó al decirme: «Mira, esto me costó un dineral, así que tu jefe va a tener que cubrir el pedido completo; o las máquinas son gratis o me encargo de dejar tu empresa en la ruina. Aunque sin rencores, ¿eh? Sé que no es culpa tuya. Tú me caes bien. Me aseguraré de no incluir tu nombre en la demanda». En fin, si no hubiera sabido nada sobre los perfiles de personalidad ante el conflicto, estoy segura de que habría entrado en pánico y me habría puesto como una loca a tratar de invocar a todo el mundo para ver qué hacer, pero era un colaborador y hacer eso habría complicado mucho más las cosas. Habría sido incluso peor.

Tomates rojos, en la cesta. Tuvo en cuenta que los colaboradores no tienden a decir lo que les molesta, que no juegan al dominó, y supo que era mejor contenerse y pasar a intentar enterarse de cuáles eran sus verdaderas preocupaciones. Podía darse un pequeño respiro.

—Fue un verdadero alivio —continuó—. Quiero decir, obviamente aún teníamos que solucionar el tema del pedido, pero me di cuenta de que podía seguirle un poco el cuento y no preocuparme demasiado por quién tenía que pagar qué. Así que le dije: «Tienes toda la razón. Me parece una idea magnífica», y que así también nosotros podríamos promocionar su nuevo y reluciente club mientras ellos se encargaban de promocionar el envío complementario de nuestras nuevas y relucientes máquinas.

La portería libre, perfecto. Después, como toda una profesional, le animó a seguir adelante con el acuerdo. Sin embargo, al cabo de un rato se acercó a su punto débil y él se puso a la defensiva.

—Me paró y me dijo: «Eh, espera. Me parece bastante complicado que vayas a lograr convencer a tu jefe de hacer todo esto». Con lo que confirmé que por ahí debía de andar la cuestión que no quería tratar, porque pasó a darle la vuelta por completo. Así que decidí seguirle el juego un poco más, y estarán orgullosos, Docs, porque se lo devolví. Le pregunté por qué pensaba que mi jefe diría que no y… pum, lo soltó todo. Empezó a decirme que ya había colaborado con mi jefe y que no se fiaba de él del todo, y que la única razón por la que había decidido colaborar con nosotros era porque le gustaba trabajar con gente como yo. Además, me dijo que, de primeras, se habían planteado no poner ninguna máquina de levantamiento de peso porque lo que querían sus socios era tener un espacio de *fitness* más variado. Pero, en fin, al final el evento de apertura fue un éxito. La gente alucinó con lo diáfano que era el gimnasio.

Técnica del bumerán perfectamente ejecutada. Había logrado identificar su detonante, había dejado que se desviara durante un rato para lograr mitigar sus emociones y, después, había vuelto sobre sus pasos. Aunque sí es cierto que, en este caso, él estuvo dispuesto a abordar su interés subyacente mucho más rápido de lo normal entre colaboradores; probablemente gracias a los esfuerzos proactivos que había mantenido ella con el tema de la evaluación previa de su Go-To.

Y no tardaron en llegar a un acuerdo beneficioso para ambas partes: la empresa de la mujer envió una serie de prototipos exclusivos que tenían en el departamento de I+D, gratis, lo que a ellos les proporcionó datos para realizar las comprobaciones de calidad, y al club, el derecho de presumir de poder usarlas en su nueva zona abierta. Las máquinas del pedido original se destinaron a otras instalaciones y los clientes no tuvieron ningún problema en pagar el precio de la suscripción para poder servirse de ellas antes de lo esperado. Aparte, el jefe de la mujer acabó presentándose en Nueva York para disculparse en persona con un cheque de cincuenta mil dólares salido de su cuenta bancaria personal, que el propietario del club acabó donando a una organización benéfica.

Había otra cosa en la que la mujer tenía razón: estábamos orgullosos de ella. Ya sabes lo que se dice: «El aprendiz acaba superando al maestro». Le estaba enseñando a su empresa la importancia de comprender a los demás, y su paciencia, su determinación, su dedicación y proactividad, le habían permitido identificar la mejor forma —y la más rápida— de proceder ante un conflicto con un colaborador y cómo reconocer su interés subyacente.

J. EDGAR HOOVER DETIENE A CAPERUCITA EN EL BOSQUE

Sí, las soluciones conjuntas, como la «generosidad de Gertrude» y el «*spa* espectacular» son uno de los puntos fuertes del perfil de personalidad ante el conflicto colaborador. Aunque hay que tener cuidado; su gran empatía y cercanía pueden llegar a tener un lado oscuro. Algunos colaboradores, en lugar de emplear sus capacidades para forjar verdaderos lazos, se sirven de ellas para ganar terreno y manipular a los demás para conseguir sus objetivos.

Ya sabes que nos referimos a ellos como *agentes*, haciendo referencia a los agentes deportivos; pues bien, piensa ahora en otro tipo de agente, con traje negro, camisa blanca recién almidonada, comodísimos zapatos relucientes, un corte de pelo pulcro y gafas oscuras... el típico agente del FBI. James Cagney, en su papel de James «Brick» Davis, en la película *Contra el imperio del crimen*, remató la estampa con un sombrero de fieltro; Kevin Costner, en *Los intocables*, se arremangó la camisa; Keanu Reeves se enfundó un traje de neopreno en *Point Break (Sin límites)*, Gillian Anderson aportó un toque de color en *Expedientes X* y, en *Hombres de negro*, Will Smith llevaba en la chaqueta todo tipo de aparatos de tecnología espacial. Desde que J. Edgar Hoover fue nombrado primer director del FBI, el papel del agente especial, pese a los toques que se le han ido añadiendo aquí y allá, ha sido siempre sinónimo de lealtad en eterna búsqueda de la verdad y la justicia. ¿O no?

No sabemos si has oído alguna vez hablar de la vida secreta que mantenía Hoover; tal vez has escuchado alguna historia sobre él, rumores sobre cómo abusó de su poder y autoridad durante cuarenta y ocho años. Toda la maraña de actividad de espionaje, sus maniobras de actuación —bastante similares a las de la Gestapo— y el alijo de información que acumuló, le dieron total seguridad laboral y un importante potencial de material de chantaje. Recopiló montañas de trapos sucios sobre algunos ciudadanos estadounidenses muy destacados: políticos, jueces, diplomáticos, activistas, celebridades, actores, actrices, cantantes, atletas; de todo. Y los dirigentes de las distintas administraciones le tenían demasiado miedo —por lo que pudiera llegar a tener en contra de ellos— como para intentar destituirlo.

Así pues, Hoover aprovechó su habilidad para hacer contactos a lo largo de seis décadas para conseguir un 80 % de aprobación pública y difundir la figura de los Hombres G sin escatimar gastos... todo esto mientras recopilaba su arsenal de información a base de eludir y quebrantar la ley. Resulta que era la personificación de un perfil de personalidad al que llamamos «el recaudador» (bastante apropiado para él, además). En apariencia, era un colaborador —una persona asertiva, agradable y que no tenía problema en entablar relación con otras personas—, pero en realidad escondía a un manipulador que se servía de su poder para convertir sus vínculos en un arma con la que amenazar y ejercer control.

Por supuesto, esto no significa ni que el FBI sea corrupto ni que todos sus miembros estén metidos en asuntos turbios. En absoluto. No es más que un ejemplo hiperbólico que nace de la imagen arraigada —aunque manipulada por el cine— que existe de sus agentes para establecer un contraste entre los colaboradores y los recaudadores. Los colaboradores son excelentes compañeros de trabajo que valoran de verdad las relaciones, y los recaudadores, un intento de Go-To malintencionado que solo finge tener un vínculo contigo para obtener beneficio de él.

Y estarás pensando: *¡Oh, no! ¿Cómo puedo diferenciar a un colaborador con buenas intenciones de un recaudador que solo busca aprovecharse?* y *¿Qué tengo que hacer si me encuentro con uno?* Bueno, pues nos alegramos de que lo preguntes.

Por lo general, un colaborador estará realmente interesado en hablar contigo y en conocerte cada vez más y hará todas las cosas que mencionamos antes en este capítulo, ya que creen que saber lo que los demás quieren y centrarse en eso es la mejor forma de resolver conflictos. Cuando no están activados por un detonante, priorizan mejorar las relaciones, ser empáticos, escuchar y cooperar. Sin embargo, los recaudadores son oportunistas; hablarán de estas cosas, pero solo las cumplirán cuando les reporten un beneficio personal.

Para saber diferenciarlos, lo que puedes hacer es pedirle a alguien con quien sientas cierta conexión que te haga un favor; si es un colaborador, se esforzará por hacerlo de la mejor forma posible mientras que si es un recaudador, ni lo intentará o tratará de encontrar la forma de zafarse. Tienes que buscar cierta consistencia en sus actos. Los recaudadores van adaptando y cambiando su forma de ser, su comportamiento e incluso sus costumbres para que los demás se sientan comprendidos o identificados con ellos y se abran. Es algo que hacen todo el tiempo, es una parte fundamental de su expresión de la empatía, así que, si ves que la otra persona solo se comporta como un colaborador en algunas ocasiones —en especial, cuando se le ha activado un detonante y sus emociones están candentes—, lo más probable es que sea un recaudador.

Aparte, el nivel de intensidad de su comportamiento debe estar en sincronía con la fase en la que se encuentre la relación; recuerda que los colaboradores siempre se comprometen con sus vínculos, por lo que buscarán hacerlos crecer con calma. Si alguien a quien apenas conoces trata de entrometerse en tu vida desde el principio o muestra una empatía exagerada, ponte en modo alerta.

Por suerte, existe un método bastante eficaz tanto para identificar a los recaudadores como para tratar con ellos y protegerte. Recibe el nombre de técnica de la piedra gris. Para llevarla a cabo tienes que… hablar, hablar y hablar, y luego seguir hablando un poco más y luego más y más, *pero* no tienes que decir nada que resulte realmente interesante, que tenga peso suficiente o verdadero significado. Sé tan soso, «gris» y aburrido como puedas; la persona más soporífera del universo. Y, además, no permitas que intervengan. No obstante, si de pronto intervienen o te hacen una pregunta, ignóralos; no respondas. Limítate a retomar tu parloteo incesante e insustancial. Los recaudadores se aburrirán de inmediato y tratarán de abordar a alguien distinto. Son como halcones que vuelan en círculo en busca de presas; les parecerá que no eres apetecible y se irán volando.

El lobo del cuento *Caperucita Roja* es un ejemplo perfecto de lo que es un recaudador.

Si los cuentos de hadas no son tu fuerte, te hacemos un breve resumen. Básicamente tenemos a una niña (vestida con una caperuza roja) que se encuentra en el bosque, de camino a la casa de su abuela que está enferma, para entregarle una cesta con vino y pastel, pero que en el trayecto se encuentra con un lobo. El lobo finge estar preocupado por la situación de su abuela y le recomienda que se detenga a recoger algunas flores para dárselas de regalo, que le encantarán. A Caperucita le parece una muy buena idea y se pone hacerlo; entonces, él aprovecha para dirigirse a la casa de la abuela (y se la come o la encierra en el armario; depende de qué versión estés leyendo) y se disfraza de ella para esperar a que llegue su nieta y, así, poder comérsela también. Obviamente, la preocupación del lobo no había sido genuina; lo único que quería era aprovecharse de ella para lograr sus objetivos. Así son los recaudadores en acción.

Doc G tuvo la oportunidad de verlo con sus propios ojos durante un caso de custodia de una menor en el que tuvo que mediar. Todo comenzó con una denuncia anónima que se presentó contra el padre, un hombre soltero que además tenía que mantener tres trabajos distintos para no caer en la pobreza. Su horario no le permitía cumplir con las peticiones de la entrevista inicial, así que se le tuvo que hacer llegar una citación judicial a la que llegó tarde. El juez de primeras se mostró bastante receloso. No ayudaron demasiado las ropas sucias con las que se presentó, la lata de refresco que llevaba en el bolsillo ni su forma de hablar; no era, digamos, la más «correcta». Por otro lado, los familiares que habían presentado la denuncia —el tío y la abuela de la niña— iban bien vestidos, sus formas eran impecables y suplicaban que se les diera la oportunidad de cuidar de la menor. Sin embargo, las pruebas que habían presentado contra el padre tenían fallos, así que el juez decidió pasarle el caso a Doc G.

El día de la mediación, la abuela fue puntual como un clavo y lo saludó con efusividad, dándole las gracias por su tiempo. El padre, que volvió a llegar tarde, no se mostró tan agradecido.

—Solo quiero lo mejor para esa niña —le aseguró la abuela al comenzar.

—No le creas una m***** —le dijo, por su parte, el padre.

Ella, no obstante, ignoró el comentario y siguió hablando:

—Estoy en disposición y tengo la capacidad de ofrecer la ayuda y los recursos que necesiten mi hijo y mi nieta, sean los que sean. De vez en cuando, todos necesitamos un pequeño empujón. Es un honor estar aquí hoy para poder aportar mi granito de arena.

—No le creas una m***** —repitió el padre.

La abuela siguió presentándose a sí misma y a su hijo como tutores perfectamente cualificados; repitió una y otra vez, con su vocecilla dulce, que le darían a la niña todo el cariño que necesitaba mientras su padre, terco y carente de cualquier razonamiento, se negaba a expresar nada más que la mala percepción que tenía de sus propios parientes, lo que puso a prueba la paciencia de Doc y su capacidad para llevar a cabo la escucha activa.

Ambas partes estaban bien aferradas a sus posturas, pero a ninguna parecía habérsele activado su detonante; se mostraban impasibles, reacias a responder a las preguntas que les hacía y a participar en la conversación. Parecían dispuestas a repetir lo mismo hasta el fin de los tiempos. Y lo cierto es que estaban llevando a cabo la técnica de la piedra gris de forma bastante inteligente, aportando los datos relevantes suficientes como para resultar significativos al inicio. Ninguno trató de hacer un tiro cuando Doc decidió jugar sin portero y ninguno de sus lanzamientos de bumerán provocó reacciones por su parte.

Solo le quedaban dos opciones: (1) terminar la sesión y reprogramar varias reuniones de seguimiento para darles tiempo y recolectar los tomates una vez estuviesen rojos. Cuando alguien emplea contigo la técnica de la piedra gris, pero tienes que encontrar la forma de que colabore, es muy útil llenarle la agenda de asuntos pendientes, ya que pasará a ojearla, hastiado, se dará cuenta del esfuerzo que le supondrá y pasará a tratar el tema en serio. O (2) ponerte en modo competidor, fingir que se te ha activado un detonante y enfrentarte a ellos para suscitar una reacción (aunque preparado para poder regresar a la primera opción en caso de que salga mal). No obstante, al estar implicado el bienestar de una niña, no había realmente elección alguna que tomar.

Decidió dirigirse al padre:

—¿Sabes qué? Me da la sensación de que en realidad no quieres la custodia. De hecho, creo que lo que pasa es que te gusta hacerle perder el tiempo a todo el mundo y que no tienes ninguna prueba que respalde que seas el mejor tutor para tu hija, así que, o demuestras que me equivoco, o hasta aquí llega la mediación.

—Vete a la mierda, Doc —le soltó el padre, poniéndose de pie.

Después, se metió la mano en el bolsillo, sacó un grueso fajo de fotos polaroid y las dejó de un manotazo sobre la mesa antes de irse sin añadir nada más.

En cuanto Doc las recogió, se arrepintió de inmediato. En las fotos, aparecían la abuela y el tío rodeados de toda la parafernalia que conlleva el consumo de drogas. En una de ellas, la abuela estaba pinchándose heroína en el brazo, sentada en un puf… en lo que parecía ser un *dormitorio infantil.*

Doc apenas fue capaz de mantener la compostura.

—Me parece que ha habido un cambio bastante grande aquí —le dijo a la abuela.

—Muchas gracias por tu tiempo, joven —replicó ella, y no hubo ni el más mínimo cambio en su tono.

Después, se levantó y, con toda la calma del mundo, abandonó su despacho.

Antes de que se cerraran las puertas del ascensor tras ella, Doc G se encontraba llamando por teléfono a una amiga suya que trabajaba para el FBI (en nuestra opinión, la personificación *verdadera* de lo que es ser el prototipo de agente especial honrado).

El simple hecho de teclear esta historia nos pone los pelos de punta; es la versión más perturbadora de un lobo disfrazado de abuelita que nos podríamos imaginar; porque ahí estaba ella, tratando de engañar a los servicios sociales, al juez y al propio Doc G estudiando sus intereses y jugando con ellos como si realmente tratara de ayudar, cuando en realidad solo buscaba salirse con la suya

—Qué mangas tan bonitas tiene su camisa —podría haberle dicho—. Le disimulan muy bien las marcas de las agujas.

Sin embargo, cuando hay tanto en juego —en este caso, el bienestar de un menor—, es esencial asegurarse de que comprendemos las motivaciones de todos los implicados.

~~~

Nos parece importante subrayar que los puntos fuertes de los colaboradores los hacen ser unos fantásticos compañeros, así que te pedimos que no les atribuyas las características de los recaudadores, ya que, en realidad, lo que hacen estos es aparentar ser —fingir ser— colaboradores cuando en realidad pertenecen a un planeta completamente distinto (y que poco tiene que ver con los Go-To). Los colaboradores buscan de manera genuina emplear sus vínculos y círculos cercanos para ayudar a los demás; «colaboran» de verdad.

No obstante, las personas que pertenecen a este perfil pueden llegar a sentirse muy frustradas cuando sus compañeros de trabajo, amigos o los miembros de su familia son demasiado reservados, evitan comprometerse
~~~

en sus relaciones interpersonales o se cierran a los demás en momentos de tensión. Sus detonantes se activan sobre todo con los conflictos relacionales, aunque también cuando se le ponen barreras a sus intentos de establecer contactos, forjar relaciones y garantizar la inclusión. Así pues, si te encuentras en mitad de un conflicto con un colaborador, si necesitas jugar con uno de ellos, ten en cuenta que:

- Es mejor no tomarse lo que dicen al pie de la letra; no suelen ser directos a la hora de comunicar sus verdaderos intereses.
- Si quieres saber qué ha activado su detonante, tienes que ser persistente. Recuerda que siempre van a tratar de desviarse del tema y centrarse en ti en lugar de en sí mismos, así que ve redirigiendo la conversación hacia ellos (y ten paciencia).
- Facilitarles y validar su necesidad de sentirse en sintonía en medio de un grupo hará que se abran con mayor facilidad.
- Te será más útil comenzar abordando los temas de menor importancia; juega con impulso.
- No trates de engañarlos.
- Evita apresurarlos.
- Conviene evitar centrarse solo en los negocios; es decir, comprender que el tipo de conflicto que más los afecta es el relacional y, por lo tanto, debemos priorizar la resolución de problemas «humanos» con ellos antes de centrarnos en otras cuestiones.

La magnífica inteligencia emocional que poseen los colaboradores los convierte en líderes excepcionales, aunque pueden ser un poco intensos en la dedicación que invierten en dirigir su grupo y en equilibrar las necesidades de cada uno de sus miembros, y todo este esfuerzo tiende a llevarlos al desgaste. Así que tenlo también en cuenta y mantente listo para ayudarles a gestionar su tiempo y energía.

Sin embargo, si la razón de su agotamiento está más relacionada con la falta de un nivel de compromiso recíproco en el seno de un grupo más que de un exceso del propio, lo más probable es que se trate de un acomodador. Por lo tanto, tendrás que abordarlo con un enfoque un tanto diferente, como veremos en el próximo capítulo.

10
El acomodador

Hace no mucho tiempo, una joven deslumbraba a los aficionados del baloncesto universitario con su agilidad, sus regates dignos de los Globetrotters* y su capacidad para realizar pases sin mirar. Era la base del equipo, y tenía una sonrisa contagiosa y un aire de seguridad, con la capacidad de llevar adonde quisiera a su equipo. Su resistencia parecía inagotable y algunos se referían a ella como la próxima Magic Johnson; de hecho, los ojeadores de la Asociación Nacional de Baloncesto Femenino (la WNBA, por sus siglas en inglés) llenaban las gradas de sus partidos. Y ya te imaginarás que habría sido un bombazo que la seleccionaran en el *draft* con un jugoso contrato, pero resulta que había cierto problemilla: contaba con lo que los informes de los ojeadores denominaron «un historial problemático fuera de la cancha». La habían arrestado dos veces por drogas durante su paso por el instituto; en ambas,

---

* *N. del T.*: Aquí los autores hacen referencia a los Harlem Globetrotters, un famoso equipo de baloncesto de exhibición de Estados Unidos. El baloncesto de exhibición se caracteriza por centrarse más en el espectáculo y la destreza técnica que en la competencia en sí. Realizan todo tipo de acrobacias y trucos con el balón y mantienen un ambiente festivo y cómico.

había presentado una declaración *nolo contendere** y seguía en libertad condicional. Las restricciones derivadas de la sentencia judicial, junto con las complicadas circunstancias familiares en las que se encontraba, habían hecho que tuviera que renunciar a unirse al programa de una de las Power Five, las cinco conferencias de baloncesto más importantes del país.

Las franquicias profesionales tenían muchas dudas. Ella era magnífica con el balón, sí, pero también era cierto que la única experiencia con la que contaba provenía de los partidos del equipo de la universidad, y apenas había tenido contacto con las grandes ligas. Por lo tanto, ¿qué era? ¿Una futura superestrella o la próxima pesadilla de los medios de comunicación? El riesgo de echar a perder una plaza en el *draft*, un valioso contrato de fichaje y un gran salario era considerable.

Por fin, el día del *draft* llegó. Fueron apareciendo poco a poco los nombres de los jugadores de élite en el tablero. Ella había caído en la lista, pero pasó la primera ronda y no la habían elegido; pasó la segunda y nada. Después la tercera y la cuarta y... Acabó dejándose caer sobre el sofá, abatida. El *draft* terminó y su móvil no se encendió en ningún momento.

No obstante, el teléfono que sí sonó fue el de Doc E. Lo llamaba uno de los propietarios de un equipo de la WNBA.

—Creemos que en el fondo es una buena persona, Doc. Hemos estado investigando y tenemos información confidencial que, obviamente, el público desconoce, aunque... creo que es la razón por la que ninguno de los clubes la ha seleccionado. Sin embargo, nosotros queremos darle una oportunidad. ¿Estarías dispuesto a verla y darle algún que otro consejo para apoyarla en su transición de la universidad? Bueno, a ella y a mí también, la verdad.

Doc no dudó en responder:

—Por supuesto.

---

* *N. del T.*: *Nolo contendere* es un alegato exclusivo del derecho estadounidense mediante el cual, en un proceso judicial, la parte acusada no acepta ni rechaza la responsabilidad de los hechos que se le imputan ni presenta argumentos para probar su inocencia.

Así fue como el equipo acabó firmando con ella un contrato de agente libre que incluía una infinidad de obligaciones y requisitos, detallando hasta el más mínimo aspecto, incluso los horarios que debía seguir para llegar a todas las actividades que programaban; eran muy estrictos. Además, se le dejó claro que, ante la más mínima prueba de que estuviera haciendo algo ilegal, la echarían. Sin embargo, cumplió a la perfección; se convirtió en la base modelo del equipo: llegaba antes de tiempo a los entrenamientos y era la última en marcharse, dispuesta a dominar el plan de juego de su entrenador y a convertirse en una esponja para absorber todas las tácticas de sus rivales. Vamos, que pasó a convertirse en un relato que Walt Disney Studios no habrían dejado pasar para llevar a la gran pantalla.

Y fue así hasta el último partido antes de que se ratificaran las listas de la temporada.

Tenía lugar en una cancha en medio de la carretera y, para llegar, habían tenido que montar a todos —jugadores, entrenadores, al personal de oficina y hasta al propietario del equipo y a su esposa— en el autobús. Tenían previsto salir desde las instalaciones en las que entrenaban. Aun así, ella no llegaba. Se acercaba la hora de salida y, de hecho, tendría que haber estado allí treinta minutos antes. De pronto, el iPhone de la capitana del equipo vibró en su bolsillo.

Era un mensaje de Doc E.

«ESTOY A PUNTO DE LLEGAR A LA ZONA DE RECOGIDA, PERO NECESITO QUE ME ECHES UNA MANO».

La capitana (a la que llamaremos «Cap») le dijo al dueño que tenía que ausentarse un momento, pero que no tardaría en volver. Al salir del autobús, el Porsche de Doc chirrió hacia la parte trasera de las instalaciones, perdiéndose de vista. Cap echó a correr tras él. Tras doblar la esquina del edificio, se sobresaltó al ver a la base de su equipo, que salía del auto con el codo envuelto en un vendaje manchado de sangre.

—Dios mío —gritó.

Aunque su mente se enfocó en una única palabra: «Drogas». Justo lo que a Doc E le preocupaba que todo el mundo pensara.

—No es lo que parece —le dijo a Cap—. Yo me encargaré de hablar con el jefe, pero necesito que tú se lo expliques todo a tus compañeras. Y entonces empezó a contarle lo sucedido.

El problema había sido con su vecina, que tenía diecinueve años. La cuestión era que se había estado juntando con un grupito de gente un tanto problemática y ese día le tocaba comparecer ante el tribunal, pero sus padres no estaban en casa y ella, sin querer, había dejado las llaves dentro del auto. La base había intentado abrir el auto con un gancho, pero no había logrado nada y había comenzado a entrar en pánico tanto por llegar tarde al partido como porque su vecina llegara tarde a la comparecencia. Entonces, había cogido una piedra, la había estampado contra la ventanilla del auto y, al intentar abrir la puerta, se había hecho un corte en el antebrazo. Después de eso, había llamado a Doc E porque le había dado miedo infringir el contrato y necesitaba de su ayuda.

Cap soltó un suspiro de alivio y le puso una mano en el hombro.

—No te preocupes. No tienes culpa de nada. Yo me encargo de hablar con las chicas; lo entenderán, estoy segura. Doc, llévala al hospital.

Una de las cosas que más destacan de esta historia (aparte del tema de la ventanilla del auto) es el hecho de que, al inicio de la pretemporada, el equipo había hecho una actividad de unión de equipo fuera de la cancha que incluía una evaluación de los perfiles de personalidad ante el conflicto, y tenemos que felicitar a la capitana, porque había usado todo lo que había aprendido para mejorar la comunicación dentro del equipo y su propio liderazgo.

Era consciente de que su compañera no era solo la base del equipo, sino que también era la base de los Go-To (que es el sobrenombre con el que nos referimos cariñosamente a los acomodadores). Por lo tanto, sabía que, para su compañera, cumplir con su palabra y rendir cuentas no eran solo simples estipulaciones contractuales; eran fundamentales para su manejo del estrés cuando se activaban sus detonantes. Además, tuvo en cuenta que se sentiría aún más estresada si los demás comenzaban a cuestionar y a criticar que hubiera tratado de ayudar a su vecina, así que validó sus acciones y le aseguró que su sacrificio no tendría consecuencias negativas; más bien lo contrario.

Estamos muy orgullosos de ella. Supo explicarles la situación a todos los que se encontraban en el autobús y la base no solo acabó obteniendo un puesto en la alineación que mantuvo en los años venideros, sino que todo el equipo la nominó al prestigioso premio Cares Community Assist Award de la WNBA, que se entrega a la jugadora que genera el mayor impacto positivo en la comunidad deportiva.

La referencia al baloncesto nos viene de maravilla para pasar a hablarte de las características del perfil de los acomodadores, ya que son la viva imagen de cómo sería un jugador ejemplar: una persona servicial que antepone siempre a los demás por el bien conjunto y que está dispuesta a asumir cualquier carga. Además, son la opción más indicada para solucionar los conflictos que exigen una tarea (o un conjunto de tareas) bien definida, en la que cada uno debe cumplir con su parte y alcanzar un objetivo claro. Dentro de esos términos, es poco probable que se activen sus detonantes, por lo que pueden aportar su creatividad y determinación. Les encanta que confíen en ellos para dirigir; siempre y cuando no se interfiera en su misión y se reconozca su trabajo.

Te damos unos cuantos consejos por si no eres un acomodador, pero te gustaría adoptar algunos de sus rasgos para afrontar los problemas que se te presenten:

1. Pon la otra mejilla. Si el conflicto que enfrentas revoluciona demasiado tus emociones o sientes que dejas de abordarlo con lógica, lo mejor es que te tomes un descanso y te alejes un tiempo. Lo primero que tienes que hacer es descubrir qué es lo que te está afectando y, cuando lo sepas, darte un minuto para mitigar tus emociones. Una técnica bastante útil es la sustitución de pensamiento, que consiste en llenar nuestra mente de imágenes o melodías que nos aporten calma. Puedes imaginarte sentado en una playa vacía o tumbado en una hamaca, por ejemplo, y después comienza a tararear tu canción favorita; o puedes hacerlo con *Coward of the County* de Kenny Rogers (escrita por Roger Bowling y Billy Edd Wheeler en 1979 y producida por United Artists Group); nos parece bastante apropiada.

Walk away from trouble if you can
*... you don't have to fight to be a man.**

Por supuesto, esto no significa que tengas que pasarte la vida esquivando los problemas o buscando el camino fácil. Los acomodadores no tienen problema alguno en poner la otra mejilla porque quieren evitar situaciones desagradables a toda costa; además, son personas muy comprometidas, por lo que se dedican en cuerpo y alma a resolver conflictos.

2. Sé abnegado. Ten en cuenta a los demás. Antepón los deseos de tus seres queridos y los objetivos de tus compañeros a los tuyos. A los acomodadores no les cuesta hacer sacrificios; siguen a rajatabla el lema «Uno para todos y todos para uno». Si quieres ser como ellos, dirige tu generosidad a las relaciones personales y profesionales que aprecias y establece vínculos que logren resultados importantes y significativos para todos.

3. Establécete unos estándares mínimos propios. Antes de que pienses que el consejo anterior parece una invitación para que los demás te pisoteen o se sientan animados a hacerlo, recuerda que los acomodadores defienden una ética basada en el compromiso y la dedicación al trabajo, en la búsqueda incesante de la excelencia y en el respeto que ambas merecen. Siempre esperan que se les devuelva lo que ofrecen; haz tú lo mismo. Puede que los demás tengan habilidades distintas a las tuyas, pero, si van a formar parte de tu círculo más cercano, no solo podrán emplearlas, sino que agradecerán que tú también aportes las tuyas.

SI EL EQUIPO NO SE COMUNICA... DINAMITA

Hace tiempo se puso en contacto con nosotros el director jurídico de una empresa muy respetada que se había expandido muy rápido. Había

* *N. del T.*: «Aléjate de los problemas si puedes /... no hace falta pelear para ser un hombre».

pasado de ser una tiendecita familiar a una cadena regional. Sin embargo, durante ese periodo de crecimiento se había topado con un bache.

Sus fundadores eran una pareja de inmigrantes que cargaban a sus espaldas una historia de superación, esfuerzo y grandes logros: habían llegado a Estados Unidos sin nada en los bolsillos y trabajaron sin descanso para salir de la pobreza y conseguir el dinero suficiente para abrir un pequeño establecimiento que habían logrado mantener a flote los primeros años. Habían querido dar su toque personal dentro del mercado en el que se habían ido abriendo hueco y habían decidido no formar parte de ninguna franquicia. Poco a poco, habían establecido una estructura organizativa que les permitió mantener su visión e incorporar todo lo que habían aprendido. A partir de entonces, habían comenzado a aumentar la plantilla, lo que fue creando nuevos puestos de trabajo. No dejaban de obtener beneficios.

No obstante, el ambiente interno era bastante distinto. Habían impuesto una serie de normas para los empleados que modificaban los pagos, las vacaciones y las ayudas sanitarias. Una parte del equipo estaba de acuerdo con el cambio y lo consideraba muy progresista, sobre todo las iniciativas enfocadas en el bienestar físico y mental. Sin embargo, algunos de los miembros de la dirección estaban preocupados por el costo, los riesgos operativos y la posibilidad de que se abusara de las ayudas.

—Claro que son cuestiones comunes en el seno de una empresa —dijo el director—. Nada que cualquier equipo de consultoría de prestigio no pueda solucionar.

—¿Quiere que le recomendemos alguno, entonces? —preguntó Doc G.

—Oh, no. No los he llamado por eso. Ese no es el problema.

—Ah, de acuerdo. ¿Y en qué podemos ayudarle?

—Ya tenemos toda la materia gris necesaria —explicó—. Contamos con gente inteligentísima. El problema es que nadie parece estar dispuesto a hablar del tema; todo el mundo va como con pies de plomo. Es por los dueños. O, bueno, por su hija. *Bueno*, en realidad por los tres. Verán, hace un año, decidieron nombrar a su hija jefa de Recursos Humanos como regalo tras haberse graduado en la universidad. Aún está un poco verde, sin duda, pero es muy lista. De hecho, el tema de la nueva normativa fue idea suya; quiere demostrar a todo el mundo que se merece el puesto y que tiene mucho que aportar, que no está en el cargo por influencias. Y, por otro lado, están sus padres, que quieren que siga sus directrices, que escuche, que aprenda y que sea el ejemplo de una «buena empleada» a la antigua usanza, aunque ese modelo ya esté un poco pasado de moda. Es lo de siempre: el idealismo choca con la experiencia. La diferencia es que, en este caso, nadie se ha molestado en abordar el tema. Los tres se comportan como si nada; si se encuentran en la oficina, se sonríen y se saludan, pero no se dirigen la palabra. Y me da la sensación de que la cosa va a explotar de un momento a otro.

Estaba describiendo el perfil de los acomodadores de cabo a rabo. Y, para colmo, los tres lo eran. A los acomodadores les encanta dar poder a sus compañeros —por ejemplo, los dueños le dieron el puesto a su hija sin intervenir y le permitieron dar rienda suelta a sus ideas—. Sin embargo, no les gusta que los ignoren, que presenten un proyecto y nadie se sume a él o no se cumpla según sus expectativas. Por suerte, sus detonantes tardan mucho en activarse; tienen mucha tolerancia y suelen ser bastante razonables cuando están frustrados, decepcionados o cansados. Por lo general, antes de dejarse llevar por sus emociones, suelen seguir uno de estos tres caminos: (1) hacer las cosas por sí mismos: prefieren echarse a los hombros todo el trabajo antes de confrontar a los demás; (2) actuar de forma pasivo-agresiva: insinuarán lo que quieren sin decirlo directamente, o (3) ocultar sus sentimientos: comenzarán a evitar el problema y a dejarlo apartado todo el tiempo que puedan.

Aceptamos hacer una visita a los dueños de la empresa y a su hija. Como eran acomodadores que aún no habían alcanzado su punto de ebullición, sabíamos que lo más probable es que se mostraran reticentes a abordar el tema cara a cara, así que optamos por emplear la técnica Caucus. Es un método que consiste en convocar una reunión privada con cada una de las partes implicadas en una disputa; un método muy útil para ayudar a los acomodadores a encontrar una solución para sus problemas por lo discreto que resulta.

Y, una vez logramos establecer cierta confianza con ellos y pusimos en marcha nuestras herramientas de escucha activa para tratar de descubrir cuáles eran sus intereses subyacentes, comenzaron a abrirse a nosotros. La hija pronunció un apasionado discurso sobre salud mental, las necesidades de los jóvenes de su generación y la búsqueda de estrategias para potenciar la productividad adaptadas a la época actual. De hecho, hasta nos estuvo comentando opiniones que le habían dado algunos empleados de la empresa, tanto de esa oficina como de las demás. Y recalcó que todas las decisiones que había tomado estaban fundamentadas en datos comprobables.

Sus padres, de forma similar, nos estuvieron hablando de las quejas que habían estado recibiendo; la mayoría, de parte de trabajadores pertenecientes a generaciones anteriores a la de su hija y que, por lo tanto, no estaban viendo sus necesidades cubiertas con la nueva política de la empresa. Y nos pusieron ejemplos concretos de las cuatro décadas que habían dedicado a su negocio.

Llegados a este punto, comenzamos a intercambiar información entre ambas partes y, cuando se dieron cuenta del esfuerzo y dedicación que había puesto su hija desde que le habían asignado el cargo, propusieron llevar a cabo una reforma colaborativa desde el departamento de Recursos Humanos. Y ella, al saber que sus padres respetaban su forma de trabajar, se mostró entusiasmada por encontrar la forma de incorporar sus conocimientos a su trabajo. Una vez establecidos los objetivos comunes y, tras un par de abrazos, nos encontrábamos de vuelta a casa.

La técnica Caucus es muy útil en situaciones en las que puedes contar con una tercera persona como mediador. Y puede que a ti no te sirva, que no sea factible, o que te resulte demasiado engorrosa o incómoda. Sea como sea, cuando se dé el caso de que el acomodador con el que se tiene un conflicto es un miembro de tu familia, un amigo o un compañero de trabajo, lo principal va a ser tratar cuanto antes los temas molestos o delicados. Esto es porque, en caso contrario, van a dejar que se acumulen, y no es porque teman el conflicto, sino más bien porque sienten que sus «problemas» —es decir, lo que les ha molestado, lo que les preocupa y demás— no deberían afectar a su equipo (o a su empresa, a una amistad o a su matrimonio); no quieren «cargar» a los demás con su peso. Y, sí, puede que sea una forma muy noble de ver las cosas, pero ya sabes bien que a la larga puede hacer que todo empeore a pasos agigantados.

Así pues, trata de solucionar los conflictos con acomodadores lo más rápido posible, antes de que exploten; si no, es probable que los escuches tarareando esa parte de *you could hear a pin drop** de la balada de Kenny Rogers, cuando el protagonista de la canción, el «cobarde del condado», está a punto de irse del bar, pero se detiene de pronto, cierra la puerta, se gira y deja escapar dos décadas de rabia contenida (mientras pide perdón por no haber puesto la otra mejilla).

Tu misión entonces es identificar el detonante particular de cada acomodador; estar atento para descubrir qué es lo que están tratando de evitar, dejando de lado u ocultando, y animarlos a que lo enfrenten. Para el primer paso, siempre viene bien hacer inventario de los que suelen ser sus detonantes más comunes:

- La falta de responsabilidad y de rendición de cuentas.
- Que no haya roles de trabajo y deberes claros.
- Que no se sigan los protocolos establecidos.
- Sentir que no se aprecian sus esfuerzos.
- Que se cuestione su dedicación, su esfuerzo y su participación en proyectos grupales.
- Que, en lugar de cooperación, haya competitividad entre miembros de un mismo grupo.
- ¡Los oportunistas e interesados!

Queremos dedicar unas palabras a este último punto… Los acomodadores, como la mayoría de nosotros, detestan a las personas que se ofrecen a hacer algo y luego no lo cumplen. Sin embargo, lo que les pasa a ellos es que *no soportan* a las personas que se desentienden, dejan que lo hagas tú y luego se ponen la medallita, ni a los que no cumplen con su parte y

* *N. del T.*: «Se podía escuchar caer un alfiler».

obligan a los demás a hacer el doble de trabajo para compensarlo. Porque no, no les importa cargar con el peso de todo el grupo a las espaldas…, pero solo cuando sus compañeros son gente íntegra y honrada.

Por otro lado, los acomodadores pueden desmoronarse cuando sienten que los presionan. De hecho, les cuesta mucho lidiar con los competidores en su punto álgido, ya que la mezcla de ego, competitividad y agresividad de estos los hace sentir atacados (pese a que no suele ser la intención de los competidores). Por lo tanto, si un acomodador y un competidor trabajan juntos sin coordinar de antemano sus estilos opuestos, el acomodador comenzará a acumular resentimiento hasta que, o bien explote, o decida abandonar el proyecto.

Así pues, ¿qué es lo que debes hacer? ¿Cómo consigues que un acomodador, con lo que detesta las confrontaciones, esté dispuesto a abordar un conflicto? Lo cierto es que nosotros hemos tenido la suerte de negociar con muchos acomodadores, lo que nos ha enseñado que la mejor forma de lograrlo es seguir esta secuencia de cuatro pasos:

1. **Valida su forma de proceder.** La mejor manera de lograr que un acomodador empiece a abordar un problema es alabar su paciencia y su esfuerzo. Recuerda, sus detonantes tardan mucho en activarse; no les cuesta dejar los problemas a un lado, evitarlos ni ocultarlos bajo tierra. Así que, si haces lo contario, estarás criticando uno de sus puntos fuertes. Si atacas la forma en la que trabajan, destruirás cualquier confianza que puedas haber generado con ellos. Lo mejor es hacerles ver que la valoras. Así, les comunicas, con un mensaje positivo —de manera sutil y sin dar pie a enfrentamiento alguno—, que eres consciente de la existencia de un posible problema.

2. **Mantente alejado de la zanja.** En cuanto los acomodadores se sienten comprendidos y confirman que no los vas a criticar, comienzan a abrirse, pero ten cuidado: una vez empiezan a desahogarse, lo hacen con todo. De hecho, cuanto más tiempo llevan callándose las cosas, mayor es su necesidad de liberarse por fin de ellas al ver que se ha abierto la veda, y es bastante probable que, si los dejas, acaben quedándose atrapados en una zanja. De hecho, la mejor imagen para representarlo es la rueda de un

auto dando vueltas (es decir, sus quejas) para tratar de avanzar mientras el lodo salpica por todas partes. Intenta entonces que no se queden atrapados y, si ocurre, que puedan seguir adelante.

Si comienzan a desviarse o cambian a algún tema que no tenga nada que ver con el conflicto, recuérdales —de la forma más casual que puedas— lo que estaban hablando hace unos instantes. Por ejemplo: «Ay, qué interesante. Es como decías ________________». O: «Sí, es verdad. ¿Sabes? Me recuerda a ________________». Aunque no olvides que cuando a los acomodadores se le activan sus detonantes, *necesitan* desahogarse. Y no estás frenándolos, estás redirigiéndolos hacia las temas relevantes para encontrar soluciones.

3. **Olvídate del clavo.** El nombre de este paso se lo debemos al escritor, director y productor Jason Headley; en concreto, al aclamado corto que sacó en 2013 (y que tiene más de veintiocho millones de visualizaciones), titulado *It's Not About the Nail**. El corto muestra a la perfección la angustia de dos personas que tratan de abordar temas distintos. La mujer quiere hablar sobre cómo lidiar con las distintas situaciones y comunicarse, mientras que el hombre, presumiblemente su esposo, quiere hablar sobre el clavo que ella tiene en la frente. Sí es cierto que ambas cuestiones pueden estar más o menos relacionadas, pero como no son capaces de identificar las diferencias que hay entre ambas, acaban —al igual que nos pasa a los demás— discutiendo. Te animamos a que veas el corto, tratando de imaginar que el clavo no está ahí mientras escuchas lo que dice la mujer.

   Esta es la clave para tratar con los acomodadores. Como ya sabes, nunca comunican de inmediato cuál es su verdadera preocupación; lo que saquen a colación al principio —ya sea un hecho real o una suposición— no es lo que debemos abordar. La regla de oro para resolver conflictos con los acomodadores es no quedarse con lo que se percibe a simple vista; usa

* *N. del T.*: El corto no está traducido al español, pero lo que dice el título es algo semejante a «No es culpa del clavo».

la escucha activa y mantente alejado de la zanja hasta que captes algún cambio en su lenguaje corporal o en su tono.

4. **Hazles sentir que te están cuidando.** Podríamos haber llamado a este paso «hazles sentir culpables», pero creemos que el objetivo es más bien que se sientan bien consigo mismos. Los acomodadores detestan molestar a los demás o pensar que sus compañeros pudieron sentirse mal por algo que ellos hayan dicho o hecho, así que hazles ver que eres consciente de que su intención es cuidar a los demás. Para eso, comunícales cómo su postura y sus acciones te han afectado (a ti o al resto de miembros de un equipo) y después muéstrales cómo se beneficiarían si las modificaran.

   Para ponerte un ejemplo, tenemos a la hija mayor de Doc G que es experta en esto. A los dos años descubrió la utilidad de la frase «Me da miedo, papá». Y, como sabe que la principal preocupación de su padre es su bienestar, empezó a usarla con frecuencia a su favor. Esto quedó en evidencia cuando un día le dijo: «Me da miedo llevar pantalones a la iglesia, papá». La clave para lograr este paso es alinear la manera de solucionar el conflicto con el deseo que tienen los acomodadores de priorizar siempre a su equipo.

De regreso a la metáfora del baloncesto, podríamos decir que los acomodadores son como los bases: unos expertos en ayudar a los demás. Sin embargo, si tenemos en cuenta el hecho de que siempre priorizan a los miembros del equipo (tanto en el ámbito personal como en el profesional) y lo unimos a cuánto cuesta activar sus detonantes, es fácil pensar que todo son arcoíris y florecitas en su vida. Te animamos a que te fijes de vez en cuando en los acomodadores de tu vida y a que busques formas de ayudarlos y de validar sus esfuerzos para que sepan que estás abierto a recibir un pase. Aunque ten paciencia para lidiar con toda la horda de pequeñas frustraciones que puedan llegar a acumular en su interior.

> «Todo jugador quiere ser reconocido por lo que ha hecho; la validación se siente como entrar en el Salón de la Fama».
>
> **—Barry Larkin**

BENDITO ESTIÉRCOL

Esta es la historia de las familias de Charles y Nory. Ambas eran vecinas y, pese a hacerse la competencia en su negocio, habían vivido en relativa armonía durante nueve generaciones. Los antepasados de las dos familias se habían dirigido al oeste poco después de que Thomas Jefferson firmara el acuerdo de la compra de Luisiana a comienzos del siglo XIX. Allí adquirieron cientos y cientos de hectáreas de tierras, fértiles y plagadas de ganado, que habían pasado por herencia tanto a Charles como a Nory, tras sobrevivir a la expansión al oeste, las guerras, las crisis económicas, los desastres naturales y, por supuesto, alguna que otra riña vecinal.

Charles y Nory habían crecido juntos y eran muy buenos amigos. Apenas se llevaban once meses. Habían practicado todos los deportes habidos y por haber: fueron cocapitanes en los equipos de fútbol, lucha libre y béisbol de su instituto, aunque la lucha libre era su deporte favorito, y se habían enfrentado el uno al otro para conseguir el título de campeones estatales (de hecho, había quien decía que su éxito se debía a la rivalidad que había entre ellos; igual a la que tienen los hermanos). Después, fueron juntos a la universidad, se graduaron con notas idénticas y, aunque recibieron llamadas de varios ojeadores y ofertas de becas de posgrado, su verdadera pasión era la agricultura, así que volvieron a casa para hacerse cargo de los negocios de sus padres.

Perpetuaron los dos siglos de tradición que llevaban a sus espaldas, aunque con una sola diferencia: ninguno de los dos se casó ni tuvo hijos. Sus padres fallecieron al poco tiempo, muy cerca los unos de los otros, lo que los convirtió en los únicos herederos tanto de las granjas como de una inesperada fortuna. Ambas familias habían vivido siempre con moderación y mantenido una buena administración de su dinero, aunque ni a Charles ni a Nory les había faltado jamás nada. Habían obtenido becas universitarias, nunca habían tenido deudas y, en aquel momento, además de los cuantiosos beneficios que les daban sus nuevos oficios —como principales proveedores de varias marcas alimentarias muy reconocidas— contaban con todo lo que sus padres habían ahorrado. Y, al ser solteros y de mente despierta, pese a su falta de experiencia a la hora de afrontar fracasos y superar obstáculos, pasó lo que pasó: tuvieron una discusión.

Y acabaron en nuestras oficinas.

Nory se reunió con Doc G y comenzó a contarle que él y un «socio» habían tenido un problemilla que se había complicado por una «pequeña cuestión legal» y que se habían puesto en contacto con ellos para evitar que llegara a los medios. Y, bueno…, lo cierto es que el paquete que le había enviado Charles a Doc G no concordaba con estas declaraciones; no parecía precisamente que el traumatismo craneal que mencionaba el historial clínico de Charles y las fotografías de ese enorme edificio quemado hasta los cimientos fueran «problemillas». Así que decidió ir paso a paso.

Los invitó a ambos por separado a reunirse con él, aunque antes les pidió que llevaran a cabo la evaluación de su perfil de personalidad ante el conflicto. No pusieron ningún problema y resultaron ser acomodadores los dos.

En cuanto Charles entró por la puerta y lo saludó, Doc G pasó a tratar de obtener información de primera mano sobre su caso:

—Ponte cómodo. Cuéntame tu historia y cómo puedo ayudarte.

Él comenzó con el relato de las dos familias y remarcó la forma en la que la rivalidad entre él y Nory se había ido intensificando desde que se habían convertido en los propietarios de sus respectivas granjas. Al darse cuenta de que ponía énfasis en eso, lo animó a que lo desarrollara; sin embargo, pasó a alardear de la tradición bicentenaria de sus familias y del éxito que habían tenido. Con las cejas arqueadas y con todo entusiasmado, Doc G le dijo:

—Vaya, ¡eso es increíble! Hay que tener verdadera paciencia y perseverancia para conseguir superar todos esos contratiempos… ¡Amazon Studios tendría que hacer una película sobre ustedes! Háblame más sobre la rivalidad. Eso le daría un giro fantástico a la película.

De una, había pasado a validar su forma de afrontar los conflictos a base de elogios y se había mantenido alejado de la zanja. Le había dejado que expresara lo orgulloso que estaba de la tradición de sus familias cuanto quisiera, pero lo había reconducido hacia el tema de su relación con Nory.

Charles sonrió antes de seguir hablando:

—La verdad es que una película nos vendría de maravilla; seguro que nos ayudaría a exponer a ese cabrón. Supongo que recibiste el paquete que te mandé, ¿verdad? Eso debería decirte todo lo que necesitas saber. Vamos, no tuvo ningún problema en prenderle fuego a su propio granero ni en romperme la nariz de un puñetazo... que me provocó una hemorragia interna, además.

—Vaya situación... Debió de ser muy doloroso. ¿Qué fue lo que pasó?

Y así es como el clavo quedó en un segundo plano.

El hecho de que Charles le hiciera llegar de antemano su historial clínico y lo sacara a colación de inmediato durante la conversación fue suficiente para que supiera que el verdadero problema no tenía nada que ver con el altercado físico que habían tenido.

—Bueno, la cuestión es que, hace aproximadamente un año, tomé la decisión de hacer una renovación completa de la granja; estaba ya demasiado vieja. Y me parecía que la mejor forma de garantizar su futuro, y el de la industria alimentaria, en realidad, era recurrir a la tecnología: automatizarlo todo, incluir inteligencia artificial... He invertido ya más de tres millones de dólares, entre una campaña de *marketing* bastante grande para potenciar nuestra presencia a nivel nacional, incorporar mejoras para que los alimentos fueran más frescos y saludables... Nory siempre ha sido un buen amigo. Desde el principio quise compartir el proceso con él y que la publicidad nos beneficiara a ambos, pero empezó a sentir celos. Su granja va bien, pero todo el mundo sabe que no llega al nivel de la mía; supongo que se vio amenazado o algo. O quizás no recibió una herencia tan grande como la mía. La verdad es que no lo sé. El caso es que un día empezó a vender todo su inventario y a la mañana siguiente, cuando me desperté, su granero estaba en llamas. Tenía buenos animales; estoy seguro de que había obtenido un dineral con ellos, así que no entiendo por qué lo hizo. ¿Para cobrar el seguro?

Fue entonces cuando Doc G intervino:

—Bueno. Son un montón de cosas las que ha tenido que pasar Nory, y que tú hayas tenido que verlo desde fuera... Muchas gracias por animarte a compartirlo conmigo. Aunque, ayúdame a entenderlo bien, ¿intentaste tú apagar el fuego o...? ¿Dónde entra en todo esto el tema de la agresión?

Segunda ronda de validación y mantenerse alejado de la zanja, completada. Le estaba dando la sensación de que se estaba yendo por las ramas; cada vez era más obvio que todo eso del granero, los animales y el dinero no era el tema candente.

—Está loco. Tenía el granero en llamas y, aun así, se presenta en mi casa y me acusa de haber provocado el incendio y, de pronto, ¡pa! —exclamó—. Me soltó un puñetazo. ¿Y se supone que es mi mejor amigo? Pues no lo entiendo. Se volvió loco.

—Ay —suspiró Doc G—. No puedo ni imaginarme lo que tuvo que ser eso; ya no solo el dolor de que te rompiera la nariz, sino también por la sensación de perder a alguien al que consideras prácticamente familia y no saber qué hacer.

Aun así, por fin veía dónde estaba el quid de la cuestión: Charles estaba triste y preocupado por el punto en el que se encontraba su relación. Doc G supo que lo siguiente que tenía que hacerle ver era que lo había estado cuidando.

Mientras tanto, Doc E estaba reunido con Nory. Se habían saludado con un apretón de manos y el mismo recibimiento que Doc G le había dado a Charles; de hecho, ambas conversaciones fueron casi un calco de la anterior. Nory comenzó alabando los esfuerzos y tradiciones de sus familias y Doc E lo elogió —tanto a él como a su estirpe— por su tenacidad y dedicación. Validación de acomodadores, completada.

Después, siguió escuchándole:

—Sigo en *shock* con todo lo que ha pasado. Para mí, Chuckie era como un hermano. Estoy seguro de que les ha hablado del imperio de ganado que dirigimos; o bueno, que cuidamos, ya que nuestros antepasados nos encomendaron proteger su legado. Lo que dudo que les haya contado es que la economía nos ha golpeado con bastante fuerza. La industria alimentaria ha cambiado por completo; ahora los consumidores quieren que todo sea orgánico. La empresa Whole Foods es la que se está llevando todos los beneficios. Así que, a menos que trates de abrirte hueco en un mercado de compradores más exigentes, pasas a quedar en el olvido. Chuckie estaba a punto de irse a pique.

—Oh, no tenía ni idea —intervino Doc E cuando tuvo la sensación de que podría estar dirigiéndose a un zanja, así que dio un volantazo, enderezó el auto y redirigió la atención hacia la relación de ambos—. Es un tema fascinante, aunque ver a tu amigo luchar por adaptarse a todos esos cambios debió de ser duro.

—Muchísimo. Veía cómo iba perdiendo dinero mientras trataba de renovar la granja y, encima, al poco tiempo me di cuenta de que el verdadero futuro de la industria de los alimentos orgánicos no está en la comida en sí, sino en el fertilizante. El fertilizante ecológico natural. Es una mina de oro, doctor Eliot. Ríete lo que quieras, pero, en serio, lo más valioso de una granja es literalmente la caca. Es lo último en productos de exportación.

—¡Y una mierda! —soltó Doc, entre sorprendido y divertido.

Nory soltó una carcajada.

—Más bien varias.

Doc E ya se había dado cuenta durante la presentación que nos hizo por teléfono cuando se puso en contacto con nosotros y lo confirmó con toda la explicación que le soltó sobre su familia: no eran más que clavos que había que ignorar. Y lo hizo. Después, pasó a tratar las veces en las que había ido haciendo mención a Charles.

—Imagino que tanta presión los tendría frustrados y ansiosos, de ahí que tu forma de reaccionar fuera tan extrema. Como lo del incendio.

Nory asintió.

—La verdad es que me hubiera gustado que Chuckie me pidiera ayuda. Siempre hemos estado el uno para el otro y hemos dirigido todo juntos. Tiene que haberse vuelto loco todos estos meses, pero, aun así, prenderle fuego a mi granero... Supongo que es posible que haya pensado que vendí el inventario para dejar de trabajar en la granja y tal vez pensó que, de alguna forma, también lo estaba abandonado a él.

Ahí estaba: el momento en que se percató de que había sido todo pensando en él, que lo estaba cuidando. Y se dio cuenta por sí mismo. Entonces, Doc E se preparó para comenzar a llevarlo por el camino de la resolución, pero había otro tema pendiente. El puñetazo.

—Es una situación complicada. Me imagino que estabas muy afectado, y que luego viniera tu amigo y te acusara de haberle roto la nariz...

—Ah —suspiró—. Bueno, eso sí fue culpa mía. Perdí el control cuando vi el granero ardiendo porque supe que ya no había forma de salvarlo, así que fui a buscarlo y le solté un buen golpe en la cara. Me siento... horrible. Si pudiera retroceder en el tiempo... O sea, es que si nos hubiéramos centrado en el tema de los fertilizantes y lo hubiéramos unido a los mecanismos tecnológicos que había instalado en su granja, si no nos hubiéramos separado tanto y solo hubiéramos regresado para, al parecer, recordar nuestro pasado en el equipo de lucha libre del colegio, habríamos sido imparables. Pero ahora todo está patas arriba: me ha demandado, se está asegurando de pisotear la reputación de mi familia y hasta diciendo que fui yo quien le prendió fuego a mi propio granero para que me paguen los del seguro. No se puede simplemente pasar página y ya.

Doc E aprovechó la oportunidad para hacerle ver que podía tratarse, en realidad, de otro intento de cuidar.

—¿Y si...? Y permíteme ser así de directo, pero ¿y si lo único que está impidiendo que vuelvan a ser un equipo, a ser hermanos, es su orgullo? ¿Y si lo que pasa es que Chuck no sabe cómo tu nuevo modelo de negocio podría ayudarlo?».

—La verdad es que no me gustaría perder la oportunidad de comprobarlo. Y mira que dudo que sea el caso, pero supongo que podría intentarlo.

—Muchas gracias —le dijo—. ¿Te importaría hacer un resumen de cómo funcionaría la asociación empresarial que tienes en mente mientras llamo a mi compañero para ver en qué punto estamos?

—Sin problema.

—Y, de verdad, muchas gracias por haber colaborado en esto. Te aviso en cuanto sepa algo.

Una vez estuvimos los dos juntos, hablamos de lo emocionante que era que ambos compartieran el mismo interés subyacente (aunque al principio trataran de ocultarlo): lo que sentían el uno por el otro. Al fin y al cabo, eran dos acomodadores que se habían considerado compañeros durante más de treinta años y cuyos empleos habían ido de la mano gracias a la administración de sus familias.

No obstante, habían ocurrido una serie de contratiempos que los llevaron a entrar en conflicto: (1) Ambos habían perdido la orientación constante de sus padres y habían tenido que enfrentarse solos a una nueva fase de la vida. (2) Los dos se habían salido de su zona de confort: Charles, al introducir la tecnología en su negocio, y Nory con los fertilizantes orgánicos. Además, el dinero que heredaron les permitió avanzar muy rápido, lo que a la larga resultó un problema para ellos; los acomodadores suelen sentirse más cómodos siendo metódicos y jugando con impulso. (3) Creyeron que los movimientos estratégicos del otro habían sido para competir, que suele ser uno de los detonantes más comunes entre los acomodadores. (4) Y, como tienden a evitar la confrontación, decidieron no abordar el tema y lo dejaron aparte. (5) Finalmente, dejaron que se les acumulara la frustración y el resentimiento mientras se enfocaban en sus ambiciosas iniciativas. El conjunto había hecho que todo estallara.

Cuando Doc G regresó con Charles, le dijo:

—Te agradezco mucho la paciencia. ¿Te importa si te hago una pregunta hipotética?

—En absoluto —respondió él.

—Imagina que Nory hubiera estado tratando también de cambiar la forma de proceder en su granja —explicó—. En concreto, incorporando la fertilización orgánica. ¿Y si lo que pasó fue que se encontró tan inmerso en ello, con la complejidad que supone enfrentar tantos cambios, que se le pasó comentártelo, o que aún no había terminado de considerarlo todo y no quería que te vieras involucrado antes de tiempo pese a que su intención final sí fuera enlazarlo con tu cambios?

—Pues eso explicaría muchas cosas —dijo con cautela—. Aunque no es excusa ni para lo del incendio ni para el puñetazo.

—Desde luego —dijo Doc G—. Entiendo que todo esto te ha afectado mucho. Es normal, y cualquiera en la misma situación lo estaría, pero tengo la sensación de que podemos obtener un resultado positivo de esta mediación. Hagamos que merezca la pena. Así que, dime, ¿estarías dispuesto a considerar una propuesta que resuelva todo este embrollo mientras, aparte, estructuramos un acuerdo para que tanto tu granja como la de Nory puedan aumentar sus ingresos a un mismo tiempo? Hazlo por nosotros.

—¡¿Qué?! —dijo sorprendido—. ¡Por supuesto!

A partir de entonces, su actitud se relajó y aumentó su curiosidad.

Había un objetivo conjunto en el horizonte. Nos pusimos a abordar todos los detalles que faltaban por resolver y los temas logísticos, y resultó ser que el culpable del incendio había sido un fallo técnico en el sistema eléctrico del granero. El tribunal dictaminó que ninguno de ellos tenía culpa, Nory recibió la cobertura del seguro y usó una parte para cubrir las facturas médicas de Charles. Y después, juntos, se pusieron manos a la obra para modernizar y hacer crecer su imperio.

Nos sentimos muy afortunados por haber tenido la oportunidad de vivir tantas historias con final feliz. Algunas conllevan muchísimo más esfuerzo que otras, pero todas valen la pena. Afortunadamente, los acomodadores siempre están encantados de dedicar su energía a las personas que les importan de verdad y, a pesar de todos los pasos que hay que seguir para lograr mitigar sus emociones cuando se les activan sus detonantes, su principal objetivo va a ser siempre el bien de todos. Son fieles defensores de «estar en el mismo equipo»*, y estarán comprometidos a luchar por la victoria de los suyos con valor inquebrantable a menos, claro, que venga alguien a aplastarlos, a exhibir su ego, a no prestar atención a los demás, a intimidarlos o aprovecharse de ellos. Te recordamos que para jugar con los acomodadores siempre es útil:

- Demostrarles que los necesitas y que confías en ellos.
- Ajustarse a sus procedimientos.
- Cumplir con las tareas que te confían.

* *N. del T.*: Aquí los autores hacen referencia a la frase "*Same team!*", muy típica en el ámbito deportivo estadounidense. Originalmente, hace referencia a dos compañeros de un mismo equipo de baloncesto que comienzan a pelearse sin querer por hacer un rebote —recuperar el balón después de un tiro fallido—; entonces, uno de ellos (u otro compañero o el entrenador) grita "*Same team*!" para interrumpirlos, ya que su esfuerzo simultáneo está dificultando la continuación del partido, y así pueden asegurar la posesión del balón.

- Tener paciencia y jugar con impulso.
- Hacerles ver que aprecias su dedicación, su perseverancia, los sacrificios que hacen y su falta de egoísmo.
- No entrometerse en su vida ni competir contra ellos.
- Intervenir cuando surja una discordia, un contratiempo o alguien se distancie demasiado.
- No dar por sentada su ayuda.

Además, recuerda que los acomodadores que forman parte de tu círculo más cercano odian tener que enfrentarse a ti y siempre se guardarán lo que sienten para sí mismos, así que, cuando te dirijan una queja, lo más probable es que no sea lo que de verdad los afecta. Por lo tanto, si no dedicas tiempo y energía a escucharlos para tratar de descubrirlo, volverán al cabo de un tiempo con otras molestias similares u otras incluso más triviales. De cierta forma, son un poco como esas personas que acuden a los servicios de urgencias cada dos por tres con distintos motivos, reales o imaginados. Para los acomodadores, hacer eso es su forma de pedir ayuda para tratar cuestiones más importantes; así que aprovecha esas oportunidades para echarles una mano.

En conclusión, lo que buscan los acomodadores es hacer sentir cómodos a los demás. Invierten todo lo que tienen en sus relaciones y, a veces, esto se traduce en una tendencia a anteponer las necesidades ajenas a las suyas; sin embargo, si no sienten que los demás aprecian sus esfuerzos y atenciones, comienzan a acumular frustración hasta que no pueden más y tienen que dejarla escapar. Así pues, trata de saber de antemano cuáles son los detonantes de tus amigos, familiares y compañeros de trabajo que sean acomodadores y no los pierdas de vista; así, te aseguramos que tus relaciones con ellos serán sólidas y duraderas.

No nos cabe duda de que sabrás disfrutar de las ventajas de contar con un acomodador en tu equipo, aunque sin perder de vista lo valiosa que es la diversidad en los conflictos. Cada uno de los perfiles de personalidad ante el conflicto tiene sus ventajas y sus valores, al igual que tienen debilidades y dificultades, pero, si sabes cómo proceder, todos pueden ser grandes aliados. Si dedicas tiempo a descubrir los perfiles de las personas que te rodean, podrás recurrir a sus puntos fuertes siempre que lo necesites y serás consciente de cómo debes abordarlos para gestionar los puntos débiles de manera que resulte beneficioso para todos. Nosotros siempre nos sentimos satisfechos cuando lo hacemos, y estamos seguros de que tú también lo estarás.

Epílogo

Uf. Estos fueron capítulos bastante intensos, ¿eh?, y bien cargados de material para predecir y prevenir conflictos, salir de situaciones espinosas y resolver problemas. Sabemos que tienes mucho que digerir. No obstante, hemos descubierto, gracias a nuestras charlas y cursos, que resumir todo lo aprendido en tres frases concisas ayuda bastante a ir reteniendo conceptos. Así que, si al principio te aferras a ellas, ya tendrás avanzando un buen trecho.

1. En situaciones de estrés, las emociones y el raciocinio chocan entre sí. Céntrate en tratar las emociones.

2. No solemos ser «nosotros mismos» cuando nos encontramos en mitad de un conflicto. Si evalúas cómo funciona cada persona —en lugar de evaluar el problema—, tendrás la mitad del camino hecho.

3. Aunque tengas tu propio perfil de personalidad ante el conflicto cuando se activan tus detonantes, puedes replicar las características de los demás. ¡Anímate a jugar a emparejarlos!

Por supuesto, es necesaria cierta práctica para dominar cada una de las herramientas y técnicas que te hemos enseñado en estas trescientas páginas. Así que, cuando por fin intentes ir más allá de estos tres primeros preceptos para convertirte en un *jedi* de los conflictos, te recomendamos que vayas caso por caso. Puedes considerar este libro como una de esas historias de «elige tu propia aventura» más que como un compendio de reglas universales. Tratar de usar toda la información que hemos volcado en este libro en cada instante de tu vida es un objetivo condenado al fracaso; o al menos, uno que no te permitirá exprimir todo tu potencial. Lo mejor es empezar con un desacuerdo concreto o con alguien con quien quieras fortalecer tu relación. Empieza teniendo en cuenta lo que sabes sobre los tipos de conflicto; después, lo que has aprendido sobre los Go-To, y luego ve al capítulo que, según la situación en la que te encuentres o la persona que sea, te pueda ayudar a colocar la siguiente pieza del puzle.

Creemos que te sorprenderá gratamente lo fácil que resultará usar *Cómo llevarse bien con todo el mundo* y tomarlo como manual de bolsillo de referencia para sortear cualquier distracción, ver más allá de cualquier cortina de humo, corregir las posibles percepciones erróneas que puedas tener y evitar dar pasos en falso, a los que somos propensos en momentos de tensión. Estamos seguros de que te ayudará a elegir la jugada más beneficiosa, tal y como Emmit Smith, miembro del Salón de la Fama de la NFL, nos dijo una vez: «Todo ese juego de fintas, cabeceos y giros de cabeza no son más que un montón de movimientos que se hacen en un mismo sitio; lo que te hace ganar es dar pasos hacia adelante».

Sé como él. Sé como el entrenador Boone en el capítulo 1 o como el doctor Brick en el capítulo 3; sé como Matt McConaughey o como Jimmy Kimmel en el capítulo 4; como Matt Damon o David Aardsma (capítulo 5); como Stacy Lewis (capítulo 6), Yevgeny, Muhammad Ali o la reina Elsa (capítulo 7); sé como Skip, Henry Rodríguez o Taizo Ishida (capítulo 8), o como la Catwoman del *fitness* del capítulo 9. Sé como Cap en el capítulo 10.

Y, sobre todo, sé la mejor versión de ti mismo; sé la parte de ti que da importancia a comprender a los demás y que sabe que los conflictos suscitan distintos patrones en las acciones que derivan de las emociones. Sé quien aprovecha esta oportunidad para mejorar su propio comportamiento y, por supuesto, para fortalecer sus relaciones.

> «¿Por qué pelear... cuando puedes negociar?».
>
> **—Jack Sparrow**

Próximamente

Nos gustaría despedirnos invitándote a que, cuando pongas en práctica lo que has aprendido en este libro y te topes con algún obstáculo o te surjan dudas, te dirijas a nosotros. Nos encanta recibir preguntas y conocer el amplio espectro de situaciones en las que nuestro trabajo puede llegar a ser de ayuda; es muy interesante. Hemos tenido la suerte de poder escribir este libro en veintiséis estados distintos, ocho países y tres continentes y… en todos los aviones, trenes, playas, cimas de montaña y restaurantes escondidos que encontramos en el camino. Y han sido las conversaciones que hemos tenido a lo largo de nuestros viajes con todo tipo de personas —personas que han tenido todo tipo de vivencias y que nos han concedido el honor de abrirse a nosotros y hablarnos de distintos conflictos que han tenido, de cuestiones que los han removido y momentos complicados en sus relaciones— lo que nos ha dado la inspiración para escribirlo. Nunca hemos estado tan seguros de qué es lo que une a toda la humanidad, las piezas más fundamentales que tenemos, como ahora: son nuestras diferencias.

Los hermanos discuten, las parejas discuten, los compañeros de trabajo discuten, y hasta lo hacen los países. Por irónico que pueda parecer, lo que nos conecta es la sensación de desconexión que todos experimentamos; todo el mundo puede hablarte de alguna ocasión en la que haya chocado con otra persona, de otra en la que habría querido que le hubieran tratado mejor y de tensiones que le gustaría que se disiparan. No hay nadie que no prefiera que haya menos violencia, más armonía y más vecinos que aprecian a sus vecinos.

Sin embargo, hay muchas personas que no se sienten cómodas hablando de sus conflictos, y mucho menos entrando en el meollo, lo que hace que los dejen de lado, oculten sus problemas y los pasen por alto. Ponen su mejor cara y dejan que se enquisten.

Hemos escuchado cientos de veces: «Ah, no. Mis compañeros de trabajo son estupendos, Doc. Mi empresa es un lugar maravilloso para trabajar», y luego, cuando les hacemos un seguimiento, comienzan a darse cuenta de que, en realidad, lo único que hacen es ir apagando fuegos. Esto se debe, en general, a la incomodidad que producen los conflictos a nivel global, combinada con el hecho de que la gente no se siente preparada ni capacitada para manejarlos. Sabemos que tú no eres uno de ellos. Gracias por leernos.

Como ya sabrás, nos apasiona darle una vuelta al guion de las distintas narrativas y convertir las discordias en victorias comunes, así que te animamos a que recurras a nosotros cuando tengas que enfrentarte a algún reto y necesites ayuda. Y esperamos que compartas con nosotros los éxitos que vayas adquiriendo; de hecho, ya estamos planteando una segunda parte de *Cómo llevarse bien con todo el mundo:* una recopilación de relatos de primera mano sobre cada uno de los principios de este libro puestos en práctica en todo tipo de situaciones: grandes y pequeñas, salvajes y extravagantes. Queremos que nuestro próximo proyecto sea un viaje trepidante construido a base de anécdotas; desde regatear con un vendedor de autos hasta librarse de una multa por exceso de velocidad, pasando por un divorcio en el que se acabe viviendo feliz y comiendo perdices, un ascenso laboral espectacular y hasta un alto al fuego en una guerra. Y nos encantaría contar contigo.

Para ello, ¡escríbenos! Entra en **www.theconflictdocs.com**, mándanos un mensaje o… mejor aún, ¡apúntate a ver con nosotros un partido de algo en Fenway! ¡Traeremos a nuestros perros! ¡Qué ganas! Hasta entonces, te deseamos la mejor de las suertes en las aventuras personales y profesionales por las que te guíe este libro.

¡BRAVO!

Agradecimientos

Nuestra gratitud no tiene límites hacia todas aquellas personas cuyas contribuciones, enormes o diminutas, hicieron posible que *Cómo llevarse bien con todo el mundo* llegue hasta tus manos. Sin embargo, dicho eso, nuestro primer y más importante «gracias» es para ti. Gracias por haber adquirido un ejemplar de este libro y unirte a nosotros en este viaje de tratar de hacer del mundo un lugar más agradable para vivir. Si todos los que lo lean hicieran aunque fuera el más mínimo esfuerzo para intentar reducir los conflictos..., créannos, podríamos resolver muchos, incluso de los más peliagudos. Así que, de verdad, te lo agradecemos muchísimo.

Por supuesto, este proyecto jamás habría visto la luz sin el grupo de gigantes que nos han llevado a hombros durante todo el camino. Gracias a nuestros agentes literarios, Jim Levine, Courtney Paganelly y Kirsten Wolf; lo mejor de lo mejor de toda la industria. No hay nada que iguale su profesionalidad y su apoyo. Gracias al increíble equipo de Simon & Schuster: Jon Karp, Priscilla Painton, Irene Kheradi, Emily Simonson, Brittany Adames, Julia Prosser y a todos aquellos que están a cargo del resto de procesos editoriales y de *marketing*. Gracias a Stephanie Frerich, nuestra editora, que, opinamos nosotros, debería tener un hueco en el Salón de la Fama de la NFL por sus dotes de *quarterback*... Y también por las incontables horas que ha dedicado a pulir —con perspicacia, dedicación y arremangada— este manuscrito. Gracias a todos los clientes que han acudido a nosotros a lo largo de los años, a los entrenadores y atletas con los que hemos tenido el honor de trabajar y ahora de llamar amigos; por ser verdaderos ejemplos de paciencia, resiliencia, cooperación, humildad, y por el mayor de los regalos que nos han dado: todas esas lecciones que tenemos la suerte de enseñar. Gracias al doctor Matt Walker, nuestro magnífico compadre y líder, a nuestra compañera Michaela Dylag, siempre astuta, aguda e incansable, y al resto del equipo docente de Gestión Deportiva y el personal de la Universidad de Texas A&M, por sus esfuerzos desinteresados y por poner a la comunidad siempre por encima de todo.

A riesgo de que esto suene como un discurso interminable de los Óscar (Chris Rock, si estás leyendo esto, por favor, perdónanos), también nos gustaría extender nuestra profunda gratitud a todas las personas que, entre bambalinas, nos han motivado a seguir adelante, que nos han abierto puertas y ayudado a superar las distintas adversidades y todo lo que nos ha surgido mientras tratábamos de dar forma a nuestra vida.

De parte de Doc G: gracias a mi Señor y Salvador personal Jesucristo; mi mayor ejemplo para lidiar con los conflictos. Gracias a mi maravillosa mujer, Chelsea, a mis hijas, Blair y Carolina, por hacerme feliz cada día y por enseñarme lo que significa de verdad estar vivo. A mis padres, por su paciencia, sus oraciones y su sabiduría. A mi hermano, mi mejor amigo: te quiero muchísimo; sabes que no hay nada que no haría por ti. Gracias por estar ahí pase lo que pase. Y, por último, a los Dallas Cowboys, por enseñarme a ser paciente y darme un lugar al que dirigir mis emociones durante los conflictos y lograr mantenerme en calma.

De parte de Doc E, gracias a los mejores amigos de la historia de la humanidad: nuestro Goffman, John Goff; el mejor científico de organismos unicelulares, Jony Katen; al *Big Daddy*, Terry Davison. Al doctor Gil Sustache, nuestro theCarDoc508 (¡los retiros de *detailing* son la mejor terapia que existe!) y a todo el equipo de béisbol de la Universidad de Brown; a Carlton Fleming, el Fleming draft, a Tony Apollaro, a LA (Lauren Anderson), a la doctora Melissa Antman, «Missy»; al doctor Seth Alpert, a Hansy Mallalieu, a Paraag Marathe; al entrenador Jeff Hoke, el Huracán, campeón del estado de Pensilvania. A Larry Domingo y a Nir Moriah, experto en deportes de combate en www.streetsmartsv.com. A la doctora Susi «Thoos» Wootton, a «Pharmacy Doug» Paige, al doctor Chip «Say» Hay, a Shawn Tester y a todos los trabajadores del Santa Clara Stogies y Charlottesville Blues. Gracias también a los entrenadores Willis Wilson, Scott Layden, John Emery, Bill Reinhart, Mike Walsh y Nigel Topping; a los mentores Bob Rotella y John Corson, y Roy Hobbs, por ser tan inspirador. Y, sobre todo, gracias a mis piedras angulares, a mi familia: Gramps, mamá, papá; a Whetie y a los M&Ms; a mis primos, Elisabeth, Roger, Kevin y Collette; a mi maravillosa hermana, Anner, a mi cuñado, Norm, y a mi sobrina Amelia, mi campeona de los Tar Heel.

A todos ustedes, gracias. Los queremos.

Notas

Introducción

xiii **ejemplos reales del ámbito laboral y familiar:** Los nombres, localizaciones y otros datos que podrían haber revelado la identidad de las personas involucradas en los casos reales que presentamos a lo largo del libro se han alterado cuando ha sido necesario para cumplir con los requerimientos de confidencialidad.

xvi **¿Cómo es que no hay una asignatura obligatoria de esto en los colegios?** Estamos en ello. Gracias a varios profesores, directores y administradores de varios distritos escolares —y a la colaboración de Simon & Schuster, que han hecho posible la existencia de este libro y que son maravillosos—, hemos comenzado a desarrollar un plan de estudios para poder trasmitir a los jóvenes las habilidades de prevención y resolución de conflictos. Si te dedicas a la educación y quieres participar en la iniciativa, ponte en contacto con nosotros en **www.theconflictdocs.com**.

1. Identificar el detonante

4 **Lou Ferrigno y Edward Norton:** Las menciones al personaje ficticio Bruce Banner (originalmente, David Banner) y a los actores Lou Ferrigno y Edward Norton hacen referencia al personaje de Hulk, de Marvel, que protagoniza los cómics, la serie de televisión que se emitió desde 1977 hasta 1982 y la película de 2008; las tres cuentan la historia de un científico

que pasa a convertirse en un monstruo enfurecido que busca venganza y defiende a los débiles. Por supuesto, también debemos reconocer a Mark Ruffalo, que hizo otra excelente interpretación de Banner y de Hulk en la película *Los Vengadores* (2012).

10 **que se parece al señor Júpiter Espacial:** Para aquellos que no estén familiarizados con los dibujos animados que transmitían las cadenas de televisión estadounidenses los sábados por la mañana en los ochenta, el señor Júpiter Espacial era el jefe déspota y arrogante de Súper Sónico, el protagonista de la serie *Los Supersónicos*.

18 **profecía autocumplida**: El concepto de la profecía autocumplida, también conocido como «el efecto Pigmalión» (por el mito griego del escultor que se enamora de una de sus estatuas), surgió en 1969, cuando Robert Rosenthal, profesor de psicología de la Universidad de Harvard, y Leonore Jacobson, directora de una escuela de San Francisco, se unieron para estudiar el impacto que tienen las expectativas de los profesores en los alumnos en su rendimiento escolar. En las cinco décadas que han transcurrido desde entonces, el concepto se ha ido extendiendo también al ámbito deportivo y laboral y ha demostrado la influencia —tanto positiva como negativa— que tienen nuestras opiniones sobre los demás en su comportamiento. Por ello, las figuras de autoridad (los profesores, los entrenadores, los jefes, etc.) deben evitar que su forma de tratar a los alumnos varíe según sus expectativas.

19 **se obsesionan con un detalle diminuto**: Podemos encontrar un ejemplo particularmente curioso de esta tendencia exclusiva de los humanos en una fascinante línea de investigación del campo de la psicología cognitiva que estudia los testimonios delictivos. Cuando los testigos —testigos fiables— declaran sobre hechos de un delito en el que se ha utilizado un arma, más del 80 % de las veces lo único que recuerdan con exactitud son datos relativos a ella. Con otros, como la hora del día en que tuvo lugar, el número de personas implicadas, la raza y el sexo de los participantes, la ropa que llevaban (e incluso la suya propia), etc., se quedan en blanco o dan un testimonio erróneo, lo que lleva a conclusiones erróneas y hasta a condenas injustas.

2. Predecir reacciones

39 **volver a nuestros patrones de comportamiento más arraigados:** ¿Alguna vez te has fijado en que tu pareja te recrimina más veces que te estés mordiendo las uñas (o la que sea tu manía) cuando te visitan tus suegros? ¿O en que de pronto tienes ganas de ir al baño justo cuando estás llegando tarde

a algún sitio? Ninguna de estas situaciones son casualidades. Las investigaciones que se han hecho sobre la «carga psicológica» han demostrado que la acentuación del estrés causa aumentos correlacionados en los impulsos homeostáticos y talámicos. A pesar de no poder darte una explicación sobre la naturaleza subcortical del acto de morderse las uñas en sí, la lección casera es evidente: cuanto mayor sea la presión a la que nos enfrentamos, con mayor intensidad recurriremos a nuestros hábitos más arraigados.

42 **Ted Williams:** A los dos nos encanta dar a conocer a artistas que crean obras con la intención de promover el aprendizaje, la educación y concienciación de las distintas partes de la sociedad. Así que te presentamos el trabajo de Gary Waksman, productor de MLB Network, que, de entre las decenas de proyectos que ha puesto en marcha, hizo un interesantísimo documental sobre Ted Williams, *Splendid Splinter**, en el que destacó las variables que le condujeron al éxito; entre ellas, su propio perfil de personalidad ante el conflicto. Puedes echarle un vistazo al documental: «*The Inmortal*» *Ted Williams* en https://vimeo.com/127507843

48 **«encontrar el punto medio»:** Si quieres obtener más información sobre por qué los mayores especialistas en resolución de conflictos consideran que «encontrar el punto medio» es un camino en el que ambas partes pierden, recomendamos encarecidamente leer *Rompe la barrera del no: Negocia como si te fuera la vida en ello* (Conecta, 2016) de nuestro amigo Chris Voss, exnegociador de rehenes del FBI, uno de los mejores de toda la historia del cuerpo policial.

50 **un verdadero virtuoso de la oratoria:** Si no has visto la serie *The Blacklist*, te animamos a que le des una oportunidad; el talento que tiene James Spader para recitar monólogos es algo digno de ver. No obstante, si prefieres las series de abogados a los *thrillers* policíacos, puedes verle también en *Boston Legal* (creada y dirigida por David E. Kelley y emitida por la 20th Century Fox Television de 2004 a 2008).

58 **los ases no nacen siendo ases**: Las veces en las que un *pitcher* muy talentoso llega a las Grandes Ligas de Béisbol con un único lanzamiento predilecto están contadas. Para convertirse en una estrella, necesitan mejorar el resto de lanzamientos de su arsenal o añadir alguno de otra variedad. Eso significa que su entrenador debe ajustar la técnica que han tenido desde el instituto. ¡Eso sí que es vencer la resistencia al cambio! «Me están pagando un millón de dólares al año, entrenador. Por lo que sea, me parece que funciona».

---

* *N. del T.*: Podría traducirse como «la astilla magnífica».

58 **saber cuál es tu Go-To:** Para hacer tu evaluación y saber cuál es tu perfil de personalidad ante el conflicto, visita nuestra página web (**www.theconflict docs.com**). También podrás animar a tus compañeros de equipo en tu empresa u organización a llevarla a cabo, o incluso para divertirte en familia, y recurrir a ella para mantenerte al día de nuestras investigaciones, realizar cursos de mejora de habilidades, obtener créditos de formación continua, unirte a nuestras formaciones personalizadas y mucho más.

71 **alter ego**: ¿Por qué son tan famosos los cómics de Marvel y DC? ¿Por qué venden tantas entradas de cine, suscripciones en plataformas de *streaming* y hasta videojuegos? Porque sus personajes nos hacen sentir identificados, porque tienen sus peculiaridades y sus fallos, al igual que nosotros, y, a pesar de ello, no se rinden. Y, además, al final siempre gana el bien. Es algo que también podemos aplicarnos a nosotros mismos: también podemos superar los conflictos; también podemos ser los héroes de nuestra historia.

3. Encontrar el interés subyacente

75 ***full back:*** Si no estás demasiado familiarizado con el *rugby* o desconoces la terminología que se emplea, la Federación Mundial de Rugby ofrece unos recursos muy útiles. Visita https://www.world.rugby/the-game/beginners-guide/safety. La página de la selección estadounidense de *rugby* también ofrece un tutorial para aprender las normas básicas de juego. Puedes verlo en usa.rugby/rugby101.

80 **el resto de primates**: A la famosísima etóloga Jane Goodall le encanta relatar sus intentos de comunicarse con chimpancés a través de Zoom durante la época del COVID-19. Fueron toda una aventura. «A los *Homo sapiens* no se nos da mucho mejor que a ellos. No estamos hechos para relacionarnos entre nosotros sin contacto físico». Hemos heredado de nuestros antepasados la comunicación holística; no nos apoyamos solo en las palabras.

81 **nuestros cinco sentidos, hasta cierto punto, compiten entre sí:** ¿Alguna vez has escuchado a alguien presumir de ser capaz de hacer muchas cosas a la vez? ¿O lo has hecho tú? Bueno, pues será mejor que dejes tu orgullo en la puerta. Creer ser un «experto *multitasker*» significa que sientes que puedes llevar a cabo varias tareas al mismo tiempo y hacerlas de forma excelente; bueno, pues no puedes. Varios neurocientíficos, como Earl Miller (perteneciente al MIT y cuyo podcast de 2017 recomendamos muchísimo), han demostrado que los seres humanos solo intercalamos de verdad tareas cuando no nos damos cuenta de que estamos haciéndolo. Pasar de una a otra de manera frecuente y rápida provoca un aumento de la tasa de error —de todas ellas—, además de cierto efecto dominó en la disminución

de nuestro rendimiento. De hecho, parar treinta segundos para leer un mensaje puede hacernos perder hasta *media hora* de trabajo.

89 **confianza a lo John Belushi**. Por supuesto, es una referencia a la frase de *Desmadre a la americana*: «Podemos hacer lo que queramos; somos estudiantes universitarios». Película que, por cierto, está basada en la experiencia real de uno de los guionistas, Chris Miller, que fue miembro de la fraternidad Alfa Delta Phi (la de rugby, nada menos) durante su etapa como estudiante en Dartmouth a principios de los años sesenta.

4. Mitigar emociones

101 ***Forbes* lo consideró el actor más aclamado de Estados Unidos:** Afirmación obtenida de la lista *Top-Grossing Actors* de *Forbes* (diciembre 2008-2012).

104 **a través de una lente «racional»:** Desde el desarrollo de la filosofía griega hasta la época de la Ilustración, se ha considerado la razón como el rasgo definitorio de nuestra especie. Sin embargo, las investigaciones sobre la teoría de las expectativas racionales han revelado que, paradójicamente, apoyarse de forma excesiva en la razón, da lugar a comportamientos y pensamientos irracionales (sobre todo, en el ámbito económico, en el que se subestiman sobremanera las características no racionales). Tal y como señala Justin E. H. Smith, profesor de la Universidad de París, en su libro *Irracionalidad: Una historia del lado oscuro de la razón**: «El deseo de imponer la racionalidad, de volver más racionales a las personas o a la sociedad, muta por regla general en espectaculares explosiones de irracionalidad».

107 **se ha convertido en una disputa en toda regla**: La terminología formal de la mediación define «disputa» como un conflicto estancado o que ha derivado en una conducta contraproducente por parte de uno o más participantes. Un «conflicto», en cambio, es un desacuerdo o una oposición de opiniones que no tiene por qué ser negativo en sí.

108 **mantenemos un sesgo inherente hacia la resolución inmediata del conflicto en lugar de establecer el enfoque en su base**: Los trabajadores de las empresas estadounidenses están tan familiarizados con esta tendencia que, para empezar las reuniones arrancando carcajadas (y para romper el hielo de forma que también se cree un entorno propicio para hacer lluvia de

---

* *N. del T.*: La edición traducida solo está disponible en Latinoamérica (publicada por el Fondo de Cultura Económica, Argentina, 2021).

ideas), es bastante común usar la frase: «Antes de que exponga el problema, ¿alguien tiene alguna solución?».

111 **mecanismo de defensa:** El cerebro de todos los primates cuenta con un conjunto de células cuya única función es imitar aspectos como la entonación, los gestos que hacen con las manos, el acento y el volumen de voz que emplean y otras formas de comunicación no verbal. Reciben el nombre de «neuronas espejo» y están situadas en las partes más antiguas de nuestro cerebro. Surgieron como un instinto de protección para hacernos parecer —en situaciones de peligro y enfrentamiento con tribus vecinas (o con los miembros dominantes de nuestra propia tribu)— aliados y no potenciales enemigos.

114 **El poder de la empatía:** Si quieres profundizar en el concepto de *empatía*, te recomendamos consultar el trabajo de Brené Brown que ha dedicado años a enseñar a los demás a sentirse escuchados y comprendidos; lo que varias décadas de investigación psicológica han demostrado que se trata de una necesidad humana básica. Por supuesto, en lo que respecta a ayudar a los demás te animamos a leer el libro que Doc E escribió con Kevin Pritchard, el presidente de los Indiana Pacers: *Help the Helper* (Penguin Portfolio, 2014).

116 **ceguera al cambio:** El legendario dúo de ilusionistas y comediantes Pen y Teller, unos verdaderos maestros de la psicología, llevan este concepto a otro nivel con sus espectáculos. En ellos, se dedican a disparar el estado emocional de la audiencia con acrobacias disparatadas, efectos de sorpresa y asombro (como lanzar sangre y vísceras falsas) y una conversación distendida que hace sentir al público parte del truco para después darle la vuelta y demostrarle que estaba equivocado. Lo que nos parece más increíble es que el agente de ceguera al cambio que emplean son las propias emociones de los espectadores, desde el humor hasta el pánico, lo que hace que, pese a ser conscientes de sus artimañas, sigan cayendo en el engaño. Esa sensación espectacular de «sé que me está tendiendo una trampa, pero… fue increíble» es la esencia de su arte. Puedes echarle un vistazo también a este video: https://www.youtube.com/ watch?v=_fisK6scpns. https://www.youtube .com/ watch?v=_ f isK6scpns.

118 **experimentos de Milgram:** Stanley Milgram se graduó en psicología en la Universidad de Yale y dedicó su vida a estudiar los genocidios y las justificaciones que se les daban, como ocurrió con las declaraciones de obediencia de los Juicios de Núremberg («estaba cumpliendo órdenes»). Los sujetos de sus experimentos recibían el rol de «maestro» y se les ordenaba aplicar descargas eléctricas cada vez más fuertes a los «alumnos» que respondían de forma incorrecta a sus preguntas (aunque, en realidad, eran cómplices y no recibían verdaderas descargas). Los resultados revelaron

que los seres humanos tenemos la horrible propensión a causar daño —e incluso matar— a personas inocentes si la orden de hacerlo proviene de una figura de autoridad aceptada. El mayor grado de daño en una serie de variaciones que se repitieron varias veces —y con total disposición a hacerlo— se produjo en dos tipos de situaciones: (1) cuando el «profesor» no llegaba a ver al «alumno» y (2) cuando al «profesor» se le daba la oportunidad de delegar la aplicación de la descarga a un «asistente».

126 **reforzar la comprensión mutua:** Es probable que hayas oído hablar del descubrimiento revolucionario de Daniel Goleman sobre la inteligencia emocional (EQ). Desde la publicación de su obra cumbre en 1995, se ha demostrado que uno de los factores que mejor predicen el éxito en el liderazgo es tener un alto nivel de inteligencia emocional. Por suerte, a diferencia del coeficiente intelectual, puede aprenderse y desarrollarse. Esta es otra de las razones por las que, tal y como decimos en este capítulo, consideramos tan valioso invertir de antemano en tus relaciones.

5. Jugar con el otro jugador

129 **es una rendija:** De forma literal y figurada. La película comienza con una escena en la que el personaje de Damon, Mike McDermott, va abriéndose paso por las calles de Nueva York hasta que alcanza un pasillo tenebroso que acaba en una puerta de acero enorme. De fondo, escuchamos su voz, que nos habla de los riesgos de jugar a las cartas por dinero y de los tiburones que surcan las aguas del mundo sin ley que es el póker. Se abre una rendija. Unos ojos lo observan. Después, se cierra y la puerta se abre de golpe. «Este es el local de KGB. No lo encontrarás en las páginas amarillas». Y entramos tras él.

129 **un clásico de culto:** El mismo año que se estrenó la película *Apuesta final*, la empresa canadiense Planet Poker sacó su primer juego de póker *online* con dinero real. La ESPN retrasmitió la Serie Mundial de Póker (WSP, por sus siglas en inglés) y el Texas Hold'Em, la modalidad de juego que aparecía tanto en la película como en las WSP, empezó a ganar popularidad. Hoy, la WSP es un fenómeno internacional que está compuesto por más de ciento cincuenta torneos en los que participan más de ocho mil personas y que culminan en la gran final de Nevada, patrocinada por Caesars Entertainment. El campeón se lleva más de diez millones de dólares. El propio Matt Damon llegó a quedar subcampeón en una de las fases finales, aunque fue eliminado por Doyle Brunson, la primera persona en acumular más de un millón de dólares en su carrera en el póker y en ser nombrado campeón del mundo dos veces consecutivas.

135 **Huye de los fluorescentes:** Las lámparas fluorescentes «parpadean» a gran velocidad; por lo general, no es algo visible (al menos no hasta que las bombillas están en las últimas y su frecuencia de refresco comienza a disminuir), pero nuestro cerebro sí lo percibe. Esto, en el mejor de los casos, causa distracciones y, en el peor, fatiga visual, dolor de cabeza, cansancio y frustración, condiciones que reducen la comodidad y exacerban los conflictos.

137 **Jason Sudeikis:** Los dos somos admiradores del arte de Sudeikis. Nos parece un hombre muy considerado, con los pies en la tierra y, aparte, construye sus personajes basándose en cuestiones con las que la mayoría de las personas pueden identificarse. Se preocupa muchísimo por mejorar el día a día de los demás, y de forma bastante profunda; no busca solo entretenimiento pasajero o una «escapada mental». Si no has visto la serie *Ted Lasso* (nominada a sesenta y un premios Emmy y ganadora de trece de ellos), date el gusto. Averigua quién es tu compañero de "galletas con el jefe", ¡o haz que seas tú!

138 **hacer contacto:** Se han llevado a cabo varias investigaciones sobre la NBA que han demostrado una fuerte correlación entre la frecuencia con la que los compañeros de equipo tienen contacto físico y el porcentaje de victorias de su equipo. En la MLB, se ha hecho también según la frecuencia con la que se abrazan, y es incluso más marcada.

138 **tener puntos en común con los demás es primordial:** Aunque a los vendedores que carecen de formación sobre establecer relaciones (o los que la han evitado) esta parte se les da fatal. Se esfuerzan demasiado en fingir que tienen los mismos gustos e ideales que tú, y el problema es que meten demasiado las narices en asuntos personales, lo que hace que los mantengamos a cierta distancia o que nos alejemos del todo. No cometas sus mismos errores.

155 **«meterse en tu camino»:** Hemos escuchado variaciones de esta frase en todas partes dentro del mundo del deporte: en el banquillo de las Grandes Ligas de Béisbol, los vestuarios de la NBA y la WNBA y hasta en los terrenos de juego de los Mundiales, dichas tanto por jugadores como por entrenadores. Y es una frase que, en realidad, va mucho más allá de tu género, tu raza, tu edad, tu experiencia y tu currículo; no entorpecer y ayudar a los demás a que no lo hagan es un ingrediente esencial del éxito.

6. El evasor

160 **los ejemplos anteriores:** Hablando de jugadores de golf, las historias que hemos seleccionado son también excelentes representantes del Premio Ben Hogan, un galardón que se entrega cada año a un deportista que haya

logrado superar una enfermedad o discapacidad grave. El nombre del reconocimiento, como ya sabrás, es en honor a otro golfista, que ganó sesenta y tres torneos profesionales, a pesar de las interrupciones que tuvo en su carrera tanto por la Segunda Guerra Mundial (fue piloto de las fuerzas aéreas del ejército estadounidense) como porque su auto fue embestido de frente por un autobús, lo que le provocó una doble fractura de pelvis, una fractura de clavícula, una fractura de tobillo, varias costillas astilladas, un coágulo de sangre que estuvo a punto de acabar con su vida y problemas circulatorios que, a partir de entonces, fueron haciéndole tener cada vez más limitaciones físicas. No obstante, el accidente habría sido mortal de no haber sido por su valiente intento de proteger a su mujer, Valerie, que viajaba en el asiento del copiloto. Ambos estaban de regreso a Fort Worth (Texas) después de que Ben participara en el Abierto de Phoenix de 1949 (en el que, aunque terminó empatando en el primer puesto, acabó siendo derrotado por Jimmy Demaret en un desempate de dieciocho hoyos) y se encontraban tratando de cruzar un puente estrecho sin carriles. La cuestión fue que esa mañana se había formado una niebla muy espesa que reducía la visibilidad sobremanera; sin embargo, el conductor del autobús, que venía en sentido contrario, decidió cruzar la línea central a pesar de no ver, para adelantar a otro auto. Para los Hogan fue verlo surgir de la nada y, en un acto reflejo, en lugar de tratar de desviar su vehículo, Ben se lanzó sobre su mujer. Aquello les salvó la vida a ambos; la columna de dirección llegó a atravesar el asiento del conductor.

161 **psicólogos deportivos:** Por mucho que a los periodistas les encante escribir historias sensacionalistas sobre la psicología en el deporte para dramatizar las prácticas «más allá del campo» e idealizar los logros —o fracasos— de los jugadores, el crecimiento de esta profesión es en gran parte académico. Sí, hoy existen cientos de terapeutas, profesores, *coaches* (y «gurús» no titulados) por todos lados que afirman ser expertos en la parte mental del juego. Sin embargo, dentro de los círculos más íntimos del deporte de élite, existe una docena de personas cuyos teléfonos suenan cuando los mejores atletas y entrenadores necesitan hablar sobre salud mental. Se hace referencia a ellos mediante el término *the Utopies* (las utopías) y llevan a cabo muchas de las técnicas que desarrollamos en el libro (incluso la referencia de los sherpa, que tratan de darles reconocimiento a los demás), aunque se esfuerzan mucho por pasar desapercibidos.

163 **casi que mejor apartarse de su camino:** Sí, mejor apártate de su camino o… prepárate para lo que viene. De hecho, Arnold Schwarzenegger fue noticia en abril de 2023 por hacer justo eso: tapar un bache de su barrio en Brentwood, California. Se supo por la publicación que compartió en X

(en aquel momento, Twitter): «Hoy, después de escuchar a todo el barrio quejarse durante semanas de un enorme bache que estaba entorpeciendo el paso de autos y bicicletas, he llamado a mi equipo y lo hemos tapado. Como siempre digo: menos quejas y más acción. Pues ahí lo tienen».

164 **te has dado cuenta de que tu director de operaciones es un:** Si ninguno de los pasos del capítulo dos te permite saber cuál es el Go-To de tus amigos, familiares o compañeros de trabajo, pasa a usar la lista de los cuatro factores elementales o deja que la evaluación de **www.theconflictodocs .com** haga todo el trabajo duro.

165 **estados de la personalidad:** La neurociencia hace distinción entre los *estados*, que son patrones psicofisiológicos y conductuales que se vinculan a una situación y que son provisionales y maleables, y los *rasgos*, que son patrones permanentes, omnipresentes, rígidos e inmutables. Los Go-To, al igual que ocurre con los estados, se pueden adquirir y perfeccionar. Todo el mundo tiene un perfil predominante por defecto, con el que responderá al conflicto en primera instancia, pero con entrenamiento y práctica se puede aprender a emplear un Go-To alternativo según lo que requieran las distintas situaciones.

169 **Casey Ryback:** En la serie de películas de *Alerta máxima* (escritas por J. F. Lawton), Casey Ryback es un maestro de aikido, además de antiguo suboficial de los Navy SEAL, caracterizado por su voz calmada y espíritu pacifista. Lo interpreta Steven Seagal, un experto en artes marciales; de hecho, cinturón negro de séptimo dan de aikido. Este arte marcial, conocido como «el arte de la paz», nació en Japón de la mano de Morihei Ueshiba, cuya filosofía era buscar la armonía y unión entre combatientes. Los que lo practican no atacan, sino que redirigen la fuerza ajena. El «ki» de su nombre significa «energía vital» (y, como dato curioso, fue el concepto en el que se basó George Lucas para crear «la Fuerza» en *La guerra de las galaxias*). Ueshiba defendía la creencia de que no había que «derrotar» a los oponentes, sino guiarlos a un lugar seguro y, para ello, se usa el *ki* en beneficio de todos, incluido el propio. El aikido es un brillante ejemplo de estrategia para resolver conflictos de manera beneficiosa para ambas partes. En todo el mundo, ha habido personas que han defendido la paz y la armonía mediante el arte del aikido; entre ellas, Sean Connery y Joan Baez, ambos cinturones negro.

7. El competidor

187 **el legendario *rope-a-dope* de Muhammad Ali:** El *rope-a-dope* es una maniobra defensiva de boxeo que popularizó Muhammad Ali. Durante los entrenamientos, dejaba que su contrincante le golpeara en el estómago como

método de endurecimiento para poder recibir puñetazos en combate sin lesionarse. Un día antes de la pelea contra George Foreman en Zaire, en el año 1974, el fotógrafo George Kalinsky le comentó mientras retrataba su proceso de preparación: «Deberías probar eso contra Foreman; es como que ganas potencia con las cuerdas». A lo que Ali replicó de forma poética: «Se cree el papa Big George, pero no puede vencerme; soy un *rope-a-dope*». Foreman era el indiscutible campeón del mundo, vencedor 40-0, era el favorito. Sin embargo, Ali, ante una audiencia estimada en más de mil millones de telespectadores por todo el mundo, le propinó a Foreman la primera derrota de su carrera, al noquearlo en el octavo asalto. Consideramos a Ali uno de los maestros que más técnicas para resolver conflictos con competidores nos ha enseñado.

187 **una botella de vodka Imperial Collection Super Premium:** Se trata de un vodka de agua fresca de manantial que se somete a un proceso de filtrado de doce etapas; emplea la receta que se creó en 1721 para el zar ruso Pedro el Grande.

189 **la necesidad biológica de conectar entre nosotros a un nivel profundo:** Como simple apunte, seguro que has escuchado a alguien decir: «¡Mi perro me entiende a la perfección! ¡Lo adoro!». Tener animales como apoyo emocional es muy útil porque no cometen los errores de comunicación que provocan los conflictos humanos (interrumpir, no escuchar, dar cosas por hecho, hablar por encima de nosotros, faltarnos al respeto, menospreciar lo que hacemos, etc.) y, como resultado, nos ayudan a mitigar las emociones que se agudizan cuando se nos activan nuestros detonantes.

190 **los conectores:** Malcolm Gladwell en su libro *El punto clave* (Taurus, 2007) acuñó el término *conectores*, que son personas que encajan a la perfección en todo el espectro de perfiles de personalidad ante el conflicto, aunque no porque sean distintos. En absoluto. Al igual que el resto de personas, tienen su propio Go-To dominante; lo que ocurre es que han aprendido a replicar también los demás Go-To y a seleccionar cuál es el más adecuado en cada situación para adaptarse a quienes los rodean en lugar de depender de las reacciones de su Go-To natural; esto hace que se les considere un pegamento especial que conecta a las personas entre sí.

191 ***Trabajo sucio:*** Fue un programa de Discovery Channel que se emitió durante nueve temporadas (de 2003 a 2012) con ese nombre, aunque fue revivido en 2020 como *Dirty Jobs: Rowe'd Trip*. Además, tuvo cinco nominaciones a los Emmy. Ganó popularidad por la forma jocosa en la que mostraba los trabajos más extraños, caóticos, duros y desagradables que se puedan imaginar. Y lo cierto es que, después de ver algunas de sus reposiciones, es bastante habitual comenzar a ver nuestra propia profesión desde

una perspectiva diferente y refrescante. Su presentador, Mike Rowe, de los ciento setenta y nueve episodios que tiene, considera el de los payasos de rodeo como uno de los más emocionantes.

192 **tu instinto biológico entra en acción:** Suponemos que conoces lo que es la respuesta de lucha o huida, la enorme liberación de hormonas que desencadena el sistema nervioso ante un potencial peligro. Se trata de un proceso autónomo, que tiene lugar sin que seamos conscientes de ello, y puede ser muy útil (como cuando te topas con un caimán y corres), pero también puede perjudicarte. No lo dejes al azar. Gran parte del éxito de nuestras mediaciones con atletas de élite y unidades de fuerzas especiales ha sido porque los hemos ayudado a abordar los conflictos con la visión de tratar de «ganar la batalla interior» en lugar de «vencer a la otra persona». Para ganar la batalla interior en un conflicto con un competidor debemos resistirnos a la respuesta de lucha o huida.

200 **ser un imbécil suele salir caro a largo plazo, la mayoría de las veces:** Hace unos años, Doc E tuvo el honor de formar parte de una reunión que uno de sus clientes de la NBA tenía con un antiguo interrogador de la CIA con la intención de que le diera algunos consejos para comunicarse con personas complicadas y ¡no pudo ser más reveladora! El agente nos contó que las torturas, desde la privación de alimentos hasta el ahogamiento simulado y peores métodos, resultaron ser los menos eficaces. ¿Y cuáles lo eran más? La búsqueda de puntos en común, la escucha activa y la validación. Vaya. Qué pena que Hollywood haya gastado tanto celuloide en mostrar lo que no funciona en realidad.

8. El analizador

205 **enfrentarse a las inclemencias del tiempo:** Imaginamos que, a estas alturas, ya te habrás dado cuenta de que estamos un poco mal de la cabeza. Seguro que en otra vida nos dedicábamos a cazar tormentas. En 2008, Doc E decidió irse a patinar por las calles de Houston, que son como las de un pueblo fantasma, durante el huracán Ike, con vientos de más de ciento diez kilómetros por hora. Cómo consiguió convencer a su novia, Jenny, para que lo acompañara es otra de nuestras historietas de resolución de conflictos, pero queda para otro momento. ¡Atento a la publicación de la secuela de *Cómo llevarse bien con todo el mundo*!

212 **Toyoda**: Según la leyenda, la familia Toyoda cambió la forma de escribir su apellido en el nombre de la marca —cambiando la letra *de* japonesa por una *te*— para poder ahorrar un 20 % de tinta en cada trazo de pluma.

214 **Fue repitiéndolo cada mes:** Durante sus experimentos, Duncum fue organizando minirretiros mensuales. Sin embargo, la frecuencia óptima del *kaizen* varía en función del tipo de sector en el que se lleve a cabo, la escala y la antigüedad de la empresa y, por supuesto, los perfiles de personalidad ante el conflicto de las personas implicadas.

215 **dos auténticas espadas samuráis del siglo XV:** Sí y Doc G pudo empuñar una de ellas (y hacer su mejor imitación de Ken Watanabe en *El último samurái*).

215 **Shoichiro Toyoda:** Fiel a los valores de su familia, Shoichiro obtuvo un doctorado en ingeniería y comenzó su trayectoria profesional con un puesto en una planta de elaboración de pasteles de pescado.

219 **ambos acaban entendiéndose mejor:** Una vez, Winston Churchill compartió su opinión sobre Hitler: «Aquellos que han conocido a *Herr* Hitler cara a cara se habrán encontrado con un oficial muy competente, frío, bien informado y con una sonrisa desarmante, y pocos han sido los que no se han visto afectados por su sutil magnetismo». Fueron palabras muy comentadas, aunque en ningún momento estaba admirándolo o aprobando sus actos; lo que estaba haciendo era dar una profunda declaración sobre la importancia de respetar el hecho de que incluso nuestros peores adversarios tienen cualidades positivas y efectivas. Siempre habrá personas a las que «odiarás», pero si tu odio bloquea tu voluntad de comprenderlas mejor, lo más probable es que seas tú quien salga perdiendo.

9. El colaborador

230 **lo que cualquier aficionado al deporte se imagina al pensar en un agente:** Se sospecha que algunas de las hazañas de McCormark se entrelazaron con los personajes de Jerry Maguire y Spencer Strasmore, el exjugador de la NFL convertido en gestor financiero en la serie de HBO *Ballers*, creada por Dwayne Johnson. Las proezas de McCormark, precursoras en muchos sentidos de las de Richard Branson —actual magnate de la promoción— se consideran responsables de que la industria del deporte se convirtiera en el gigante multimillonario que es hoy. Durante casi tres décadas, McCormark fue considerado el hombre más poderoso del mundo del deporte. Se encargó de poner los hoyuelos de la sonrisa de Laura Baugh y la temática golfista en las cajas de pasta de dientes de la marca Ultra Bright seis meses antes de que tuviera la edad suficiente para unirse a la LPGA y le organizó a Philip Martyn un espectacular campeonato en Montecarlo que corrió a cuenta de Cartier. ¿Quién es Philip Martyn? ¡Un jugador de backgammon! También convirtió los picnics de Kiwanis en los destinos favoritos de los

paparazi, llevó de gira a papas y consiguió que emitieran el programa *Superstars* de la ABC en televisión; era un programa en el que varios atletas de distintas disciplinas competían en pruebas que solían estar fuera de su especialidad y con giros totalmente inesperados. Y, aunque fue el saltador de pértiga olímpico Bob Seagren quien se llevó a casa el premio gordo, quien acaparó toda la atención fue Joe Frazier. Resultó ser que no sabía nadar, dato que no se descubrió hasta la prueba inaugural, que consistía en una carrera de cincuenta metros en una piscina. No hay quien no recuerde cómo consiguió llegar a la pared nadando a estilo perrito y, tras salir del agua, le dijo a las cámaras: «¡Ese Mark Spitz es un valiente hijo de p***!».

232 **si ser socios es para ti más importante que el propio negocio:** Las profesiones en las que más hemos visto triunfar a las personas con el perfil de personalidad ante el conflicto del colaborador son: *coaching*, gestión de ventas, asesoramiento y recursos humanos.

237 **Jugar sin portero:** Para aquellos que no esten familiarizados con los deportes con portería como el *hockey* (o el fútbol, el *lacrosse*, etc.), cuando el tiempo de juego está a punto de acabar y uno de los equipos va perdiendo por un gol, la estrategia más común es que ese equipo quite al portero para sustituirlo por un atacante ofensivo adicional como último intento para marcar. Cuando ocurre, tener la portería vacía ofrece vía libre a los equipos contrarios para hacer un tiro si se hacen con el disco (o con el balón). Tal y como comentamos en el capítulo, en la resolución de conflictos se dan momentos en los que se requiere que una de las partes pase al ataque.

238 **retiros personalizados:** Estamos encantados de recibir consultas sobre la organización de actividades adaptadas a las necesidades específicas de cada organización, ya estén relacionadas con la disminución y prevención de conflictos o con cualquier tipo de mejora del rendimiento, sea la que sea. Nos apasiona ayudar a los demás a aprender a sacarle provecho a la psicología mientras se divierten a lo grande; la diversión es la mejor forma de potenciar el aprendizaje sostenible, así que ¡ponte en contacto con nosotros!

242 **el papel del agente especial:** La ratificación de la Decimoctava Enmienda a la Constitución de los Estados Unidos en 1919 puso a la mayor parte de la opinión pública del país en oposición a las autoridades. Los agentes federales de la prohibición pasaron a ser el enemigo; los contrabandistas, los héroes. A los lectores de los periódicos y a los aficionados del cine empezaron a entusiasmarles los gánsteres; personajes como John Dillinger, Pretty Boy Floyd, Bonnie y Clyde, Baby Face Nelson y Machine Gun Kelly, que

se alzaban contra un gobierno que arrebataba la libertad. Además, la Gran Depresión hizo que la confianza en las autoridades terminara de caer en picado. El presidente Roosevelt tenía la intención de sacar al país de la desesperación y, por lo tanto, para conseguir apoyo para su New Deal necesitaba darle una nueva cara al orden social. Fue entonces cuando se le concedió a Hoover el poder dar a los G-Man [*sic*] su estilo renovado y, nos atreveríamos a decir, sexy.

10. El acomodador

258 **la técnica Caucus:** Si se da el caso de que hay más de dos partes implicadas en un conflicto (o si vas a servir de intermediario entre otras personas), te puede ser útil, sobre todo para tratar de hacer desaparecer los detonantes y mitigar sus emociones, separarlas y trabajar con ellas individualmente. Y si eres tú quien se encuentra en una situación de conflicto con otra persona, puedes poner en práctica esta técnica dándole las riendas a un tercero para que pueda gestionarla de forma neutral. Puedes ponerte en contacto con nosotros si necesitas ayuda con ella en **www.theconflictdocs.com**.

262 **Jason Headley:** Te animamos muchísimo a que le eches un vistazo a su obra. Aquí tienes el link de Youtube para ver *It's Not About the Nail*: www.youtube.com/watch?v=-4EDhdAHrOg. Además, queremos aprovechar la ocasión para reconocer la magnífica representación que hizo la actriz Monica Barbaro de los signos que muestran aquellos a quienes se les ha activado un detonante pero intentan mantener la calma.

263 **Barry Larkin:** Larkin entró en el Hall de la Fama de las Grandes Ligas de Béisbol en 2012. No necesitó más que su rendimiento en el campo para que se validaran los votos de la asociación de escritores de béisbol. No obstante, en nuestra opinión, lo que realmente lo distingue de los demás es la atención constante que dedica tanto al personal del club como a sus propios compañeros, además de las valiosas contribuciones que hace a toda la comunidad fuera del campo. No podemos sino aplaudirle por su compromiso inquebrantable de unir a personas pertenecientes a todos los ámbitos existentes.

271 **«estar en el mismo equipo»:** Hacemos referencia a la frase *Same team!* que, en términos aplicables a este libro, podría emplearse cuando te encuentras en una situación de conflicto en la que, no obstante, ambas partes tratan de conseguir el mismo objetivo, pero el problema es que el roce les impide verlo. Es ahí el momento en que uno de ustedes, un amigo o un compañero, podría exclamar (con un tono positivo, por supuesto): «¡Mismo equipo!».

Agradecimientos

282 **«theCarDoc508»:** Gil Sustache es médico de cabecera y el indiscutible campeón del mundo en la categoría de «personas que se preocupan por las demás». No podemos sentirnos más afortunados de que forme parte de nuestra gran familia. Te animamos a que lo sigas en su cuenta de Instagram (@thecardoc508), donde podrás verlo trabajar como el artista que es —tanto en su oficio como en el desarrollo comunitario—. Además, si eres de los que miman el auto, estamos seguros de que podrá darte valiosísimos consejos.

282 **Nir Moriah, experto en deportes de combate:** Nir no es solo el campeón nacional de taekwondo y el CEO de Streets Smarts, LLC, sino que es un grandísimo amigo nuestro. Te recomendamos muchísimo que eches un vistazo a su trabajo en **www.streeetsmartstv.com.**

283 **Roy Hobbs:** Como ya es costumbre en los libros de Doc E, no podemos dejar de mencionar al personaje de Robert Redford en la película de *El mejor* (TriStar Pictures, 1984). Mil gracias, Bobby, por todo tu trabajo dentro y, sobre todo, fuera de la pantalla.

Bibliografía

Adair, W., Brett, J., Lempereur, A., Okumura, T., Shikhirev, P., Tinsley, C. y Lytle, A. (2004). Culture and negotiation strategy. *Negotiation Journal*, 20, 87-11.

Adler, P. S., Goldoftas, B. y Levine, D. I. (1999). Flexibility versus efficiency? A case study of model changeovers in the Toyota production system. *Organization Science*, 10(1), 43-68.

Agarwal, P. (2018). How does lighting affect mental health in the workplace. *Forbes*. 31 de diciembre.

Anderson-Lopez, K. y Lopez, R. (2014). Let it go (recorded by Idina Menzel). En *Frozen* [Película]. Wonderland Music Company y Walt Disney.

Avildsen, J. G. (Director). (1984). *The Karate Kid* [Película]. Delphi II Productions y Jerry Weintraub Productions.

Bain, L. L. y Wendt, J. C. (1983). Undergraduate physical education majors' perceptions of the roles of teacher and coach. *Research Quarterly for Exercise and Sport*, *54*, 112-118.

Beersma, B. y De Dreu, C. K. W. (2002). Integrative and distributive negotiation in small groups: Effects of task structure, decision rule, and social motive. *Organizational Behavior and Human Decision Processes, 87*, 227-252.

Benetti, S., Ogliastri, E. y Caputo, A. (2021). Distributive/integrative negotiation strategies in cross-cultural contexts: A comparative study of the USA and Italy. *Journal of Management & Organization*, *27*(4), 786-808.

Biddle, B. (1979). *Role theory*. Academic Press, Inc.

Bielby, D. (1992). Commitment to work and family. *Annual Review of Sociology, 18*, 281-302.

Bokenkamp, J. (2013). *The Blacklist* [Serie de televisión]. Davis Entertainment, Universal Television y Sony Pictures Television Studios.

Bošnjaković, J. y Radionov, T. (2018). Empathy: Concepts, theories and neuroscientific basis. *Alcoholism and Psychiatry Research, 54*(2), 123-150.

Bowling, R. y Wheeler, B. E. (1979). Coward of the county (recorded by Kenny Rogers). En *Kenny* [Álbum]. United Artists Group.

Brett, J. (2000). Culture and negotiation. *International Journal of Psychology, 35*, 97-104.

Brown, A. y Sieben, N. (2013). The elephant in the classroom: Examining the influence of athletic coaching on secondary pre-service teachers. *Teacher Education Quarterly, 40*(3).

Buck, C. y Lee, J. (Directors). (2013). *Frozen* [Película]. Walt Disney Pictures & Walt Disney Animation Studios.

Camiré, M., Trudel, P. y Bernard, D. (2013). A case study of a high school sport program designed to teach athletes life skills and values. *Sport Psychologist, 27*(2), 188-200.

Campagna, R. L., Mislin, A. A., Kong, D. T. y Bottom, W. P. (2016). Strategic consequences of emotional representation in negotiation: The blowback effect. *Journal of Applied Psychology, 101*, 605-624.

Capra, F. (Director). (1946). *It's a wonderful life* [Película]. Liberty Films.

Ceruzzi, P. E. (1999). *A history of modern computing*. MIT Press.

Childs, B. y Harold, D. (2003). Assessing the perceived and experienced role conflict of the community/junior college teacher/coach: Factors affecting role performance. *Humanities and Social Sciences, 56*(5), 1704.

Cohen, B. P., Chow, C. C. y Vattikuti, S. (2019). Dynamical modeling of multi-scale variability in neuronal competition. *Communications Biology, 2*, 319-330.

Conan Doyle, A. (2014). *The sign of four*. Penguin Classics.

Crowe, C. (Director). (1996). *Jerry Maguire* [Película]. TriStar Pictures, Gracie Films y Vinyl Films.

Dahl, J. (Director). (1998). *Rounders* [Película]. Spanky Pictures y Miramax Films.

Davila, J. (2016). Stop trying to fix things, just listen! Do you give practical or emotional support? It's the classic couples' dilemma. *Psychology Today*, 17 de junio.

Davis, A. (Director). (1992). *Under siege* [Película]. Regency Enterprises, Le Studio Canal y Alcor Films.

Deffenbacher, J. L., Filetti, L. B., Richards, T. L., Lynch, R. S. y Oetting, E. R. (2003). Characteristics of two groups of angry drivers. *Journal of Counseling Psychology*, 50(2), 123-132.

Delvecchio, S., Zemanek, J., McIntyre, R. y Claxton, R. (2004). Updating the adaptive selling behaviours: Tactics to keep and tactics to discard. *Journal of Marketing Management*, *20*(7), 859-875.

Díaz-García, J., González-Ponce, I., Ponce-Bordón, J. C., López-Gajardo, M. A., Ramírez-Bravo, I., Rubio-Morales, A. y García-Calvo, T. (2022). Mental load and fatigue assessment instruments: A systematic review. *International Journal of Environmental Research and Public Health*, *19*(1), 419-434.

Dickinson, D. L., McEvoy, D. M. y Bruner, D. M. (2022). The impact of sleep restriction on interpersonal conflict resolution and the narcotic effect. *Journal of Economic Behavior & Organization*, *194*, 71-90.

Drake, H. y Herbert, D. (2002). Perceptions of occupational stress and strategies for avoiding burnout: Case studies of two female teacher-coaches. *Physical Educator*, *59*(4), 170-183.

Duxbury, L., Higgins, C. y Lee, C. (1994). Work and family conflict: A comparison by gender, family type, and perceived control. *Journal of Family Issues*, 3, 449-466.

Elgoibar, P., Munduate, L., Medina, F. J. y Euwema, M. C. (2014). Do women accommodate more than men? Gender differences in perceived social support and negotiation behavior by Spanish and Dutch worker representatives. *Sex Roles*, *70*, 538-553.

Eliot, J. F. (2004). *Overachievement: The new model for exceptional performance.* Penguin Portfolio.

Eliot, J. F. y Pritchard, K. (2012). *Help the helper: Building a culture of extreme teamwork.* Penguin Portfolio.

Faisal, A. A., Selen, L. P. J. y Wolpert, D. M. (2008). Noise in the nervous system. *Nature Reviews Neuroscience*, *9*, 292-303.

Festinger, L. (1957). *A theory of cognitive dissonance.* Row & Peterson.

Festinger, L. (1962). Cognitive dissonance. *Scientific American*, *207*, 93-107.

Figone, A. (1994a). Origins of the teacher-coach role: Idealism, convenience, and unworkability. *Health Source*, *51*(3), 148.

Figone, A. (1994b). Teacher-coach role conflict: Its impact on students and student-athletes. *Physical Educator*, *51*(1), 29-34.

Fillo, A. J. (2019). Poof! Science reveals how easily a magician can fool you. *NOVA*, 10 de julio.

Fisher, R., Ury, W. L. y Patton, B. (2011). *Getting to yes: Negotiating agreement without giving in* (3.ª ed.). Penguin.

Fletcher, S. (2013). Touching practice and physical education: Deconstruction of a contemporary moral panic. *Sport, Education and Society*, *18*(5), 694-709.

Fuqua, A. (Director). (2007). *Shooter* [Película]. Paramount Pictures y di Bonaventura Pictures.

Gaete, J., Couture, S. y Smoliak, O. (2018). Reflexive questions as constructive interventions: A discursive perspective. En T. Strong y O. Smoliak (Editores), *Therapy as discourse: Practice and research* (pp. 117-140). Palgrave Macmillan.

Galinsky, A. D. y Schweitzer, M. (2015). *Friend and foe: When to cooperate, when to compete, and how to succeed at both*. Penguin Random House.

Garcia, A. (2015). Understanding high school students' sports participation. *Sport Science Review, 24*(3-4).

Geher, G. (2019). Are humans rational? How evolution shaped the human mind to only sometimes be logical. *Psychology Today*, 26 de noviembre.

Gehring, V. V. (Editor). (2004). *The Internet in public life*. Rowman & Littlefield.

Geiser, C., Götz, T., Preckel, F. y Freund, P. A. (2017). States and traits: Theories, models, and assessment. *European Journal of Psychological Assessment, 33*(4), 219-223.

Gelfand, M. J., Leslie, L. M., Keller, K. y de Dreu, C. (2012). *Conflict cultures scale*. American Psychosocial Association.

Gifford, R. (1991). Mapping nonverbal behavior on the interpersonal circle. *Journal of Personality and Social Psychology, 61*, 398-412.

Giorgi, A. (2009). *The descriptive phenomenological method in psychology: A modified Husserlian approach*. Duquesne University Press.

Gladwell, M. (2000). *The tipping point: How little things can make a big difference*. Little, Brown.

Goleman, D. (2005). *Emotional intelligence: Why it can matter more than IQ* (10th anniversary ed.). Bantam.

Goleman, D. (2017). Achievement orientation: A primer (audio). Key Step Media.

Gonzalez-Franco, M. y Slater, M. (2019). Would you give a virtual electric shock to an avatar? *Scientific American*, 12 de abril.

Goodall, J. y Grant, A. (2021). Jane Goodall on leadership lessons from primates (interview). *TED Conferences*, 2 de marzo.

Gordon, A. M. y Chen, S. (2013). The role of sleep in interpersonal conflict: Do sleepless nights mean worse fights? *Social Psychological and Personality Science, 5*(2), 168-175.

Greenhaus, J. y Beutell, N. (1985). Sources of conflict between work and family roles. *Academy of Management Review, 10*, 76-88.

Guidi, J., Lucente, M., Sonino, N. y Fava, G. A. (2020). Allostatic load and its impact on health: A systematic review. *Psychotherapy & Psychosomatics, 90*(1), 11-27.

Gundmundsdottir, S. (2006). *The Teller, the tale, and the one being told: The narrative nature of the research interview*. Sage Publications Ltd.

Gunnison, H. (1985). The uniqueness of similarities. *Journal of Counseling and Development, 63*, 561-564.

Hagel, J., III. (2021). Good leadership is about asking good questions. *Harvard Business Review*, 8 de enero.

Hale, J. D. y Connare, C. (Editores). (1793). *Old Farmer's Almanac* (publicación periódica). Yankee Publishing, Inc.

Hall, J. A., Coats, E. J. y LeBeau, L. S. (2005). Nonverbal behavior and the vertical dimension of social relations: A meta-analysis. *Psychological Bulletin, 131*(6), 898-924.

Hall, J. A., Horgan, T. G. y Murphy, N. A. (2019). Nonverbal communication. *Annual Review of Psychology, 70*, 271-294.

Hanna, W. y Barbera, J. (1982). *The Jetsons* [Serie de televisión]. Hanna-Barbera Productions.

Harinck, F., Kouzakova, M., Ellemers, N. y Scheepers, D. (2018). Coping with conflict: Testosterone and cortisol changes in men dealing with disagreement about values vs. resources. *Negotiation and Conflict Management Research, 11*, 265-277.

Havens, R. A. (2005). *The wisdom of Milton H. Erickson: The complete volume*. Crown.

Headley, J. (2014). *It's not about the nail* [Cortometraje]. *Jason Headley Tells Stories*, YouTube: https://www.youtube.com/watch?v=-4EDhdAHrOg.

Heerey, E. A. y Gilder, T. S. E. (2019). The subjective value of a smile alters social behaviour. *PLoS One*, 2 de diciembre.

Holcombe, M. (2023). How being a «gray rock» can protect you against narcissists. *CNN*, 7 de agosto.

Hritz, A. C., Royer, C. E., Helm, R. K., Burd, K. A., Ojeda, K. y Ceci, S. J. (2015). Children's suggestibility research: Things to know before interviewing a child. *Anuario de Psicología Jurídica, 25*(1), 3-12.

Hughes, D. E. y Ogilvie, J. L. (2020). When sales becomes service: The evolution of the professional selling role and an organic model of frontline ambidexterity. *Journal of Service Research, 23*(1), 22-32.

Hurt, A. (2021). What magic can teach us about the human mind: Why do we fall for magic? The secret lies in clever psychological tricks that exploit gaps in our brains. *Discover*, 5 de abril.

Ivankova, M. (2014). *Qualitative research and evaluation methods* (4.ª ed.). Sage.

James, G. (1987). *The Tao of programming*. InfoBooks.

Jiang, Z., Jiang, Y. y Nielsen, I. (2021). Thriving and career outcomes: The roles of achievement orientation and resilience. *Human Resource Management Journal, 31*, 143-164.

Johnson, S. R., Pas, E. T. y Bradshaw, C. P. (2016). Understanding and measuring coach-teacher alliance: A glimpse inside the «black box». *Prevention Science, 17*(4), 439-449.

Johnstone, K. M., Chen J. y Balzan R. P. (2017). An investigation into the jumping-to-conclusions bias in social anxiety. *Consciousness and Cognition, 48*, 55-65.

Jones, R. (1999). Where sport meets physical education: A systematic observation of role conflict. *International Journal of Physical Education, 36*(1), 7-14.

Jussim, L., Soffin, S., Brown, R., Ley, J. y Kohlhepp, K. (1992). Understanding reactions to feedback by integrating ideas from symbolic interactionism and cognitive evaluation theory. *Journal of Personality and Social Psychology, 62*, 402-421.

Kaye, B. y Giulioni, J. (2012). *Help them grow or watch them go: Career conversations employees want.* Berrett-Koehler.

Kennedy, C. W. y Camden, C. T. (1983). A new look at interruptions. *Western Journal of Speech Communication, 47*, 45-58.

Kerwin, S., Walker, M. y Bopp, T. (2016). When fault lines are created: Exploring the conflict triggering process in sport. *Sport Management Review, 20*(3), 252-260.

Konukman, F., Agbuga, B., Erdogan, S., Zorba, E., Demirhan, G. y Yilmaz, I. (2010). Teacher-coach role conflict in school based physical education in USA: A literature review and suggestions for the future. *Biomedical Human Kinetics, 2*, 19-24.

Kosa, B. (1990). Teacher-coach burnout and coping strategies. *Physical Educator, 47*(3), 153.

Kostić, A., Chadee, D. y Nedeljković, J. (2020). Reading faces: Ability to recognize true and false emotion. En R. J. Sternberg & A. Kostić (Editores), *Social intelligence and nonverbal communication.* Palgrave Macmillan.

Kraus, M. W., Huang, C. y Keltner, D. (2010). Tactile communication, cooperation, and performance: An ethological study of the NBA. *Emotion, 10*(5), 745-749.

Kubota, S., Mishima, N. y Nagata, S. (2004). A study of the effects of active listening on listening attitudes of middle managers. *Journal of Occupational Health, 46*(1), 60-67.

LaMotte, S. (2023). Ban spanking in all schools, pediatrician group urges. Do this instead. *CNN*, 21 de agosto.

Landis, J. (Director). (1978). *National Lampoon's Animal House* [Película]. Universal Pictures.

Leo, F., González-Ponce, I., Sánchez-Miguel, P., Ivarsson, A. y García-Calvo, T. (2015). Role ambiguity, role conflict, team conflict, cohesion and collective efficacy in sport teams: A multilevel analysis. *Psychology of Sport and Exercise*, *20*, 60-66.

Leterrier, L. (Director). (2008). *The Incredible Hulk* [Película]. Marvel Studios y Valhalla Motion Pictures.

Levinson, S. (2015). *Ballers* [Serie de televisión]. Closest to the Hole Productions, Leverage Entertainment, Seven Bucks Entertainment, Film 44 y HBO Entertainment.

Lewin, K. (1951). *Field theory in social science*. Harper.

Lewis, M. (2003). *Moneyball: The art of winning an unfair game*. W. W. Norton & Company.

Livingston, S. (2003). Pygmalion in management. *Harvard Business Review*, 1 de enero.

Locke, L. y Massengale, J. D. (2013). Role conflict in teacher/coaches. *Journal of Teaching in Physical Education*, *7*(2), 162-174.

Loftus, E. F. (1979). *Eyewitness testimony*. Harvard University Press.

Lohrenz, C. (2021). The shocking truth about multitasking in the age of distraction. *Forbes*, 15 de junio.

Lucas, G. (1977). *Star Wars* [Film]. Lucasfilm Ltd.

Malhotra, D. (2016). *Negotiating the impossible: How to break deadlocks and resolve ugly conflicts (without money or muscle)*. Berrett-Koehler.

Mann, R. D. (1959). A review of the relationships between personality and performance in small groups. *Psychological Bulletin*, *56*(4), 241-270.

Markovitz, D. (2020). How to avoid rushing to solutions when problem-solving. *Harvard Business Review*, 27 de noviembre.

Martinez-Conde, S. y Macknik, S. L. (2008). Magic and the brain: How magicians «trick» the mind. *Scientific American*, 1 de diciembre.

Mathes, E. W. (2024). The effects of trait and state affect, on affect-consistent, emotional regulation. *Current Psychology*, *43*, 6217-6224.

Matsumoto, D., Frank, M. G. y Hwang, H. (Editores). (2012). *Nonverbal communication: Science and applications*. Sage.

McCallum, B. T. (1980). The significance of rational expectations theory. *Challenge*, *22*(6), 37-43.

McG (Director). (2009). *Terminator Salvation* [Película]. Halcyon Company, Wonderland Sound y Vision.

McLeod, S. (2023). The Milgram shock experiment. *Simply Psychology*, 14 de noviembre.

Mellalieu, S., Jones, C., Wagstaff, C. R. D. y Kemp, S. P. T. (2021). Measuring psychological load in sport. *International Journal of Sports Medicine, 42*(9), 782-788.

Merton, R. K. (1957). *Social theory and social structure*. Free Press.

Milgram, S. (1963). Behavioral study of obedience. *Journal of Abnormal and Social Psychology, 67*(4), 371-378.

Milgram, S. (1974). *Obedience to authority: An experimental view*. Harper Collins.

Miller, E. (2017). Multitasking: Why your brain can't do it and what you should do about it. *Hack Your Mind*. Radius (en colaboración con MIT Community Wellness).

Millslagle, D., y Morley, D. (2004). Investigation of role retreatism in the teacher/coach. *Physical Educator, 61*(3).

Milne, A. A. (Autor) y Shepard, E. H. (Ilustrador). (1926). *Winnie-the-Pooh*. E. P. Dutton.

Mobley, J. (2005). The relationship of the dual role assignment to the level of perceived burnout by secondary teachers. *Humanities and Social Sciences, 55*(9), 2765.

Moore, D. A. (2004). The unexpected benefits of final deadlines in negotiation. *Journal of Experimental Social Psychology, 40*(1), 121-127.

Morin, A. (2015). 7 Surprising ways your emotions can get the best of you… and how to take back control. *Psychology Today*, 5 de octubre.

Morris, L. S., Grehl, M. M., Rutter, S. B., Mehta, M. y Westwater, M. L. (2022). On what motivates us: A detailed review of intrinsic v. extrinsic motivation. *Psychological Medicine, 52*(10), 1801-1816.

Niemivirta, M., Antti-Tuomas, P., Anna, T. y Heta, T. (2019). Achievement goal orientations: A person-oriented approach. En K. A. Renninger & S. E. Hidi (Editores), *The Cambridge handbook of motivation and learning* (pp. 566-616). Cambridge University Press.

Nolan, C. (Director). (2005). *Batman Begins* [Película]. Warner Bros. Pictures, DC Comics, Legendary Pictures, Syncopy y Patalex III Productions.

O'Connor, A. y MacDonald, D. (2002). Up close and personal on physical education teacher's identity: Is conflict an issue? *Sport, Education and Society, 7*(1), 37-54.

Overbeck, J. R., Neale, M. A. y Govan, C. L. (2010). I feel, therefore you act: Intrapersonal and interpersonal effects of emotion on negotiation as a function of social power. *Organizational Behavior and Human Decision Processes, 112*, 126-139.

Patterson, K., Grenny, J., Maxfield, D., McMillan, R. y Switzler, A. (2021). *Crucial conversations: Tools for talking when stakes are high* (3.ª ed.). McGraw Hill.

Phillips J. (1993). Nonverbal communication: An essential skill in the workplace. *Australian Medical Record Journal, 23*(4), 132-134.

Pool, E., Brosch, T., Delplanque, S. y Sander, D. (2015). Stress increases cue-triggered «wanting» for sweet reward in humans. *Journal of Experimental Psychology: Animal Learning and Cognition, 41*(2), 128-136.

Raymond, E. S. y Steele, G. L. (Editores) (1996). *The new hacker's dictionary* (3ª ed.). MIT Press.

Richards, A., Templin, T., Levesque-Bristol, C. y Blankenship, B. (2014). Understanding differences in role stressors, resilience, and burnout in teacher/coaches and non-coaching teachers. *Journal of Teaching in Physical Education, 33*(3), 383-402.

Richards, K. y Templin, T. (2012). Toward a multidimensional perspective on teacher-coach role conflict. *Quest, 64*(3), 164-176.

Ritter, K., Matthews, R. A., Ford, M. T. y Henderson, A. A. (2016). Understanding role stressors and job satisfaction over time using adaptation theory. *Journal of Applied Psychology, 101*(12), 1655-1669.

Robertson, A. S., McInnes, M., Glass, D., Dalton, G. y Burge, P. S. (1989). Building sickness: Are symptoms related to the office lighting? *Annals of Occupational Hygiene, 33*(1), 47-59.

Robertson, K. (2005). Active listening: More than just paying attention. *Australian Family Physician, 34*(12), 1053-1055.

Rosenthal, R. y Jacobson, L. (1968). *Pygmalion in the classroom: Teacher expectation and pupils' intellectual development.* Holt, Rinehart and Winston.

Rotella, R. J. (1999). *Life is not a game of perfect: Finding your real talent and making it work for you.* Simon & Schuster.

Rotella, R. J. (2015). *How champions think: In sports and in life.* Simon & Schuster.

Rouse, S. (2021). *Understanding body language: How to decode nonverbal communication in life, love, and work.* Rockridge Press (de Simon & Schuster).

Rowe, M. (2003). *Dirty Jobs* [Programa de televisión]. Pilgrim Films & Television.

Ryan, R. M. y Deci E. L. (2017). *Self-determination theory: Basic psychological needs in motivation development and wellness.* Guilford Press.

Ryan, T. (2008). Antecedents for interrole conflict in the high school teacher/coach. *Physical Educator, 65*(2), 58-67.

Saatchi & Saatchi UK (2018). *Stuck on an escalator: Take action* [Video]. Vimeo: https://vimeo.com/232982301.

Saffici, C. (2015). Teaching and coaching: The challenges and conflicts of dual roles. *Sport Journal,* 19.

Sage, G. (1987). The social world of high school athletic coaches: Multiple role demands and their consequences. *Sociology of Sport Journal, 4*(3), 213-228.

Sanchez, S. y Dunning, D. (2021). People who jump to conclusions show other kinds of thinking errors: Belief in conspiracy theories and overconfidence are two tendencies linked to hasty thinking. *Scientific American*, 15 de octubre.

Seidman, I. (1991). *A structure for in-depth, phenomenological interviewing: Interviewing as qualitative research*. Teachers College Press.

Senécal, C., Vallerand, R. J. y Guay, F. (2001). Antecedents and outcomes of work-family conflict: Toward a motivational model. *Personality and Social Psychology Bulletin*, *27*(2), 176-186.

Shafa, S., Harinck, F., Ellemers, N. y Beersma, B. (2015). Regulating honor in the face of insults. *International Journal of Intercultural Relations*, *47*, 158-174.

Sharma, S., Bottom, W. P. y Elfenbein, H. A. (2013). On the role of personality, cognitive ability, and emotional intelligence in predicting negotiation outcomes: A meta-analysis. *Organizational Psychology Review*, *3*, 293-336.

Sharma, S., Elfenbein, H. A., Sinha, R. y Bottom, W. P. (2020). The effects of emotional expressions in negotiation: A meta-analysis and future directions for research. *Human Performance*, *33*(4), 331-353.

Sheldon, K. M. y Kasser, T. (1995). Coherence and congruence: Two aspects of personality integration. *Journal of Personality and Social Psychology*, *68*, 531-543.

Short, D. (2020). *From William James to Milton Erickson: The care of human consciousness*. Archway Publishing (de Simon & Schuster).

Silliker, A. y Quirk, J. (1997). The effect of extracurricular activity participation on the academic performance of male and female high school students. *School Counselor*, *44*(4), 288-293.

Simon, H. (1955). A behavioral model of rational choice. *Quarterly Journal of Economics*, *69*(1), 99-118.

Simons, D. J. y Ambinder, M. S. (2005). Change blindness: Theory and consequences. *Current Directions in Psychological Science*, 14(1), 44-48.

Simons, D. J. y Chabris, C. F. (1999). Gorillas in our midst: Sustained inattentional blindness for dynamic events. *Perception*, *28*(9), 1059-1074.

Sisley, B., Capel, S., Gloria, S. y Desertrain, B. (1987). Preventing burnout in teacher/coaches. *Journal of Physical Education, Recreation & Dance*, *58*(8), 71-75.

Smith, J. E. H. (2019). *Irrationality: A history of the dark side of reason*. Princeton University Press.

Soebbing, B. y Washington, M. (2011). Leadership succession and organizational performance: football coaches and organizational issues. *Journal of Sport Management*, *25*(6), 550-561.

Spradlin, D. (2012). Are you solving the right problem? *Harvard Business Review*, 1 de septiembre.

Staff (2014). Road rage: What makes some people more prone to anger behind the wheel. *American Psychological Association*, 1 de febrero.

Staff (2015). *Identifying the culprit: Assessing eyewitness identification*. National Research Council.

Staff (2020). Do you speak therapist? 50 expressions that never fail. *Mind Remake Project*, 6 de mayo.

Staff (2022). What is gray rocking? *Medical News Today*, 12 de septiembre.

Staff (2024). How the grey rock method can protect you from abusive people and toxic interactions. *Cleveland Clinic*, 23 de enero.

Staffo, D. (1992). Clarifying physical education teacher-coach responsibilities: a self-analysis guide for those in dual roles. *Sport Journal*, 19.

Steinel, W. y Harinck, F. (2020). Negotiation and bargaining. *Oxford Research Encyclopedia*, 28 de septiembre.

Steinfeldt, J. y Vaughan, E. (2016). Masculinity, moral atmosphere, and moral functioning of high school football players. *Journal of Sport & Exercise Psychology*, *33*(2), 215-234.

Stevenson, S. (2012). There's magic in your smile. *Psychology Today*, 25 de junio.

Sudeikis, J., Lawrence, B., Hunt, B. y Kelly, J. (2020). *Ted Lasso* [Serie de televisión]. Ruby's Tuna Inc., Doozer, Universal Television y Warner Bros Television.

Sulfaro, A. A., Robinson, A. K. y Carlson T. A. (2023). Modelling perception as a hierarchical competition differentiates imagined, veridical, and hallucinated percepts. *Neuroscience of Consciousness*, *2023*(1).

Swaab, R. I., Galinsky, A. D., Medvec, V. y Diermeier, D. A. (2012). The communication orientation model: Explaining the diverse effects of sight, sound, and synchronicity on negotiation and group decision-making outcomes. *Personality and Social Psychology Review*, *16*, 25-53.

Templin, T., Levesque-Bristol, C. y Richards, A. (1980, octubre). *An analysis of occupational role dysfunction* [Presentación]. Association for Health, Physical Education, Recreation, and Dance.

Thomke, S. y Reinertsen, D. (2012). Myths of product development. *Harvard Business Review*, 1 de mayo.

Trousdale, G. y Wise, K. (Directores). (1991). *Beauty and the Beast* [Película]. Walt Disney Pictures, Walt Disney Feature Animation y Silver Screen Partners.

Vallerand, R. J. (1997). Toward a hierarchical model of intrinsic and extrinsic motivation. *Advances in Experimental Social Psychology*, *29*, 271-361.

Vallerand, R. J. y Bissonnette, R. (1992). Intrinsic, extrinsic, and amotivational styles as predictors of behavior: A prospective study. *Journal of Personality*, *60*, 599-620.

Van Boekel, M., Bulut, O., Stanke, L., Palma Zamora, J. R., Jang, Y., Kang, Y. y Nickodem, K. (2016). Effects of participation in school sports on academic and social functioning. *Journal of Applied Developmental Psychology, 46*, 31-40.

Van Dijk, E., Van Kleef, G. A., Steinel, W. y Van Beest, I. (2008). A social functional approach to emotions in bargaining: When communicating anger pays and when it backfires. *Journal of Personality and Social Psychology, 94*, 600-614.

Van Kleef, G. A. (2016). *The interpersonal dynamics of emotion: Toward an integrative theory of emotions as social information*. Cambridge University Press.

Van Lange, P. A. M., Otten, W., De Bruin, E. M. N. y Joireman, J. A. (1997). Development of prosocial, individualistic, and competitive orientations: Theory and preliminary evidence. *Journal of Personality and Social Psychology, 73*, 733-746.

Verbinski, G. (Director). (2006). *Pirates of the Caribbean: Dead Man's Chest* [Película]. Walt Disney Pictures y Jerry Bruckheimer Films.

Voss, C. (2016). *Never split the difference: Negotiating as if your life depended on it*. Harper Business.

Waksman, G. (2015). «*The Immortal*» *Ted Williams* [Documental]. MLB Network, the Smithsonian y Manhattan Place Entertainment.

Weber, B. (2023). How to prevent fluorescent light headaches. *Medical News Today*, 9 de mayo.

Wedell-Wedellsborg, T. (2017). Are you solving the right problems? Reframing them can reveal unexpected solutions. *Harvard Business Review*, 1 de enero.

Weiland, S., Hewig, J., Hecht, H., Mussel, P. y Miltner, W. H. R. (2012). Neural correlates of fair behavior in interpersonal bargaining. *Social Neuroscience, 7*, 537-551.

Whedon, J. (Director). (2012). *The Avengers* [Película]. Marvel Studios.

Wirszyla, C. (2002). State-mandated curriculum change in three high school physical education programs. *Journal of Teaching in Physical Education, 22*(1), 4-19.

Wise, R. E. (Director) y Lehman, E. P. (Guionista). (1965). *The Sound of Music* [Película]. Argyle Enterprises, Inc. y 20th Century-Fox.

Wiseman, R. (2008). Color changing card trick. *Quirkology* [VideoFilm]. YouTube: https://www.youtube.com/watch?v=voAntzB7EwE.

Wood, W. y Rünger, D. (2015). Psychology of habit. *Annual Review of Psychology, 67*, 289-314.

Xiang, J., Simon, J. y Elhilali, M. (2010). Competing streams at the cocktail party: Exploring the mechanisms of attention and temporal integration. *Journal of Neuroscience, 30*, 12084-12093.

Yakin, B. (Director). (2000). *Remember the Titans* [Película]. Walt Disney Pictures, Jerry Bruckheimer Films y Technical Black Films.

Índice

Sobre los autores

Como antiguos deportistas de élite, ambos Docs mantienen el vínculo especial de los compañeros de equipo; un vínculo que trasciende el ámbito profesional. Sus horas de juego, sus charlas sobre negocios, el apoyo a sus familias y las incontables horas que han pasado juntos hablando de su experiencia y sus pasiones constituyen la base de este libro. El espíritu que lo recorre es la curiosidad y el optimismo con el que afrontan la vida. A los dos les encanta hablar delante de otra gente; cuanto más diversa, mejor. Así que, si te interesa contratar sus servicios (ya sea de los dos al mismo tiempo o por separado) y organizar alguna reunión, evento o formación, ponte en contacto con Katheryne y Aaron Rehberg, fundadores de Capitol City Speakers Bureau.

JOHN ELIOT, DOCTOR EN FILOSOFÍA

Es descendiente del Premio Nobel T. S. Eliot, del presidente de Harvard Charles Eliot y de la fundadora de la Escuela de Educación de la Universidad de Tufts Abigail Eliot, y ha continuado la dedicación de su familia a la búsqueda de la excelencia. Durante los últimos treinta años, ha ejercido de asesor de empresas deportivas profesionales, atletas y entrenadores en las áreas de gestión, diseño de sistemas, evaluación y mejora del capital humano, diversidad y sostenibilidad. En este tiempo, el 100 % de sus clientes ha ganado los campeonatos, nacionales o mundiales, incluidos cinco títulos de las Series Mundiales de la MLB, cuatro campeonatos de la NBA, dos trofeos Lomardi de la Super Bowl de la NFL, un título de la Indy 500, una Stanley Cup de la NHL y docenas de medallas olímpicas con representantes de siete países diferentes.

Cuando no se encuentra en los vestuarios, se encarga de asesorar a empresas de la Fortune 500, imparte cursos de comportamiento organizativo y rendimiento humano en algunas de las escuelas de negocios y medicina más prestigiosas de Estados Unidos, y forma parte de juntas benéficas para niños necesitados y animales en peligro como las Olimpiadas Especiales y ASPCA.

Perteneció a la fraternidad Phi Beta Kappa de Dartmouth, donde además fue becario presidencial, *Senior Fellow* y atleta universitario *All-American* en dos deportes diferentes. También obtuvo doctorados interdisciplinarios (negocios, medicina y educación) en la Universidad de Virginia. En su tiempo libre, si no está escalando montañas en busca de descanso y relajación o desmintiendo que se le confunda con Tom Cruise (perdón por todas las preguntas de «¿Sabes que te pareces muchísimo a Doc E?» que tendrás que responder tú también, Tom), dedica sus días a su familia y a sus dos gatos bengalíes, llamados Mayzie y McFuzz (en honor a uno de sus antiguos compañeros de los Big Green de Dartmouth, Theodor Geisel, el doctor Suess).

JIM GUINN, DOCTOR EN EDUCACIÓN

Es una de las principales autoridades del país en predicción y prevención de conflictos, además del presidente de Resolution Resource Group, una empresa de formación y desarrollo que trabaja con muchas de las compañías pertenecientes a la Fortune 500, franquicias deportivas profesionales, centros escolares, universidades, hospitales y centros sanitarios, bufetes de abogados y organismos gubernamentales.

Ha dirigido con éxito más de mil mediaciones en conflictos familiares, empresariales, civiles y políticos. Además de trabajar con una gran diversidad de clientes que se dedican a los recursos humanos en distintas empresas y con personal de ventas y administración, forma personalmente a varios directores ejecutivos de distintas profesiones y condición social, así como a celebridades e iconos del deporte en el arte de navegar por el panorama mediático actual.

Forma parte de la junta directiva de varias empresas y fundaciones, preside la Asociación de Mediadores de Texas y dirige el Centro de Resolución de Disputas, que presta servicios de mediación gratuitos por todo el estado. Es profesor clínico en la Universidad de Texas A&M y la Universidad Cristiana de Abilene, donde asesora a estudiantes de doctorado y de máster, da clases prácticas sobre el mundo laboral a alumnos de grado e imparte cursos sobre resolución de conflictos, negociación, comunicación y liderazgo. Se licenció en gestión empresarial, cursó un máster en resolución de conflictos y se doctoró en liderazgo organizativo en la Universidad Cristiana de Abilene, donde también destacó como jugador de fútbol americano y béisbol.

Cuando no se encuentra resolviendo conflictos, pasa tiempo con su esposa, Chelsea, a la que adora, y lleva a sus dos hijas, Blair y Carolina, a vivir aventuras por todo el mundo.